中山大学
禅宗与中国文化研究院
Chan Buddhism and Chinese Culture Institute
·SUN YAT-SEN UNIVERSITY·

曾海军 著

诸子时代的秩序追寻

晚周哲学论集

旭日·中国文化丛书

巴蜀书社

图书在版编目(CIP)数据

诸子时代的秩序追寻:晚周哲学论集/曾海军著.
—成都:巴蜀书社,2017.11
ISBN 978—7—5531—0863—6

Ⅰ.①诸… Ⅱ.①曾… Ⅲ.①古代哲学—研究—中国
—周代　Ⅳ.①B22

中国版本图书馆 CIP 数据核字(2017)第 251183 号

诸子时代的秩序追寻
——晚周哲学论集

曾海军　著

责任编辑	杨合林
出　　版	巴蜀书社
	成都市槐树街2号　邮编610031
	总编室电话:(028)86259397
网　　址	www.bsbook.com
发　　行	巴蜀书社
	发行科电话:(028)86259422　86259423
经　　销	新华书店
照　　排	成都完美科技有限责任公司
印　　刷	四川五洲彩印有限责任公司
版　　次	2017年11月第1版
印　　次	2017年11月第1次印刷
成品尺寸	250mm×175mm
印　　张	20
字　　数	300千
书　　号	ISBN 978—7—5531—0863—6
定　　价	62.00元

本书若有印装质量问题,请与工厂调换

目 录

绪论：天道、德性与秩序 /001

孔子论"正名" /010
一、"正名"的前前后后 /010
二、功能化的误操作 /014
三、一种高贵的意蕴 /018

由矜庄到争讼 /025
一、"君子矜而不争" /025
二、"不矜而庄" /031
三、"其争也君子" /035

荀子论"争" /040
一、"人生不能无群" /040
二、"群而无分则争" /045
三、"制礼义以分之" /054

天下之利与人主之利 /059
一、墨子眼中的"民之三患" /059
二、韩非手中的"帝王之具" /069
三、人主之利：墨子主利思想的漏洞 /078
四、结语 /083

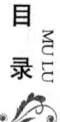

从家到国与从国到家 /085

一、从直躬之举论起 /085

二、"里仁为美"与"里相坐"为务 /091

三、从"国"到"家"的秩序路径 /099

四、结语：重提"三纲" /107

"君子恶居下流" /112

一、水之上流与下流 /112

二、在顺流与逆流之间 /117

三、争还是不争 /121

四、固守与担负 /127

"子在川上"之后 /134

一、"川流"的哲学意象 /135

二、"如斯"的道德意蕴 /139

三、"逝者"的时间感悟 /144

"恻隐之心"的哲学之途 /151

一、一种具体而普遍的阐发 /152

二、生生之义："不安"或"不忍" /155

三、恻隐之心与爱 /163

四、由恻隐之心看哲学 /168

孟子论"勇" /174

一、养勇 /175

二、不动心之道 /181

三、作为道德品质的勇气 /185

教化与人性 /192

一、恶：圣人教化的缺失 /193

二、人性与政治 /198

三、荀子的反调　/202

"学"之三情　/206
　　一、"学"与"悦"　/207
　　二、"学"与"恐"　/212
　　三、"学"与"忧"　/216
　　四、结语　/221

质朴之道　/223
　　一、见素抱朴　/224
　　二、反者道之动　/231
　　三、从质朴到无为　/236

老子论"有"　/243
　　一、以"名"称"有"　/243
　　二、"有""无"互解　/247
　　三、以"有"言"道"　/252

老子论"自然"　/258
　　一、"道法自然"　/258
　　二、"希言自然"　/264
　　三、"百姓皆谓我自然"　/270

神人与技术　/277
　　一、机事与机心　/278
　　二、技或术　/282
　　三、技与事　/289
　　四、神人心志　/300

附："哲学"与"中国"　/304

绪论：天道、德性与秩序

秩序是人类文明当中一个古老的问题，甚至还是一个并不限于人类文明的问题。任何一个物种以群体的方式生存，大概都存在一个秩序问题。只是动物总能靠着本能来解决，人类有着高于动物之处，却并不总能做得比动物更好。人有可能被指责为禽兽不如，这在秩序问题上表现得尤为明显。无论是豺狼之群，还是蜜蜂蚂蚁，都能表现出令人惊叹的协作关系，更不要说那种秩序井然的状态了，而这一切都不过是依靠动物自身的本能所达到的。按说人类表现出太多高于动物本能的地方，既然动物都能完成得那么好的事情，人类做起来岂不是小菜一碟吗？然而，历史经验却告诉我们，想要实现一个秩序井然的社会，至今都像梦一样遥不可及。这是为什么呢？

对于人类而言，秩序从来都不止是人与人之间不起争斗那么简单，尽管让所有人不起争斗其实也很复杂。不起争斗只是将人置于底线上而言，如果考虑到古今中外有太多的人容易滑到底线以下，那么将秩序设置在底线上恐怕并不丢人。这一论断虽然并不荒谬，却没有意识到更为重大的问题。人类秩序最大的难题是人与人之间的分别，最具价值的是正确地将这种分别呈现出来，而不起争斗的底线设置最大的问题就在于敉平了这种分别。如何正确地将人与人之间的分别以秩序的方式呈现出来，这是一种高难度的政治艺术，也是一种高风险的政治追求。古典文明无一例外地致力于塑造一种等级秩序，努力将人与人之间的分别以最优良的方式呈现出来。然而，古今中外历朝历代的政治实践表明，实现出来的统治秩序往往让人类生活付出了惨痛的代价。等级的制度性建构没能确保优良的教化秩序，反而产生罪恶的暴政统治。没错，呈现分别的核心意义就在于让秩序本身带上教化功能，秩序所能发挥的教化功能越强大，这样的秩序就越优良。这就意味着，秩序不止是让人与人之间不起争斗，而是更让人变得越来越好，让人与人之间的生活变得越来越良善。但达成这样的秩序极其复杂而艰难，一不留神就走了样，固然确保了分别，却不幸颠倒了善恶。更不用说一旦沦为极权暴政，就更可怕了。不过，这倒是不难理解，人类总是想追求一种更高的目标，结果却搞得连最低的目标也难以实现。这一切都是由于人类秩序的达成从来都离不开权力的缘故。

　　权力是一把双刃剑，往往在带来秩序的同时，又会制造新的迫害，带来新的混乱。权力的这种情形，使得自古以来产生了形形色色的无政府主义者，纷纷在权力之外表达一种对秩序的追求，比如各种形式的世外桃源或乌托邦。但这种追求从一开始就注定了只能是空想，或者转化为某些宗教形态的思想资源。秩序最容易被想象为，通过每个人同样的自觉来达到人与人之间的相安无事，这样就没有压迫和剥削，人类社会顿时就变得美好起来。对于人类的秩序而言，这种想法特别有问题，具有强烈现实感的人以为这未免太理想化了，其实不是。当然，这是十足的空想，但并非问题的要害所在。真正说来，这种想法并不具有理想性，而不是过于理想。如果将秩序的目标放在所有人以同样的自觉而不起争斗上，这只有两种可以想象的途径。一种是如动物一般在本能的层面上表现得井然有序，另一种是人人成佛或者是进入天堂之类。后者已经将秩序问题消解掉了，前者显然完全没有理想性可言。这两者都是为了绕开权力来获得秩序，但结果反而将人自身给绕开了，从而造成逸出人的层面来论秩序。人类秩序的达成是不可能绕开权力的，也只有在权力的基础上，才能进一步分析秩序的好坏。

一般而言，有秩序总比没有秩序要好，但秩序本身也是有好坏的。肯定不是所有的秩序都值得追求，比如通过极权的恐怖统治获得的秩序就很恶劣。这倒并不难分辨，难分辨的是，什么样的秩序才是更好的秩序？凡是坏的秩序，人类都该拒绝，而不用去管不同程度的坏有什么差别。但好的秩序就不一样，是否是真的好以及是否是足够的好，就得认真考量。既然人类的秩序总是要通过权力来实现，而权力的运作方式有多种可能性。任何权力建构都会形成不同的民族、种族、阶层、阶级或纯粹的利益集团，他们之间对于秩序的感受和判断可能是完全不一样的，对于秩序的考量显然不能沦为不同利益集团之间的较量。不同文明之间对秩序的理解是有差别的，对一种最好秩序的探求未必能达成共识，但在同一文明中超越利益的诉求而达到对最好秩序的贞定，则是应该也必须能实现的。华夏文明表达一种正当性的秩序诉求，往往要援引天道或德性作为根据。无论是将秩序的正当性植根于天道，还是将秩序的良善性溯源于德性，都是努力在追求一种好的秩序，对于是否是真的好以及足够好，也能形成判断的依据。

作为秩序的依据或根源，天道和德性之间也可以表达某种差别。天道更重本然，强调秩序基于天道，是秩序要符合天地之间本然的次第；德性更重应然，主张秩序基于德性，是秩序要体现有德之人应然的安排。用哲学术语表达，天道偏于自然法则，德性偏于理性立法，两者都是在讨论秩序时很容易就会运用到的。古典文明都能意识到天地万物之中本来就存在的某种秩序，或者人作为万物之灵在建构秩序上的主导作用。对于秩序的思考，往往就是在这两者之间摇摆。秩序在何种意义上体现自然法则，或者在多大程度上依赖理性立法，这是一个在很古的时候就开启了的争论。现代学人也许已经不再对这种难以把捉的形上论题感兴趣，如何划定清楚利益主体之间的边界，才是既可以捉摸而又具有挑战性的论题。但探讨古典秩序就必须回到天道与德性上来，两者之间其实还是可以统一的。人的主导作用不能悖逆天地之间本然的秩序，而领悟和揭示这种本然的秩序，本身就是人心之灵的作用。德性是天道在人身上的落实，天道是德性在天地处的依据，两者作为考量秩序的思想资源，其价值应该是完全统一的。以天道与德性之间的关系来观照古典秩序，是探讨晚周诸子秩序诉求的一种可能性视野。

晚周乱世，天下无道，诸子蜂起，纷纷寻求恢复天下秩序的良方。晚周诸子在乱世之中都有对秩序的诉求，概括起来就可以分为取法天道和基于德性两种秩序路径。前者诉诸自然，后者要求担负。对于秩序的担负未必就不自然了，而将秩序诉诸自然也未必就要失去担负，这两者的统一本身是没问题的，问题只在于诸子思想是否都能实现得了。更何况在天与人之间，追求"天人合一"是百家思想的共同主张，并非有人要裂天人为二，只是思想在贯彻过程中有可能让主张打折扣。比如道家显得极富天道精神，却并未在德性上过多着意，就会使得"天人合一"的主张大打折扣。秩序要取法天道自然才有牢靠性，秩序也要基于人的德性才具有可行性。儒家的秩序观念基于德性，唯有人才可以成就秩序，也只有人才可以理解自然。只有基于德性而不离天道，才有可能实现两者的统一。诸子时代的秩序追寻，虽说是本着对天下秩序共同的关怀，导向的却是不一样的思想旨趣。本书选取了多篇研究晚周哲学的学术论文，既从多个方面展示出各不相同的思想旨趣，同时又立足于对秩序的共同关怀，是笔者近十年来学术研究的一个阶段性总结。

在本书所选的十五篇研究论文中，不同时期的写作心意是不一样的，但大体上归结为诸子时代的秩序追寻是可以成立的。开篇《孔子论"正名"》便是以秩序为主题，主要探讨了一种好的秩序除了避免争斗之外，通过"正名"所表达的秩序还包含着一种高贵的精神价值。这种高贵性将秩序所可能包含的更为积极的意义彰显出来，而不止是让人与人之间不起争斗而相安无事。当然，"争"并非在"正名"的过程中可以自然消弭的论题，文章《由矜庄到争讼》细致地梳理了《论语》文本中出现的几处有关"争"的涵义，妥善地解读了"君子矜而不争"与"其争也君子"的丰富内涵。《荀子论"争"》则是转到《荀子》文本中的论"争"之义，以"群而无分则争"为中心，讨论到究竟是由物的分配达到止争，还是由人的名分给出秩序。后者没有脱开孔子"正名"思想的范围，前者则涉及到儒家"义利之辨"的论题。

天下失序表现为纷争不息，纷争的矛头指向利益的追逐。儒家以"义利之辨"的方式来防范"争"，但在义与利之间，一向不容易辨析清楚。墨子以利为义，大概以为主张天下之利便是义了；韩非却以为人主之利才能代表天下之利，这还有可能是义吗？《天下之利与人主之利》探讨了墨、法两家的主利思想，看似针锋相对，实则一脉相承。墨家近儒，提出"兼相爱，交相利"的思想主张化解诸侯之争，是在德性的基础上追求秩序。法家近道，主张通过严刑重法来获得天下一统，走的是自然的路线谋求秩序。但墨家的德性是反自然的，而法家的自然则是反德性的，两家都把德性与自然的关系搞得水火不容，再次走到了一起。真正在秩序的问题上存在天壤之别的是儒、法两家，这是在《从家到国与从国到家》中讨论的主题。秩序问题在晚周乱世对于各家而言都是迫切的，只是儒家于迫切之中始终不失分寸，对于秩序的追求确保从家到国的正当性。但韩非在迫切的形势跟前不顾一切地谋求秩序，竟然不惜颠倒从家到国的秩序路径，提出从国到家的秩序建构，从而完全失去了正当性的诉求。

儒家的义利之辨正在于确保"义"不受"利"的沾染而把握好"争"，这一论题在《"君子恶居下流"》一文中得到延续，并通过"水流"这一意象将儒道之间"争还是不争"的分歧生动呈现出来。儒家以"义"统摄"利"来止"争"，这是将秩序建立在德性的基础上；道家以消解"争"的方式归于"不争"，这是将秩序的基础建立在自然之上。虽说总是"利"引发了"争"，消解"利"固然可以彻底止"争"，但若能确保"义"先于"利"，则"争"未必不可息。对于"争"，儒家没有如道家那样做一种彻底消解的对待，而是处理得更为复杂一些。当然，以"义"统摄"利"不只是为了止争，更主要的是出自德性本身的要求，其与道家单单倚重于天道自然是不一样的，该文明确将儒、道两家在秩序追求上这种不一样的思想旨趣揭示了出来。针对儒家所主张的"君子恶居下流"，老子声称"处众人之所恶"，前者是于乱世之中表达出"吾非斯人之徒与而谁与"的秩序担负，后者是于污秽之世主张"百姓皆谓我自然"的秩序回归，这是两种不同的秩序理念。

《"子在川上"之后》一文，详细梳理了《论语》中"子在川上"一章，历代以来的注疏都作出了哪些不一样的解读。尽管理解的可能性是多样的，文章通过梳理最后认为，孔子一生在跋涉中恓恓惶惶追寻仁道的过程，同时也就是追求天下无道变有道的事业，因此临川所叹最有可能表达一种仁道艰难的深切感受。追寻仁道正是儒门共业，"仁"是作为基础的德性，"道"是通达秩序的路途，德性与秩序相辅相成。以德性为基础的秩序路径，并非是指通过德性来达成秩序，而是将德性作为秩序的出发点和归宿。因此德性一定是在先的，孔子树立起仁之根本。其后孟子以"恻隐之心"阐明仁之端，在过去两千年来的思想历程中得到争相发明，却被现代学人以哲学的眼光一再质疑。《"恻隐之心"的哲学之途》就是为了回应这样的质疑，文章通过分析表明，"恻隐之心"不但足够"哲学"，而且更能拓展哲学的视野。

由恻隐之心阐明其开端的"仁"，并非任何一种具体的德目，却贯穿于任何德目之中。《孟子论"勇"》一文论述了"勇"作为一种德性，是如何"集义所生"而成就一种"浩然之气"的，亦即真正的大勇离不开仁义精神。孟子以"恻隐之心人皆有之"而论"仁"为人所固有，这是人性善主张的基本内涵。荀子则以"人性恶"的思想主张而著称，其与孟子看似针锋相对，实则在由圣人教化成就出一种良善秩序这一政治路径上是高度一致的，这是《教化与人性》一文所要阐明的。当然，强调孟、荀在圣人与政治问题上的一致性，并不是要弥合他们在人性与政治问题上的差异。在"人之所以为人"的意义上，荀子明确表达出是"以其有辨"。出于这种"辨"的能力，对于成就良善秩序的礼义，就得"强学而求有之""思虑而求知之"。这就不难理解《荀子》一书为何以《劝学》篇为首，而《论语》开篇则云"学而时习之"，可见是有传统的。孔子论"学"以"悦"、以"恐"、以"忧"，是《"学"之三情》一文阐明的主旨。无论是德性上的提升，还是礼乐上的长进，乃至天道上的贯通，都离不开"学"的作用。以德性为基础的秩序追求，对于所有人而言，都得落实到"学"上。

然而，对于老子而言，可就不是这样了。所谓"为学日益，为道日损",所学愈多,对秩序造成的破坏就愈大。老子大概以为,天道运行本身就包含了一种自然的秩序,人只要不搞破坏就行了。这自然是针对晚周衰世的礼坏乐崩而言,《质朴之道》论述了老子的"见素抱朴"是对周衰文弊的一种反动,"质"或"朴"原本就包含了一种秩序。这就意味着秩序其实不是问题,破坏秩序才是问题所在。"天下无道,戎马生于郊",这是秩序遭到了破坏,如同庄子所言"落马首,穿牛鼻",于是"牛马四足"就是对秩序的回归。"质朴"只是理解"道"的一种可能性,"道"还可能是"无"、是"有"、是"自然",通达"道"的可能性有多种。但无论是哪一种,老子的"道"都难免"玄之又玄"。相比较而言,以"有"解"道"也许比以"无"论"道",要显得可琢磨一些,这是《老子论"有"》的意思。在秩序的意义上,老子的"道"当然也会以天道的方式体现,天道运行的秩序是自然的。相比之下,德性不过是等而下之的东西,是秩序遭到破坏之后的补救,回归自然的秩序才是大道,这是完全不同于儒家的秩序路径。《老子论"自然"》论述了《老子》文本中"自然"的三层涵义,其中就包括对作为秩序基础的自然所展开的分析。最后是《神人与技术》一文,虽说是以"技术"为主题,但庄子"技兼于道"的思想主张,直接将最具创新前途的技术拉回归途,让技术成为亲近天道自然的助力,便不难想象其于秩序会是一种怎样的主张。如果追求技术都能成为一种回归自然的历程,则秩序还会是一个问题吗?

以上十五篇论文,主要是笔者在本科课堂上讲授先秦诸子哲学过程中思考和研究的一点成果。在现代学人的眼中,诸子百家之间的纷争是哲学思想繁荣的表现,但笔者更愿意视为是诸子于晚周乱世中寻求恢复天下秩序的思想表达。"秩序"是笔者思考诸子时代思想纷争的关键点,之所以称这一时期为"晚周"而非

"先秦"，就是希望说明，相对于周王朝或唐虞三代这样的理想秩序时期而言，"晚周"的提法更能彰显出对于秩序的关切程度。当然，这已经是站在儒家的价值立场上了，本书的全部研究论文也都不隐讳这一立场，希望没有影响到其中的说理论证。

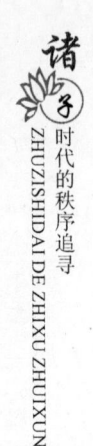

孔子论"正名"

世界上的文明，有已经死了的，没有人会费心它是否还可能活着；也有仍然鲜活的，也不会有人怀疑它的生命力。但对于中国古代文明，它的死活至少是比较成问题的。曾经一度有人希望它快些死掉，或者就以为它真的死了，不然它怎么会被称为"游魂"呢？现在，许多学人正大论古代思想的现代意义，某些思想可能是要让它死掉的，而有些思想则不妨发扬光大。但大家并非在所有问题上都能做到意见统一，这种争论表明古代中国的文明纵然还活着，也一定活得很憋屈。在"取其精华，去其糟粕"的口号下，许多思想被肆意提取，妄作理解。比如孔子的一句"礼之用，和为贵"一下子变得非常时髦，而另一句"唯上知与下愚不移"却丝毫也提不得。或者他所声称的"君君，臣臣，父父，子子"，一会儿遭痛斥，一会儿却又有人为其说好话。这如果不是现代人理解得离心离德，难道是孔子在前言不搭后语？

一、"正名"的前前后后

孔子生逢春秋乱世，周王室大权旁落，各诸侯国纷争不止，所谓"天下无道，则礼乐征伐自诸侯出"（《论语·季氏》）。实际上，不仅仅是诸侯国之间陷入无道的局面，诸侯国内部也由于权力的争夺，而造成君臣父子失序。面对这种"礼崩乐坏"的局面，孔子奔走于各诸侯国之间，尽管并无回天之力，却于栖惶之中坚信仁义精神之不可失，礼乐制度之不可无。孔子一生致力于将天下无道变有道，不过，若就其所提出的具体政治主张而言，似乎很难有能让现代人称奇的高招。如果将孔子视为是为诸侯王献计献策的谋士，那么他的主张恐怕还不如《墨子》中的守城术更吸引人。因是之故，孔子的政治主张多被现代人轻率地解读，如对孔子面对君臣父子的失序状态所提出的"正名"思想的解读，便是鲜明的一例。尽管论及其现代意义的人很多，却分明有意无意地遗其要义。

《论语》中在两处不同的地方，记录着孔子所论及的"正名"思想。两处地方的具体情境有异，但所面临的现实政治状态则一，即都陷入了君臣父子的失序之中。其一为：

  齐景公问政于孔子。孔子对曰："君君，臣臣，父父，子子。"公曰："善哉！信如君不君，臣不臣，父不父，子不子，虽有粟，吾得而食诸？"（《颜渊》）

尽管这里没有直接言明为"正名"，但通常认为这便是"正名"思想的具体内容。另一处则径直提出"正名"之义：

  子路曰："卫君待子而为政，子将奚先？"子曰："必也正名乎！"子路曰："有是哉，子之迂也！奚其正？"子曰："野哉，由也！君子于其所不知，盖阙如也。名不正，则言不顺；言不顺，则事不成；事不成，则礼乐不兴；礼乐不

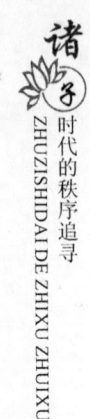

兴，则刑罚不中；刑罚不中，则民无所措手足。故君子名之必可言也，言之必可行也。君子于其言，无所苟而已矣。"（《子路》）

通常认为，《论语》中记录的孔子言论，很多时候都有一个非常具体的语境。在这里，前一处是针对齐景公时失政于大夫，造成"君臣父子之间，皆失其道"（朱子语）的局面，孔子才答以"君君，臣臣，父父，子子"。而后一处的"正名"则是具体针对于"正世子之名也"（刘宝楠语），亦即为流亡于卫国之外的蒯聩正世子之名。就齐、卫两国当时具体的政治状况而言，整个就是一君不君、臣不臣、父不父、子不子的局面。孔子无论答以"君君，臣臣，父父，子子"，还是说"必也正名乎"，认定其在表达着同一种政治主张大概问题不大。众所周知，在春秋时代像齐、卫两国的这种政治状况，并非只是一时、一地的现象。孔子面对这样一种乱世，而一心致力于恢复天下有道的礼制秩序，"正名"便是作为这样一种努力所提出的具体政治主张。

如果是作为一种应对乱世政治的招数，孔子的"正名"主张提得可谓既不新颖，亦不高明。连当时的子路一听都觉得很没劲，竟然张口就说孔子迂腐。子路这人是鲁莽了一点，但作为孔子的高足，必定也是有识见的人，他说孔子迂腐，自有现实的缘由。一来想必"正名"并非孔子一时灵感迸发的创造，可能平时便多有提及而逐渐成熟为一种政治主张；二来作为一种现实的应对，这一主张对于想成就霸业的诸侯王而言，显得不够务实。后一点也可以从孔子奔走列国却鲜有功业看出来。这么说来，孔子的"正名"主张一开始就显得不够吸引人，按理说也不应该为现代学人所关注，但没想到偏偏就经常为人所论及。这一现象值得好好琢磨。

现代学人关注孔子的"正名"思想，缘自两个方面的兴奋点。一是自认识论的框架出发，由荀子的《正名》篇上溯至孔子的"正名"；二是自意识形态的批判出发，由董仲舒的"三纲"说上溯至孔子的"正名"。以传统西方哲学的认识论视角来看，古代思想文本中除了《墨子》中的"墨经"六篇，便数《荀子》一书中的《正名》篇最值得现代学人称道了。通过一些认识论范畴的梳理之后，便有了为人所熟知的"天官簿类""心有征知"一类的"哲学命题"出现。既然荀子如此得西方认识论的要旨，孔子的"正名"就不能不作为其思想的源头，进入现代学人的法眼了。但传统思想之于现代学人而言，总是批判的热情高过继承的愿望，对于董仲舒的"三纲"说，可谓自"五四"以来就一直为人所不齿。他的那句"王道之三纲，可求于天"，与宋人的一句"饿死事小，失节事大"一道，成为传统文化罪恶昭彰的两句标志性用语。"三纲"的源头，不能不追溯到孔子的"正名"，这就是现代学人关注的另一层缘由。从两个方面的关注焦点来看，都是在孔子"正名"思想的外围作战，这种做法如今大概已没什么市场了。不过，自后一方面而言，由于同时纠带着现代性的平等理念，使得从这一战线又衍生出另一战场，即围绕着董仲舒的"三纲"说与孔子的"正名"论之间的渊源问题，展开了持久的争论。有人着力强调这一渊源，无非是要表明孔子与恶名远扬的"三纲"说脱不了干系，显示出对儒家的创始人毫不留情的立场。与此不同，另一方面是有人出于对传统儒家的同情心态，力图将这一渊源切断，本意当然是希望保持孔子的某种"清白"。不过，无论是哪一种情形，都说明董子的"三纲"思想要么令现代人生厌，要么让现代人避之犹恐不及。虽如此，他们之间实则分享着共同的精神资源，即现代性的平等理念。双方都表现出同样地热爱平等，而仅仅只是不一样地对待传统罢了。或许，两者之间的共同处比差异处更值得深究。可以说，正是双方这种平等的现代性精神理念，塑造了孔子的"正名"思想在今人心目中的基本形象。

现代学人给我们梳理的一个思想脉络是，孔子自春秋时代道出"君君，臣臣，父父，子子"之后，至孟子言"君之视臣如手足，则臣视君如腹心；君之视臣如犬马，则臣视君如国人；君之视臣如土芥，则臣视君如寇仇"（《孟子·离娄下》），荀子则谓"君臣、父子、兄弟、夫妇，始则终，终则始，与天地同理，与万世同久，夫是之谓大本"（《荀子·王制》），接下来就是董仲舒的"君臣、父子、夫妇之义，皆取诸阴阳之道"，"王道之三纲，可求于天"（《春秋繁露·基义》）。无论是力主自孔子而至董仲舒为一脉相承，还是声称董仲舒之"三纲"另有源头，双方在材料引证上并无太大差异，可见关键在于理解上的不同。由于双方都秉持现代性的平等理念，又在董仲舒以君臣父子取法于"阳尊阴卑"的不对等性上理解相同，于是差异仅限于孔、孟、荀一系对于君臣父子关系的论述，究竟是不是对等性的。笔者以为，就凭着上述的几句文本材料所得出的结论，不过就是表达了对原始儒家是否愿意持一种同情姿态而已。正是现代学人出于对这种对等性的衡量，定格了孔子的"正名"思想所具备的现代性意义。孔子所论君臣、父子关系是否具有对等性，似乎成为现代学人最为关心的问题。于是，在这一思想背景下，论及孔子"正名"思想的现代意义，进一步发生了功能化的误操作。

二、功能化的误操作

对于孔子的"正名"思想，通过现代学人的悉心研究，就其关涉的现代意义而言,往往被揭示出以下两方面的相关涵义:一方面是以"名"指名位,强调与名位相符所应承担的义务和责任;另一方面则是名位之间的对等性,即名位上的责任相互对等、互为条件。将"名位"的内涵置换为权利和责任,同时做出对等性的要求,这大概就是展开孔子"正名"思想现代运用的最强音。

将某个职位赋予明确的权与责,并以此考察这一职位上的任职者,这一极具现代性特征的操作方法,竟然方便地与孔子的"正名"思想贯通起来了。现代社会依然十分强调层级分化与功能差异,这充分体现在对不同职位的划分和规定上。它一方面源自于社会分工的不同,另一方面又与人与人之间丰富的差异性相吻合。不同职位被确定不同的权与责,意味着既要求与这一职位相称的人来承担,又要求承担这一职位的人,其所作为符合相应的权利与责任。从"某种程度"上说,"循名责实"正可以视为是对这一情形的表达,这里的"实"区别于一般的具体事物,指某一职位上的人所需要达到的实际状态,"名"则是类似于职位的名称。在"名"与"实"之间,需要进一步分辨的其实不是"实",而是"名"。就"名"而言,现代社会中的职位分途主要表达一种功能上的差异。在现代人看来,不同职位的划分主要出于一种功能意义的不同。正出于此,现代人可以颇为骄傲地宣称,在一种普遍人格的观照下,总统与乞丐的差别,显示的不过是大厦的顶层与底层的差异而已。但令人困惑的是,如何来理解现代社会中的不同"角色"呢?因为古代社会中的"名位"或"名份",显然不仅仅对应于今天的"职位",同时还包括"角色"。将类似于父子之间的不同角色,视为是一种功能意义上的不同,想必也不是所有现代人乐意接受的。但随着现代社会越来越多地赋予不同的角色以明确的权责,使得现代社会中的角色关

系越来越被功能化，则是一个不争的事实。就此而言，"循名责实"无论是对职位，还是对角色，表达的都是一种类似的功能上的操作。而这一操作据说就显示出与"正名"思想所包含的观念相通，即强调履行与名位相符的责任。但恰恰对于孔子的"正名"思想，如果仅仅只是作这样一种了解，那甚至都难以将它与现代性的社会分工区分开来。虽然这大大方便了现代学人大谈"正名"思想的现代意义，却完全遮蔽了这一思想原本具备的深层意蕴。

古代社会的"名位"可以等同于现代社会中的权与责吗？显然不行。古人的"名位"是有等级性的，而现代性的权责观念讲究的是平等。不过，现代学人会继续说，将"名位"的内涵置换为权与责的观念，不正是将古代思想运用于现代社会的具体体现吗？笔者以为，"运用"有一个是否得法的问题，总不能怎么样方便就怎么样用。就这一具体"运用"而言，至少有买椟还珠之嫌。要表达一种功能性上的分工，无需借助孔子提出的"正名"思想，教科书上不是说"原始社会"就已经有了社会分工吗？其实，分工大概是所有群居动物的基本现象，只不过通常声称动物是出自本能而已，就人类而言则是社会现象。孔子所提"正名"思想显然是以社会分工为基础的，这一基本涵义在荀子表达的"明分"思想中更为清楚：

> 兼足天下之道在明分。掩地表亩，刺屮殖谷，多粪肥田，是农夫众庶之事也。守时力民，进事长功，和齐百姓，使人不偷，是将率之事也。高者不旱，下者不水，寒暑和节而五谷以时孰，是天下之事也。若夫兼而覆之，兼而爱之，兼而制之，岁虽凶败水旱，使百姓无冻馁之患，则是圣君贤相之事也。（《荀子·富国》）

直至现代社会的权责观念，依然以这种分工现象为基础，这相当于就是一个常识。古代的"正名"思想，或者现代的权责观念，显然都不在于表达出一种常识，而是就社会分工来表达某种理念。可以说，分工作为一种基本的社会现象，可谓古今中外概莫例外。但具体赋予分工以一种什么样的意蕴，或者说如何来塑造这种分工的形象，那就是古今相别，中外有异了。常识告诉我们，社会需要分工，同时也告诉我们，分工就是一种差异。一方面是事有大小，另一方面人有智愚，不同的人胜任不同的事，而且必然形成高下不同、层级有异的局面。但如何塑造这种差异性的分工，接下来就不再是常识层面的事情了。高下之分究竟是人格有别的等级性，还是人格平等的差异性，这显然不是常识可以分辨得清的。古人着意于前者，荀子从"农夫众庶之事"说到"圣君贤相之事"，其用意昭然。现代人则深恶于这种等级制的言说，而让平等理念大行于世。如果今人以为平等只是一种常识，那显然是误会了。这一理念有着非常艰深的理论系统，它的普及就像革命事业一样来之不易。在这种平等理念的观照下，社会分工趋于一种单纯功能化的意义。即是说，社会分工的差别，仅仅只是出于功能上的需要，就像是机器的零部件一样，没有尊卑、贵贱之别。这非常切合被压迫阶层的强烈愿望，所谓"王侯将相，宁有种乎"，成功地以现代性的方式抒写出来。我们耳熟能详的总理与掏粪工的故事，表达的就是这样一种愿望。

同作为一种基于社会分工的言说，从"正名"与权责之间也可以看出一些相通的基本意思。比如不同的人做不同的事，或者进一步说，不同的人做与之相称的事，并且要求不同的人把相应的事做好。但这与其说是作为理论的内涵，还不如视为是理论的起点，据此而获得"正名"与权责相通的依据，有点不靠谱。

"正名"与权责对于不同的人完成相应的事,其所做出的约束是不同的。人们更为熟悉的是,现代权责观念是通过赋予个体权利,同时做出相应责任的划分。所谓权责明确,现代人崇尚的是程序上的正义。用这种权责观念去理解"正名",就显得更不靠谱了。现代人非常清楚,基于平等理念的权责划分,不利于个体道德自觉性的提升,就如程序正义可能会损害到实质正义一样。固如是,便不难明白为何中国学人对孔子"正名"思想拥有如此浓厚的兴趣。从"正名"思想中读出一种道德自觉性是没问题的,但如果直接过渡到现代性背景下的责任感或义务感就有问题了。就责任或义务对举于权利而言,仍然不与古人语境中的道德担当相应。在现代性的观念背景下,以为孔子的"正名"思想更侧重于责任感一面,完全是似是而非的看法。现代性的责任感或义务感都离不开对权利的明确自觉,而它们就社会分工而言,始终只是功能化的意义。也就是说,高度的责任感成就的不过是良好地实现某一职位或角色的功能,它不关乎人的尊卑、贵贱,更与"人禽之辨"无关。相比而言,难道说孔子的"正名"思想也不过是在表达这样一种功能化的责任感吗?将孔子的"正名"思想用来强调现代职位或角色的责任感,看来不过是一种功能化的误操作。

三、一种高贵的意蕴

为了显示出今人运用古代思想的轻率,不妨先从追溯"循名责实"的出处开始。与今人很轻便地使用"循名责实"一语不同,它的出处充分显示出法家的严酷,其云:"术者,因任而授官,循名而责实,操生杀之柄,课群臣之能者也,此人主之所执也。"(《韩非子·定法》)仅就"因任而授官,循名而责实"而言,确实与现代社会的职位分途若合符节,但其后一句"操生杀之柄",却将古代的气质与现代性品格之间的对峙鲜明地标举出来。动不动就"操生杀之柄"的说法,在现代人的眼里,无疑会显得面目可憎。这也是上文之强调"某种程度"的缘由所在,"循名责实"的"实际程度"远不是功能化的操作所能表达的。这种古今之间在精神气质上的对峙,比照上文普遍人格的说法,就是渊源于与等级人格之间的根本差异。可以说,普遍人格的观念之所以能如此持久地令现代人沉醉其中,即在于其能有效地防止"操生杀之柄"的恐怖。但今人在运用"循名责实"时,似乎早已忘掉了这一层内涵,这是不是有些太大意了。当然,现代性的意义转换是允许的,令人担心的是毫无一点自觉性,全凭胸中私意一通乱用。就法家的"循名责实"而言,自觉地化解掉"操生杀之柄"的恐怖性,而置换为"因任而授官"的功能性意义,这并无不可。它有效地防止了恐怖的杀戮,其意义不言而喻。但若将孔子的"正名"思想,置换为一种权责观念,那就得另当别论了。

无疑地,"正名"思想同样塑造一种等级人格,但古代的等级人格并不只是呈现为法家的恐怖面目。为了防止恐怖的屠杀而打破等级人格,这种代价兴许还是值得的。但若只是为了瓦解等级人格而不惜一切代价,这种做法未必就是绝对"政治正确"了。"正名"所塑造的人格是等级性的,事关人的尊卑、贵贱。但尊卑、贵贱之等,却不是用来造成上、下之间的压制,更与恐怖无关。所谓"礼之用,和为贵",孔颖达疏云:"礼以体别为理,人用之当患于贵贱有隔,尊卑不亲。儒者用之,则贵贱有礼而无间隔。"① 儒家正是将尊卑、贵贱之间易生隔阂这份心都用上了，才有"和为贵"之真精神提出来。"名位"就是成就自身人格意义的道场，在种种"名位"之外，并无一个抽象的人格意义悬在那里。在"名位"上的践履，不仅仅成就着人的尊卑、贵贱，同样也事关"人禽之辨"。在"名位"上立不起来，如父之不能为父，或者子之不能为子，那就有可能连人之为人的意义都丧失掉。但现代的权责观念则有一个抽象而普遍的人格意义悬在那里，先在地保障了所有人平等地享有人的尊严，而名位上的作为只能体现出功能上的好坏。当孔子提出"君君，臣臣，父父，子子"的时候，所谓君要像个君的样子、臣要像个臣的样子之类，用现代意义的责任感完全不足以描述出这种在相应名位上的担当。责任只是来自于一种权利的赋予，是相对于权利的履行，而名位上的担当则具有绝对性，它是具有人格意义的践履，甚至就是上达于天的精神路径。无论是君臣、父子，还是其他人伦关系的一方，在实现自身的精神提升时，同时也就意味着促成对方的转化。这是来自于一种使命的担当，不是区区一种相对于权利的责任感可以表达的，亦非单纯所谓"自觉性"的说法可以道尽。与现代人追求一种平等的享有不同，古人着意于人的尊卑、贵贱之等，更看重的是下对上、人对天的高贵追求。自此一视角观"正名"所塑造的精神意蕴，就不再围绕着是否具有对等性的问题了，从而自孔、孟、荀一系，"正名"的思想脉络应当是，经孟子的"劳心者治人，劳力者治于人""父子有亲，君臣有义，夫妇有别，长幼有序，朋友有信"（《孟子·滕文公章句上》），至荀子的"故知者为之分别，制名以指实，上以明贵贱，下以辨同异。贵贱明，同异别，如是则志无不喻之患，事无困废之祸，此

---

① 《礼记正义》，阮刻《十三经注疏》本，中华书局1980年，第1670页。

所为有名也。"(《荀子·正名》)可见,孔子提出"正名"思想,不在于是否呈现出了对等性,而是基于一种尊卑、贵贱的秩序所提出的复礼主张。在儒家思想脉络中,礼以别贵贱可谓是一种常识,破坏了贵贱之等,扰乱了尊卑之序,就是所谓的礼崩乐坏。孔子的"正名"旨在要求,在不同名位上的人,要提升尊之所以尊、守住卑之所以卑之义。人只有陟黜于一种恰当的尊卑之序中,才能意识到高贵的深重意蕴。平等的理念先立一抽象而普遍的人格意义予以保障,在升降、起落之间无关乎尊卑而弭平一切,仅剩下功能化的差别。就此而言,"正名"的高贵意蕴,才具有反思现代性的深刻价值。

论及一种高贵的意蕴,就不能不提到柏拉图著名的"高贵谎言"了。上文提到,赋予分工的差别以一种什么样的意义,不仅古今有别,中外亦有异。同作为一种等级人格的塑造而言,古代的精神气质是相妨的。但具体的精神内涵上,亦有莫大的分别。柏拉图在他的《理想国》中,为一种等级人格做出如下立论:"他们虽然一土所生,彼此都是兄弟,但是老天铸造他们的时候,在有些人的身上加入了黄金,这些人因而是最可宝贵的,是统治者。在辅助者(军人)的身上加入了白银。在农民以及其他技工身上加入了铁和铜。但是又由于同属一类,虽则父子天赋相承,有时不免金父生银子,银父生金子,错综变化,不一而足。所以上天给统治者的命令最重要的就是要他们做后代的好护卫者,要他们极端注意在后代灵魂深处所混合的究竟是哪一种金属。如果他们的孩子心灵里混入了一些废铜烂铁,他们决不能稍存姑息,应当把他们放到恰如其分的位置上去,安置于农民工人之间;如果农民工人的后辈中间发现其天赋中有金有银者,他们就要重视他，把他提升到护卫者或辅助者中间去。"① 尽管柏拉图一开始就明确表示，这不过是一个"高贵的谎言"，我们要追究的倒不是柏拉图为何要撒下这弥天之谎，而是要追问这一谎言何以显得"高贵"。在柏拉图那里，借助于这一"谎言"，无非是可以确保一种等级制度的安排，可以为人们愿意接受。等级制度如果是基于一种等级人格所做出的安排，那么它就显得天经地义。问题是，谁来宣称人格的等级性？正如上文所指出的，事之大小与人之智愚造成了社会分工的差异性，这是一个常识。但证明人格的等级性，却与证明其平等性一样艰难。柏拉图的这一"谎言"，正因为如此明晰地将人格的等级性呈现出来，从而能为等级制度提供形上证明。进一步的问题是，等级制度为何又显得"高贵"？大概古人对于人性的洞察，一早就明明白白的了。与往上的追求相比，人确实太过于容易往下跌落了。无论是与"天"合一，还是与"神"相遇，古人至少都致力于一种精神或灵魂上的提升。现实的等级制度可以呈现出人的尊卑、贵贱之序，兴许还能保持一份对高贵的向往。可见，不管等级制度在历史经验中，被统治集团运用得多么糟糕，但至少对于哲学家或思想者而言，其立意却是"高贵"的。就此而言，孔子所云"唯上知与下愚不移"（《论语·阳货》），"中人以上，可以语上也；中人以下，不可以语上也"（《论语·雍也》），"民可使由之，不可使知之"（《论语·泰伯》）之类，其意与柏拉图的"高贵谎言"不乏相通之处。甚至不仅其意如此，当柏拉图说到，由不同材质铸造的人应该放到相应的恰当位置上时，在某种意义上，这同样表达了出一种"正名"思想。

当然，我们也注意到，孔子所云"唯上知与下愚不移"，并

---

① ［古希腊］柏拉图：《理想国》，商务印书馆1997年，第128—129页。

非是表达一种不可移的根据，这与柏拉图的金银铜铁说有明显区别。不过，在孔子那里，至少"上知"与"下愚"未曾移的时候，仍然表现为一种等级人格。这种区别并非不重要，但就塑造等级人格的精神气质，追求一种高贵的品格而言，古人显得更为一致。笔者强调这一点，实则是为了揭示出孔子与柏拉图之间，在"正名"的高贵意蕴上所包含的更大差别。在柏拉图所表达的"高贵谎言"中，核心之处在于，严格按照不同材质的铸造而放到相应的位置，如果护卫者的后代混入了废铜烂铁，也"决不能稍存姑息"，立马就放到农民中间去。听起来这表达的是一种在等级制下极具正义性的做法，等级人格的设定，不正在于要达到这样一种理想状态吗？按照人格的等级状况而形成恰当的尊卑、贵贱之序，可以最好地引导人类趋于"高贵"。一种完全颠倒的等级制度，显然只能将人类导向邪恶。然而，这种理想性所预设的前提，是一种丝毫没有传统习俗的气息，人与人之间完全处于理性真空状态的社会生活。这也是柏拉图所设想的理想国之为"乌托邦"的真正缘由所在，他是站在生活世界之外的形上之处，在理性真空状态下所做出的纯粹建构。大概正是由于这种纯粹的建构过于清澈、明晰，才使得它不能不被表达为一种"谎言"。与此相比，孔子的"正名"思想就显示出更为尊重传统习俗得多，但这并不妨碍这一思想所具备的理想精神，同时却又不是一种"乌托邦"式的构建，更不会表达为一种"谎言"的形式。可以理解的是，无论是对于孔子，还是柏拉图，一种君不君、臣不臣的局面意味着陷入到不正义的状态之中。但当这一局面出现时，正义原则所要求的，究竟是在相应的位置上换入更恰当的人呢，还是督促和转化相应位置上的人担当起来，做出进一步的提升呢？或者换一种说法，比如面对皇帝的低能，为何一位能臣非得认为把自己换上去才算是正义的？恪守臣子之责，尽心尽力辅佐皇位

之人获得转化和提升，难道就算不上是一种正义之举吗？应当说，这两种情形都能获得正义的解释，关键是这种正义性由什么来奠基。就后一情形而言，这一正义性正是由父子之间的血缘亲情获得奠基的。在父子关系当中，当出现父不父或子不子的情况时，如何可能考虑在父或子的位置上换入更为恰当的人呢？正是父子关系的这种绝对性或者说无可更改性，意味着父子之间只能于相互转化和提升处用力。而父子之间天然的血缘亲情，既为这种转化和提升提供充沛的情感滋养，又需要在这种行为过程中获得进一步的培育。可见，孔子的"正名"思想，其核心之处与柏拉图将政治等级隔绝于自然血缘之外不同，君臣关系是与父子伦常一起道出来的。当然，两者对于正义的致思路径虽异，对于正义都立意于"高贵"则同。于孔子的"正名"思想而言，既见其古今之殊，亦明其中外之别，而后可解一种高贵的意蕴。

（原载《现代哲学》2009年第6期。原题为《"正名"：一种高贵的意蕴》）

由矜庄到争讼

《论语》中一句"君子矜而不争",留给今人一个保持端庄而远离争斗的君子形象。不过,已经有学者注意到,这里的"矜"不宜作"端庄"解,与今天所使用的"矜持"之义,尚有比较大的距离。已有的分析还多有不尽人意之处,尤其是未能将"矜"与"庄"的思想脉络揭示清楚。笔者打算再由"矜而不争"入手,联系到儒家文本中的相关语录,进一步揭示出由"矜庄"到"争讼"的思想脉络。

一、"君子矜而不争"

"君子矜而不争"出现在《论语·卫灵公》篇中,后面接着是"群而不党"。"群而不党"好理解,"党"是儒家一贯反对的行为,《论语集注补正述疏》曰:"《洪范》云:'无偏无党,王道荡荡。'《晋语》云:'仁人不党。'僖九年《左传》云:'亡人无党,有党必有仇。'故曰君子不党,盖从古如斯也。"① "党"大概

---

① 程树德:《论语集释》,中华书局1990年,第1104页。

就是出于私意而聚集，与今天使用的意思似乎不大相同。一般意义上的群居不一定就出自私意，也可能是君子之间以道相聚，但毕竟没有排除私意而似党，故君子戒之。皇侃《义疏》引江熙云："君子以道相聚，聚则为群，群则似党，群居所以切磋成德，非于私也。"① 与此相比，"矜而不争"的意思就要曲折得多，不但因为"争"并非像"党"一样为儒家所严格反对，而且还出于"矜"的涵义要比"群"复杂得多。与《论语》中的这一表达恰恰相反，荀子则谓"不矜矣，夫故天下不与争能而致善用其功"（《荀子·君子》）。一会儿是"矜而不争"，一会儿又是"不矜"而"不与争"，如果这说明的不是"矜"的涵义十分复杂，难道是圣人撰述经典故意让人摸不着头脑吗？

"矜"，汉许慎著《说文解字》曰："矛柄也。从矛今声。"②宋人徐铉曰："居陵切。又巨巾切。"如果"矛柄"是其本义，那么如何获得诸多引申义，大概还是一桩悬案。因"矜"的一个基本引申义是"怜"，而"怜"却是从令声，分歧就从这里产生了。清人段玉裁将许慎所云"从矛今声"，订正为"从矛令声"，他对此作了详细的注解：

> 矛柄也。《方言》曰："矛，其柄谓之矜。"《释名》曰："矛，冒也。刃下冒矜也。"……矜本谓矛柄，故字从矛。引申为戈戟柄，故《过秦论》棘矜即戟柄。字从令声。令声古音在真部，故古假"矜"为"怜"。《毛诗·鸿雁》传曰："矜，怜也。言假借也。"《释言》曰："矜，苦也。"其义一也。若矜夸、矜持、矜式。《无羊》（有学者改为"公羊"，

---

① 程树德：《论语集释》，第1104页。
② 许慎：《说文解字》，中华书局1963年，第300页。

错，应是《诗经·小雅》中的《无羊》——引者注）传："矜矜，以言坚强。"苑柳传："矜，危也。"皆自矛柄之义引申之。盖矛柄最长，直立于地。坶誓曰："称尔戈，立尔矛。"此谓戈柄短，矛柄长也。故诸义皆由是引申。从矛令声。各本篆作矜，解云今声，今依汉石经论语、溧水校官碑、魏受禅表皆作矜正之。《毛诗》与天臻民旬填等字韵，读如邻。古音也。汉韦玄成《戒子孙诗》始韵心。晋张华《女史箴》、潘岳《哀永逝文》始入蒸韵。由是巨巾一反仅见方言注、过秦论李注、广韵十七真，而他义则皆入蒸韵，今音之大变于古也。矛柄之字改而为"䂰"，云古作"矜"。他义字亦皆作矜，从今声。又古今字形之大变也。徐铉曰：居陵切。又巨巾切。此不达其原委之言也。①

指出"矜"是从"令声"相当重要，遍观先秦典籍中出现的"矜"字，多与基本假借义"怜"相关。如《诗经》中的"爰及矜人，哀此鳏寡"（《小雅·鸿雁》），"视彼骄人，矜此劳人"（《小雅·巷伯》），《礼记》中的"矜而赦之"（《檀弓》），"嘉善而矜不能"（《中庸》），《尚书》中的"天矜于民"（《泰誓》），等等，都是"怜""惜"一类涵义，《论语》中的"君子尊贤而容众，嘉善而矜不能""如得其情，则哀矜而勿喜"（《子张》）亦同。《尔雅·释训》有"矜怜"一语，又释"卤、矜、咸，苦也"（《释言》），郭注云："可矜怜者亦辛苦"②。"苦"与"怜"本是一义，如上引段注所云。《小尔雅》亦云："矜，惜也。"以上所引可见，"怜"当作为"矜"的基本假借义，并以"从今声"为误而改从

---

① 段玉裁：《说文解字注》，上海古籍出版社1981年，第719—720页。
② 《尔雅注疏》，阮刻《十三经注疏》本，第2581页。

"令"声，便可清楚地显示出从"矜"到"怜"的假借涵义。与此同时，"矜"的其他引申义亦与"怜"相关，如《礼记》云："老而无妻者谓之矜"（《王制》），《释文》曰："矜，本又作'鳏'"①。可见，"矜"在这里与"鳏"相通，《礼记》所云："矜寡孤独废疾者，皆有所养"（《礼运》），以及《诗经》中"不侮矜寡，不畏强御"（《大雅·烝民》），均为此用法。

当然，"矜"与"鳏"通用，不一定由"怜"假借而来。相反，若由音近而通，"矜"似乎又从"今"声恰当一些。这也显示出"矜"义的复杂性，这里不作深究。而"矜"的另外一层涵义，则不能不进一步作出分析。《广雅》曰："矜，大也"，《公羊传》则云："矜之者何？犹曰莫我若也"（《僖公九年》），这一涵义在先秦文本当中，出现得也相当多。如《尚书》中的"汝惟不矜，天下莫与汝争能；汝惟不伐，天下莫与汝争功"（《大禹谟》），"矜其能，丧厥功"（《说命中》），"骄淫矜侉"（《毕命》）；《国语》中的"劳而不矜其功"（《越语下》）；《战国策》中的"矜功不立"（《齐四》）；《荀子》中的"有兼听之明而无奋矜之容，有兼覆之厚而无伐德之色"（《正名》），"备而不矜，一自善也，谓之圣"（《君子》）；《韩非子》中的"不敢矜其善"（《说疑》），等等，可谓不胜枚举。需要探究的是，"矜"的这一涵义又是如何获得的呢？这或许可以从《说文》对"兢"的解释获得某种启发："兢，竞也。从二兄。二兄，竞意。从丰声。读若矜。一曰兢，敬也。"② 而《诗经》则云："兢兢业业，如霆如雷"（《大雅·云汉》），《释文》曰："兢，本又作矜。"③ 另有"矜矜兢兢，

---

① 孙希旦：《礼记集解》，中华书局1989年，第387页。
② 许慎：《说文解字》，第177页。
③ 《毛诗正义》，阮刻《十三经注疏》本，第562页。

不骞不崩"（《小雅·无羊》）一句，传云："矜矜兢兢，以言坚强也"①。可见，"矜"又与"兢""竞"相关联，"二兄"即表示相互竞赛的意思，段注云"竞者，强语也"，看起来很符合现代"竞争"的意味。至于"读若矜"，段注仍订正为"读若矜"，其谓"汉时矜读如今韵矣"②。从这一关联义来看，"矜"解作"强"或者"大"，尤其是谓"莫我若"，还是有其渊源的。古典文本中所用此一"矜"义，常与"伐"相对提，或与"骄"相连用，这在上文所引内容中已显示出来，后文将进一步揭明这一点。

分析至此，是否意味着已经呈现出了"矜而不争"的语义脉络了呢？有学者就以"矜"与"鳏"相通，认为《论语》中"君子矜而不争"中的"矜"，即是"鳏"的借字。而"鳏"与后面的"群"正好相对，群居而不结党，独居则不攀附③。还有学者则以"矜""竞"相通，认为"矜而不争"中的"矜"就是"竞"义，并在"竞"与"争"之间作出区分，得出"竞争"而不相"争斗"的结论④。以上两种看法，均因通常将"矜"解释为"端庄"，而察觉到"矜而不争"之意与"群而不党"不相类。应当说，径直将"矜"释为"端庄""庄敬"之类，确实是有问题的。但如果完全脱离开这一思想脉络，将"矜"与"庄"之义完全隔绝开来，只考虑到"矜而不争"与"群而不党"相合拍，处理起来就会失之单薄，因而失去了儒家的思想原义。在儒家的思想传统当中，"矜"作"骄矜"解只是一义，更重要的还是"矜庄"之义。在"君子矜而不争"当中，"矜"解释为"矜伐""骄矜"一类更说不通，因而需要进一步在"矜"与"庄"之间作出更为

---

① 《毛诗正义》，阮刻《十三经注疏》本，第438页。
② 段玉裁：《说文解字注》，第405页。
③ 张诒三：《"道之"、"齐之"与"矜而不争"新解》，《中国文化研究》2005年秋之卷，第142—143页。
④ 王功龙：《"矜而不争"考辨》，载《孔子研究》，2002年第4期。

细致的辨析，才能清楚地呈现出"矜而不争"的思想脉络。

先回到《论语》中另一处提到"矜"的地方："古者民有三疾，今也或是之亡也。古之狂也肆，今之狂也荡；古之矜也廉，今之矜也忿戾；古之愚也直，今之愚也诈而已矣。"（《阳货》）这里的"矜"同时与"廉"和"忿戾"相提，而根据前后语义的提示，"廉"当是对"矜"的一种矫正，而"忿戾"则是"矜"的流弊。皇侃《义疏》引李充云："矜厉其行，向廉洁也。矜善上人，物所以不与，则反之者至矣，故怒以戾与忿激也。"① 从矜者"厉其行""善上人"来看，与上文所析"大""伐"之意相一致。廉，《释文》曰："《鲁》读廉为贬"，《论语古训》谓："贬，自贬损也"，《释名》云："廉，自检敛也"②，则正可形成对"矜"的一种矫正，即所谓"向廉洁也"，厉行而能洁己，否则其流弊就易于陷入忿戾（"今之矜也忿戾"）。看起来，这种解释是十分得当的。但与此不同的是，朱子却云："矜者持守太严，廉谓棱角陗厉，忿戾则至于争矣"③，谓"持守太严"就与"骄矜"的涵义距离比较远，而与另一层"矜庄"之义相近。但这样解释与前面读"廉"为"贬"显然就不合了，于是朱子取《集解》引马融之说："廉，有廉隅"④，引申为今天所说"清廉""廉正"的意思。这样一来，相当于说古之人虽矜持而不乏刚正，也解释得通。过于张扬容易陷入忿戾，而持守太严也容易陷入忿戾。生活经验告诉我们，向内、向外走向极端，都易于愤激，这是没有问题的。可见，单从这一句的文本注解来看，在《皇疏》和朱子注之间，很难分出高下来。不过，《皇疏》取"骄矜"义的话，似乎不容

---

① 程树德：《论语集释》，第1224页。
② 程树德：《论语集释》，第1224页。
③ 程树德：《论语集释》，第1224页。
④ 程树德：《论语集释》，第1224页。

易与前面的"狂"区分开,而朱子谓"持守太严",则与"庄"相关,又避免了过于正面的"庄敬"之义。那么,"矜"究竟与"庄"有着怎样的纠葛呢?当朱子谓"忿戾则至于争矣"时,就直接关联到了"君子矜而不争"上来。

二、"不矜而庄"

对于"君子矜而不争,群而不党",朱子注曰:"庄以持己曰矜,然无乖戾之心,故不争。和以处众曰群,然无阿比之意,故不党。"① 很显然,朱子并没有按一般的解释,将"矜"释为"端庄"而显得与"群而不党"不类。恰恰相反,经过朱子的处理,"矜而不争"的句式与"群而不党"是完全一样的,即如同群居似党而戒党,矜庄易于乖戾而似争,故君子戒之。相比之下,皇侃《义疏》引江熙的注解,才对"矜而不争"的句式处理与"群而不党"不一样,其云"君子不使其身侊焉若非,终日自敬而已,不与人争胜之也"②。即是说,君子是在持守矜庄自敬的过程中,而自然不与人争胜。通过这种解释,"矜而不争"就成了端庄自敬而免于争胜的意思,这与朱子所处理的易于争而戒争之旨大不相同,也由此造成与"群而不党"的句式不相类。仔细比较起来,差别就在于对"矜庄"之义的理解完全不同。同样是与"庄"相关联进行解释,《皇疏》是径直将"矜"理解为"庄敬"。本着一颗庄敬之心,自然是能够免于争了。而朱子则将"矜"之"庄"义处理得曲折得多,所谓"庄以持己曰矜,然无乖戾之

---

① 程树德:《论语集释》,第 1104 页。
② 程树德:《论语集释》,第 1104 页。

心",看起来"矜庄"之义其实是有"乖戾"之弊的。这就有进一步深究的必要。

"庄",许慎仅言"上讳",徐铉注曰:"此汉明帝名也,从艸从壮,未详。"① 汉明帝名庄,许慎因避讳而未著说解。《唐韵》谓"草盛貌",大概是其本义。而先秦文本中出现的"庄"字,基本上都与"严"或"敬"有关联。《论语》云:"临之以庄,则敬"(《为政》),《集解》引包咸曰:"庄,严也。"朱子《集注》进一步云:"庄,谓容貌端严也。"② 这里主要是以容貌上的"严"释"庄",与内心之"敬"有关,但不是直接关联。包咸对这一句的解释是,"君临民以严,则民敬其上也"③,即是说君"严"而起民"敬"之效。而同样意思上的否定表达,也出现在《论语》当中:"不庄以莅之,则民不敬。"(《卫灵公》)与此同时,《论语》在另一处所云"色庄者乎"(《先进》),恰恰也是强调容色上的端严。可见,《论语》中的"庄"侧重于外貌上的庄重,可以作"严"解。至于"庄"的本义如何引申为"严",根据段玉裁的说法,"其说解当曰艸大也,从艸壮声""壮训大,故莊训艸大,古书莊、壮多通用,引申为凡壮盛精严之义"④。尽管从草之"大"或"盛"引申到人之"严"的语义脉络,仍显得相当模糊,但重在外观容貌上是有延续性的。《礼记》中出现的"庄"亦有相同的意思,如"气容肃,立容德,色容庄"(《玉藻》),与《论语》中的"色庄者"如出一辙。但《礼记》中的"庄"更多地是与"敬"的内涵直接关联起来,或者就是"庄敬"直接连用,如"中正无邪,礼之质也;庄敬恭顺,礼之制也","致礼以

---

① 许慎:《说文解字》,第15页。
② 程树德:《论语集释》,第120页。
③ 程树德:《论语集释》,第120页。
④ 段玉裁:《说文解字注》,第22页。

治躬则庄敬，庄敬则严威"（《乐记》），"君子庄敬日强，安肆日偷"（《表记》），等等。甚至还有一处云："祷祠祭祀，供给鬼神，非礼不诚不庄"（《曲礼上》），郑玄径直注曰："庄，敬也。"孔颖达对此未加疏解，但对其后一句"是以君子恭敬撙节，退让以明礼"中的"恭敬"着意加疏，曰："何胤云：'在貌为恭，在心为敬。'何之所说，从多举也。夫貌多心少为恭，心多貌少为敬"，接着引出诸多文本以明之①。巧得很，孔颖达对"恭"与"敬"所作的这种区分，似乎就是用来区分"庄"与"敬"的。孔氏未对郑注加疏，或许就是一种精心安排。郑玄径直以"敬"释"庄"，显得不甚得当。孙希旦引吴澄云，祭祀等举动"必依于礼，然后其心诚实，其容庄肃"②，就没有用郑注，并且还显示出刻意的区分，仍然保持在容色的庄肃上。可见，"庄"之义确实不能与"敬"直接等同，但"庄"也往往带出"敬"之义，这应当是没问题的。

"庄"义既是如此，当与"矜"连用时，"矜庄"之义或可得解。在先秦文本当中，能够找到的"矜庄"用语，似乎仅出现在《荀子》中，其谓谈说之术要"矜庄以莅之，端诚以处之"（《非相》）云云，"矜庄"与"端诚"对提，仍有侧重于貌与心之别。而在秦以后，"矜庄"一语大量出现，郑注《礼记》以"矜庄貌"解"俨若思"（《曲礼上》）之"俨"，其云"人之坐思，貌必俨然"，《释文》亦作此解。朱熹谓"俨若思"是"敬者之貌"，孙希旦云"谓容貌端严"③。由此可推出，"矜庄"大概就是敬者的端严之貌，而在这种连用中，"矜"与"庄"之义显得颇为接近。但与此同时，《礼记》又云："不矜而庄，不厉而威，不言而信"

---

① 《礼记正义》，阮刻《十三经注疏》本，第1231页。
② 孙希旦：《礼记集解》，第9页。
③ 孙希旦：《礼记集解》，第3—4页。

(《表记》),这种句式通常表明,"矜"与"庄"虽接近却又有距离。更重要的是,如果说"庄"是一种应取的价值,那么"矜"对"庄"而言,就是有所偏的,正如"厉"之偏于"威"一样。当然,这并不意味着"矜"就是一种需要否定的价值,"矜"可带来"庄",正如"言"可带来"信"。只不过更高的境界是达到"不言而信","不矜而庄"亦是此义,如孙希旦所注云:"君子不待矜持而自然庄敬"①。如果说"矜"有"庄"义,"庄"带"敬"义,则"矜"与"敬"会显得不相关联。"庄"可以说是敬之貌,"矜"却难以作同样的疏解。固如是,皇侃《义疏》所引注解以"庄敬"释"矜而不争"之"矜",就有失"矜"之涵义了。

　　阐明了"矜"之"庄"义后,再论"矜庄"之义如何带有"乖戾"之流弊。《论语》中还有这么一句:"君子泰而不骄,小人骄而不泰"(《子路》),古人进行注解时,都论到小人"不知其拘忌正其骄矜","小人拘忌,而实自骄矜","小人矜己傲物,惟恐失尊"云云②。在这里,明白显示出由"拘忌"可通向"骄矜",而"拘忌""拘谨"则正表达"矜持"之义。如果说,"庄"表达了敬者之貌,而"矜"只能表达出表面上的"庄",那么"矜"之"庄"义就容易通向骄矜。如此,朱子谓"矜者持守太严"就是有道理的,这种意义上的"矜庄"若无私,尚可容纳刚正之德("古之矜也廉"),若有私就容易陷入忿戾之中("今之矜也忿戾"),"忿戾则至于争矣",故君子于"矜"处就要懂得戒争。"矜"之"庄"义的思想脉络由此获得了清楚的彰显,通过"不矜而庄"的微妙差别,达到了"君子矜而不争"与"古之矜也廉,今之矜也忿戾"的复杂统一。此两处的"矜",都不是一

---

① 孙希旦:《礼记集解》,第1298页。
② 程树德:《论语集释》,第939—940页。

种单纯的应取或应否价值，也就是说，它不是在"庄敬"与"骄矜"之间作非此即彼的解释。"矜"之"庄"义确实可通向"骄"，但又不是单纯的"骄矜"之义。在此两处的注解上，朱子充分意识到了其中微妙而复杂的内涵，从而处理得更为细致和融通。

三、"其争也君子"

在充分获得了由"矜"到"庄"的思想脉络后，还需进一步检视《论语》文本中的"争"。正如"矜"不是孔子所单纯肯定的，"争"也不是孔子所单纯否定的。《论语》一方面说"君子矜而不争"，另一方面又说到"其争也君子"：

> 子曰："君子无所争。必也射乎！揖让而升，下而饮，其争也君子。"（《八佾》）

"射"是古代一项非常正式的礼仪活动，据说只有在战事时射才会以射穿、尚力为胜，而在平时的射礼上则以习容、习艺、观德为上，人力强弱不等只是血气层面上的事。孔子云"射不主皮，为力不同科，古之道也"（《论语·八佾》），慨叹的就是战乱之时的射礼以尚武为盛。血气层面上的尚力之事原非君子所为，"进退周旋必中礼，内志正，外体直，然后持弓矢审固"（《礼记·射义》），重要的是礼仪层面上的容貌、体态、节奏等表现，所谓"其容体比于礼，其节比于乐"（同上）即是。因此，作为礼仪层面上的射，实际上不再是争强好胜的竞争，而是一种教化活动，如《礼记》所云："古者诸侯之射也，必先行燕礼；卿、大夫、

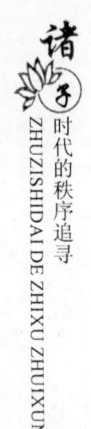

士之射也，必先行乡饮酒之礼。故燕礼者，所以明君臣之义也；乡饮酒之礼者，所以明长幼之序也"（同上），射礼已经具有明君臣、辨长幼的教化意义。当一项充满血气之争的活动被充分礼仪化之后，争的意味就出现了某种转化，古人这才有了"君子之争者礼义，小人之争者血气"①的注释。

不过，这并不是说孔子所言"其争也君子"，完全是在讲礼义层面的事。从礼的层面上来处理争的问题，这是儒家对待"争"的基本姿态。荀子对人性好争的一面进行了充分的论述，为的就是能使他的"隆礼"思想获得最大程度的展现。从礼的层面上来处理"争"，荀子的核心理念是"礼莫大于分"，而明于分才能免于争。与此同时，《论语》中将本质上是一项争的活动充分礼仪化，就以礼来化解争而言，本身就极富象征意义。但射礼活动是否能彻底化解"争"的意味，或者说是否有必要做彻底的化解，这一问题充分体现在古人对于"射不主皮"的"主皮"歧解处。"主皮"是理解为"中的"（郑玄）还是"贯革"（朱子），古人在这一问题上的争论值得深究。也就是说，射如果排除了以力射穿之争，那也还有能否射中之争，若是能否射中都被排除，就意味着彻底的礼仪化。但在这种意义上的射，还能叫射吗？大概要对"争"的意味有所保留，才更能体现出"其争也君子"的涵义。如《礼记·射义》所云："射求正诸己，己正而后发，发而不中则不怨胜己者，反求诸己而已矣。"这样"争"的意味保留了，"礼"所不能彻底化解的部分，就留给"心"来处理。"反求诸己"是儒家一贯主张的修身之道，所谓"君子求诸己，小人求诸人"（《论语·卫灵公》）即是。君子凡事反求责己，但问己之是否做到尽处，而"不怨天，不尤人"（《论语·宪问》）。这一

---

① 程树德：《论语集释》，第156页。

修身之道在射艺上最能直观地表达出来，因射艺有两个鲜明的特征，其一是射之中否立马可见，其二是射之中否直接呈现己之习艺工夫。即是说，射艺活动最易达至反求诸己，故《礼记·射义》谓"射者，仁之道也"，古人于此注"为仁由己，射之中否亦由己，非他人所能与也"①。

自"反求诸己"而观之，它处理"争"的意义即在于能够做到"不怨胜己者"。生活经验告诉我们，争容易带来的一个恶果，便是招致怨恨。如果能够在内心里有效地化解怨恨，坦然地接受胜负的结局，那么争就是一种有益的考验，而不是要绝对避免的事情。从这一点上说，"其争也君子"与"君子矜而不争"并不完全相类，前者需要有礼仪化的过程，并需要"反求诸己"的修养之道进一步化解，然后才有所谓"君子之争"；后者则是需要在矜庄之处加强内心之敬的修养，以庄敬之心避免争的发生。正如有一种争可以成为内心修养的有益考验，而另一种争只是出于私利的计较，恰恰会败坏内心的修养，因而必须予以避免。这一意味上的"君子矜而不争"，与孔子所说的另一句话相照应：

> 子曰："听讼，吾犹人也，必也使无讼乎。"（《论语·颜渊》）

"讼"是争的另一种。如果说"争"之"射"义可以被礼仪化，而成为一种有益的考验，那么"争"之"讼"义就是完全要被否定的层面。根据上文所作分析，它就是"矜"而通向"骄"的典型结果。骄矜是由于缺失了敬者的内心修养，同时又让私利充斥内心，故而容易陷入忿戾而招致争讼，如朱子所云"忿戾则

---

① 孙希旦：《礼记集解》，第1448页。

至于争矣"。儒家对于争讼的姿态，不在于提高"听讼"即断讼的水准，如孔子所说他在听讼上并无过人之处，而在于要树立一种"无讼"的理念，要从根源处杜绝争讼的出现，亦即古人所注云："圣人不以听讼为难，而以使民无讼为贵"，"正其本，清其源，则无讼矣"①。从"矜"而至"争"的路径上看，打掉私利之心，便可切断忿戾之情，同时加强内心之敬的修养，就能返回仁义的正道。这既是达至"无讼"的"正本清源"之义，同时也正是"君子矜而不争"所要表达的意味。

对于争讼而言，"正本清源"并非我们今天所想象的那样，只是一句道德上的空话。当两个不同的利益主体陷入争讼之中时，第三方介入断讼的手法，无非就是两种：一是依据相关的公共规范来界定双方的权责，然后依照不同的权责来厘清各自的是非曲折，这也是现代社会所普遍认可和接受的。另一种则是消解利益主体的身份，打掉双方的利益算计之心，还之以人与人之间天然的恻隐之情，比如王阳明当年所断的父子争讼一案：

> 乡人有父子讼狱，请诉于先生，侍者欲阻之。先生听之，言不终辞，其父子相抱恸哭而去。柴鸣治入问曰："先生何言，致伊感悔之速？"先生曰："我言舜是世间大不孝的子，瞽瞍是世间大慈的父。"鸣治愕然请问。先生曰："舜常自以为大不孝，所以能孝。瞽瞍常自以为大慈，所以不能慈。瞽瞍只记得舜是我提孩长的，今何不曾豫悦我，不知自心已为后妻所移了，尚谓自家能慈，所以愈不能慈。舜只思父提孩我时如何爱我，今日不爱，只是我不能尽孝，日思所以不能尽孝处，所以愈能孝。及至瞽瞍底豫时，又不过复得

---

① 程树德：《论语集释》，第862页。

此心原慈的本体。所以后世称舜是个古今大孝的子，瞽瞍亦做成个慈父。"（《传习录》）

王阳明的断讼方式是儒家所强调的"正本清源"，它与今天所盛行的国家判决，背后所依据的理念是不同的。在这里，父子争讼中的是非曲折完全被搁置，而直指父子之间更为本源的是孝慈亲情。争讼不是被判决，而是被消解，让父子之间回到争讼之前的状态，亦即孔子所言"使无讼乎"之意。

通过对以上"争"之"射"义与"讼"义的区分，展开对"争讼"的深入分疏，"君子矜而不争"的思想内涵显得更为清晰了。由矜庄到争讼，可能只有一步之遥，也可能有天壤之隔，差别只在能否以一颗庄敬之心保养好天然的恻隐之情。做到了，就是"使无讼乎"的境地；做不到，就是"今之矜也忿戾"。所谓"君子矜而不争"，其义尽矣。

（原载《中国哲学史》2009年第1期。原有副标题）

荀子论"争"

"争"是每一个古老的文明在面对人性而安排秩序时,必然要处理的一个重大问题。而《论语》中一句"矜而不争",给人的印象好像是儒家对于"争"的问题,显得过于轻描淡写,甚至被误认为是在逃避"争"的表现。事实上,《论语》对"争"的问题,处理得相当微妙,而至《荀子》则作出了充分的论述。

一、"人生不能无群"

"争"的甲骨文字形为 ,上下为" "象形手,两手相争,中间表示争夺的东西。《一切经音义》引《说文》云"争,彼此竞引物也",其义至为显白,它交待了"争"是发生在彼此之间,也就是人与人相处过程中发生的事情。但这个"彼此"之间,还是可以有讲究的,"彼"与"此"是个什么状态?孔子云"鸟兽不可与同群,吾非斯人之徒而谁与"(《论语·微子》),针对的是长沮、桀溺那帮隐者。古人注云:"隐居于山林,是与鸟兽同群也。吾自当与此天下人同群,安能去人从鸟兽居乎?"① 与鸟兽同群以及与天下人同群,显然是两种不同的"彼"与"此"的状态。隐者甘愿与鸟兽同群,是脱出社会而复返自然的状态。考量这两种不同状态中人与人之间的"争",其意义是完全不同的。隐者针对孔子师徒声称"滔滔者天下皆是也"(同上),"滔滔"即谓乱貌,是言天下皆乱也。争和乱便是一气之事,《荀子》曰"争则乱"(《富国》),故而舍天下同群而入鸟兽之间,所谓"入兽不乱群,入鸟不乱行。鸟兽不恶,而况人乎"(《庄子·山木》),争乱自然不起。可见,对于隐者而言,与鸟兽同群,是虽有"彼此"而无"竞引";与天下人同群,则分"彼此"而至"竞引",是有"滔滔"之貌。不过,隐者的这一看法在现实经验上并无充分的根据,与天下人同群而避免争乱,是儒家一贯的理想追求,虽然高调却不乏现实基础。与鸟兽同群而争乱不起,只能是隐者的想象,而且这种想象就人类的状态而言,往往成为思想立论的一种假设。近代西方思想家,就习惯于在政治哲学层面上实施这样一种假设。

对于人类在进入社会之前的自然状态中,人与人之间相处状况的假设,大概只有取决于某个人的立论了。就霍布斯而言,前社会时期的人与人之间被想象为一种战争状态,而且"这种战争是每一个人对每个人的战争",他从所谓人类的天性中分析出,"有三种造成争斗的主要原因存在。第一是竞争,第二是猜疑,第三是荣誉"。通过霍布斯的想象,自然状态中人与人之间的相处,不是更和平,而是更暴乱,而这一切只是为了证明,"在没有一个共同权力使大家慑服的时候,人们便处在所谓的战争状态

---

① 程树德:《论语集释》,中华书局 1990 年,第 1270 页。

之下。"① 霍布斯以为强大的国家主权进行辩护而著称，他将拥有绝对主权的国家比作《圣经》中的水怪"利维坦"。与这样一种想象针锋相对的是，洛克把它描述为一种"和平、善意、互助和安全的状态"，在这样一种状态中，"人们受理性支配而生活在一起，不存在拥有对他们进行裁判的权力的人世间的共同尊长"②。对于霍布斯而言，正是自然状态中的彼此争斗逼出一个强大的主权来，而洛克反复强调缺乏一个共同的权力裁判者，并不会造成人与人之间的争斗。"这也是一种平等的状态，在这种状态中，一切权力和管辖权都是相互的，没有一个人享有多于别人的权力。"在这种平等的自然状态中，之所以能保持着相互之间的和平和安全，是由于"自然状态有一种为人人所应遵守的自然法对它起着支配作用"。但如果就此认为，洛克像隐者一样，将自然状态中的人们想象为一种毫无争斗的理想状态，那就大错特错了。自然法对自然状态的支配，并不意味着争斗的"自然"消弭，相反，它有赖于每一个人拥有惩罚罪犯的权力。"为了约束所有的人不侵犯他人的权利，不互相伤害，使大家都遵守旨在维护和平和保卫全人类的自然法，自然法便在那种状态下交给每一个人去执行，使每人都有权惩罚违反自然法的人，以制止违反自然法为度。"③ 如此看来，洛克所设想自然状态下的和平与安全，未免显得不够"自然"。看起来，仅仅只是由于每个人都充当自己案件的裁判者而显得不够方便，这才有了政府的出现。与霍布斯着意于强大的政府主权不同，洛克主要是为了显示私有财产权的神圣性。立论的不同，造成两人对自然状态下的情形作出完全不同的假设。尽管如此，洛克的和平状态显然不是偏近东方的隐

---

① [英]霍布斯：《利维坦》，商务印书馆1986年，第94页。
② [英]洛克：《政府论》（下篇），商务印书馆1996年，第14页。
③ 洛克：《政府论》（下篇），第5、6、7页。

者,而是相通于霍布斯的战争状态,"他跟霍布斯一样,实质上主张社会的存在是为了保护财产和其他私人权利,这些权利并非社会所创造"①,这种精神主旨与整个古老的东方文明是格格不入的。可见,无论是霍布斯还是洛克,对于自然状态的想象,都无意于表达一种远离争斗的理想,而是显得别有用心。

与此相类,当荀子比较充分地展示出人性好争的一面时,大意者就往往容易想到霍布斯的战争状态。与霍布斯以人与人之间的战争状态作为订立国家的理由相比,荀子对"争"的展示,也是围绕在作为圣人制礼作乐的一种理由而立论。这一运思路径显得相当类似,但两者的思想脉络,实则有天壤之别。对于西方思想家煞费苦心设定的自然状态,荀子一句"人生不能无群"(《荀子·王制》)就给打发掉了。在这里,荀子所讲之"群",在儒家思想脉络中,是有特定社会内涵的,而非"与鸟兽同群"的自然状态。《论语》云"群居终日"(《卫灵公》),刘宝楠的《正义》称:"《说文》云:'群,辈也。'群居,谓同来学共居者也。"② 以同辈共居来学为"群",其社会身份层面上的涵义卓然可见。《论语》又说,"《诗》可以兴,可以观,可以群"(《阳货》),《论语补疏》谓"《诗》之教温柔敦厚,学之则轻薄嫉忌之习消,故可以群居相切磋"③,与《论语》中的另一句"君子群而不党"(《卫灵公》)相呼应,学《诗》可群居切磋而令温柔敦厚,自可远离党争之事。可见,《论语》中的"群"还进一步有某种克尽"争"之义在里头,其社会内涵已然具体而充分。荀子在这一思想脉络下反复表示"人之生不能无群"(《荀子·富国》),说明在他看来,"无群"的自然状态是不可设想的,对"争"的探究一定是

---

① [美]萨拜因:《政治学说史》,商务印书馆1990年,第593页。
② 程树德:《论语集释》,第1099页。
③ 程树德:《论语集释》,第1212页。

发生在"与天下人同群"的社会状态中。

对于在社会状态中如何导致"争"的现象，荀子论曰："势位齐而欲恶同，物不能澹则必争。"（《荀子·王制》）澹，杨倞注云"读为赡"①，意为充足，也就是物不能足的意思。物不足而招致争，这一意思在"欲恶同物，欲多而物寡，寡则必争矣"（《荀子·富国》）中，表达得更为直白。不过，值得注意的是，荀子在表达这一意思时，前面还有一句说到"势位齐而欲恶同"。"欲恶同"或"欲恶同物"，杨倞注云："同物，谓饮食男女，人之大欲存焉；死亡贫苦，人之大恶存焉：是贤愚同有此情也。"② 杨倞的注好懂，是说在欲望层面上，所有人的好恶都是差不多的。但杨注未能很好地表达出荀子的旨意，荀子无意描述贤愚同此欲恶之情的状态，相反，"欲恶同物"在荀子那里，表达为一种需要避免的情形，其与"势位齐"一样。对于"势位齐"，荀子在前头还有这样一句："分均则不偏，势齐则不壹，众齐则不使"（《荀子·王制》）。"分均"，杨倞注"谓贵贱敌也"，是均贵贱的意思。王念孙进一步注曰："偏，读为遍。言分既均，则所求于民者亦均，而物不足以给之，故不遍也。下文曰'势位齐而欲恶同，物不能澹'，正所谓不遍也。"③ 是说均贵贱就会导致物不能遍给，亦即不足用之意。可见，在荀子这里，物不足用并非在表达一种资源有限的意思，为今人所熟知的由资源匮乏而引起争斗，似乎不是荀子所关心的问题。即是说，荀子所言"物不能澹则必争"，就并非是在作一种自然状态的描述，而是表明这是由社会层面上的原因所导致的。从"均贵贱"到"齐势位"再到"同欲恶"，如此直贯下来才导致"物不能澹则必争"。这就意味

---

① 王先谦：《荀子集解》，第152页。
② 王先谦：《荀子集解》，第176页。
③ 王先谦：《荀子集解》，第152页。

着，如果能避免"势位齐"和"欲恶同"，就可以解决"物不能澹则必争"的问题。应当说，荀子的立论也正在于此。针对"分均""势齐"造成"争"的问题，荀子提出著名的"明分使群"思想，即所谓"穷者患也，争者祸也，救患除祸，则莫若明分使群矣"（《荀子·富国》）。那么，"分均""势齐"的无分状态，又是如何呈现出人性好争的问题的，即所谓"群而无分则争"的？荀子对此作出了充分的论述。

二、"群而无分则争"

从"群而无分则争"这一句式来看，荀子对"争"的讨论，不仅仅是关注于"群"层面，同时也是结合"分"层面来展开的。"群"并不必然导致"争"，隐者断言"滔滔者天下皆是也"，未免过于武断，关键是得找出"群"而易"争"的缘由。荀子以为，"群"而无"分"才会引发"争"，要避免"争"的出现，就意味着得搞好"分"。听起来，这是法家"定分止争"的意思，但无论是对"分"的理解，还是对"争"的定位，荀子都与法家判若两途。对于法家而言，"争"是既定的事实，不但是人性的必然，而且也是现实的必然，因此要以"定分"来达到"止争"的目的。但在荀子那里，"争"只是一种现实的可能，它更多地是作为"分"所设立的一个理由而获得论述。正因为潜藏着"争"的可能，才逼显出"分"的意义重大。可以说，荀子的立意并不在于论"争"，而是要论"分"，"争"是围绕着后者所展开的。既然"无分"招致"争"，理解好荀子论"争"，就不能不探究一下对"分"的论述。对于荀子与法家之间的思想分途，关键在于对"分"的理解上。于是，对"争"的论述，就转到

"分"的问题上。这一论题可以关涉到古今中外的某些共同论域，对于区分相关的问题具有重要意义。

荀子对"群而无分则争"是这样论述的："人之生，不能无群，群而无分则争，争则乱，乱则穷矣。故无分者，人之大害也；有分者，天下之本利也；而人君者，所以管分之枢要也。"（《荀子·富国》）听起来，如果没有最后一句，荀子这一番对"分"的言说，即便是搁在今天，人们似乎也不会有太多的异议。但事实上，这得取决于如何理解"分"，比如作为一种资源分配的原则而言，可以说，在资源有限的情形下，解决人与人之间的争斗问题，无非就是在"分"字上做文章。无论是在物质匮乏还是在充沛的时代，"分"的意义都显得非同小可。就此而言，"分"确实就是"天下之大利"，荀子不过是表达了一种常识。然而，这样来理解荀子的"分"，显然是一种极大的歪曲，这一"分"的内涵在古人那里，就已经呈现出根本差异。

"分"，《说文》谓"别也。从八从刀，刀以分别物也"，这一字解颇似分配食物时的原始场景。不过，这一场景并未显示出食物分配时人与人之间的差等状况。相反，如果将它理解为一种平均主义的切割，这一字义大概颇合平均分配的原始意愿。应当说，这种物上分配的涵义一直保留下来，尽管主要并不取平均分配的涵义。哪怕是对于"至有余力不能以相劳，腐朽余财不以相分"（《墨子·尚同上》）的现象，表现出深恶痛绝的墨子，也还主张"以劳殿赏，量功而分禄"（《墨子·尚贤上》）。可见物上的平均主义分配从古至今都不是主流，尽管这种主张在人类历史上也不绝如缕，但不过是表达某种美好的怀想。如果说"分"的涵义最初从物上的分别始，那么它逐渐扩展到其他层面上的分别，是可以预期的结果。在荀子这里，不但有天人之分、人禽之别，其中心所述，恐怕还是人与人之间的分别。这一思想上承孔子的

"正名"之说，与"昔圣帝、明王、诸侯，辨贵贱、长幼、远近、男女、外内，莫敢相逾越"（《礼记·仲尼燕居》）相仿，大概指的是个"名分"。但"名分"这一用语却恰恰为法家所用，如为人所熟知的讲法："一兔走，百人逐之，非以兔为可分以为百，由名分之未定也。夫卖兔者满市，而盗不敢取，由名分已定也。故名分未定，尧、舜、禹、汤且皆如鹜焉而逐之。名分已定，贫盗不取"（《商君书·定分》）。很显然，这里所讲的"名分"与荀子的思想脉络有根本的差异，它指的是物上归属的"名分"。在法家看来，物没有归属之前，就容易产生纷争，由此确定物所属的名分，才能阻止纷争，亦即所谓"法者，所以兴功惧暴也。律者，所以定分止争也。令者，所以令人知事也。"（《管子·七臣七主》）这一思路似乎与现代人所讲的"物质分配"问题相仿，固如是，大概才能理解，梁启超当初为何会认为，这里的"分"是指权利，"创设权利，必借法律，故曰定分止争也。人民之所以乐有国而赖有法者，皆在于此。"① 这一看法在今天看来，除了表现出近代中国学人过于急切地想与西学靠近之外，再难有别的意义了。西学当中讲权利，是就人来讲所有权，而法家讲名分，不过就是看物的归属。换句话说，西学的权利讲的是如何从人的角度来恰当地确定物的名分，而法家则从未顾及过如何确定物的名分，仅仅只是确认物是否有名分。从这一点上说，法家表现得相当肤浅，物上的名分未定而引发纷争，不过是表达了一个简单的常识，而"阶级社会"中的斗争显然不在于名分未定，而在于名分定得不恰当。应当说，在"群而无分则争"的内涵上，能与现代思想中的分配理论相并论的，不是法家的"定分止争"，而

---

① 梁启超：《管子传》，《饮冰室合集·专集之二十八》，中华书局1989年，第14页。

是荀子的"明分使群"。前者以"人的分别"为核心，后者以"物的分配"为核心，前者塑造出人与人之间的等级分别而达成物的分配，后者则以物的分配来进一步摧毁人与人之间的等级分别。

在古代社会里，正是人与人之间的等级分别，决定了物上分配的差异性。古人关心的是如何成就一种合理的等级秩序，而物的分配不过是附着其上，配合这一秩序的生成。只要等级秩序合理了，物的分配自然就顺理成章。可见，在古人那里，物上分配的正义性，是由正义的秩序给出的，对于正义的思考，古人并不直接由物的分配出发。应当说，始终萦怀于一种物的分配，自物的分配上来为正义立论，这不过是近代以来的一种发明。这种发明开启于马基雅维里的《君主论》，众所周知，马氏的这一著作对君主以武力、幸运乃至邪恶之道获得权力，做了十分露骨的描述。这并不是说他的洞察力格外引人注目，而是说他竟然可以把君主的这种权术当作政治本身。古代中国历史上无数次的改朝换代，以奸诈而残酷的手法建立王朝的皇帝比比皆是，但却从来没有人把它当作是政治本身，否则就无法为自身的政权提供辩护，这就是所谓的政治合法性问题。而马基雅维里却认为，君主在被人爱戴与被人畏惧之间，后者比前者要安全得多。① 如果使人畏惧还显得更为安全，看来就不必为政权的合法性费心辩护了。当然，马基雅维里的政治哲学，更多地还是一种"科学性的经验学问，拿他对事务的亲身经验做基础"②，而其后的霍布斯、洛克等诸贤，则做出了进一步的理论提升，并在新的基础上考察了正义性问题。这一新的基础在此后不同的哲学家那里，尽管偏重或各

---

① ［意］马基雅维里：《君主论》，商务印书馆1986年，第80页。
② ［英］罗素：《西方哲学史》（下卷），商务印书馆1996年，第18页。

有不同，但有一个主题始终贯彻如一，即个人财产的神圣性。将国家的正义性从"奉天承运"中剥离出来，而奠基于赤裸裸的利益争夺上，就是始于马基雅维里对君主所写下的一句至今让人耿耿于怀的话："他务必不要碰他人的财产，因为人们忘记父亲之死比忘记遗产的丧失还来得快些。"① 当然，并不是说自此以后，国家的正义性就只能由利益争夺来获得说明，这样未免过于低估哲人的头脑。对于私有财产权的辩护，黑格尔的说法是，"所有权所以合乎理性不在于满足需要，而在于扬弃人格的纯粹主观性。人唯有在所有权中才是作为理性而存在的。"② 这就是说，对财产的占有，远不止是一点欲望的满足这么粗俗，而是有着更为"高贵"的意义，黑格尔以其特有的方式，将财产占有权安放在他那螺旋式的理性链条上。但无论如何，政治不再需要获得道德上的庇护，这一点是确凿无疑的，而由此便离不了要围绕着物的分配喋喋不休。现代西方学人罗尔斯所写下的皇皇巨著《正义论》，尽管把它解读为仅仅处理物的分配正义性问题，也许会让有的学者觉得过于粗疏，但将其置于与另一学人诺齐克相对峙的地位上来考量，难道不正表明现代学人萦怀于物的分配而伤透脑筋么？所谓"群而无分则争"，指的便是缺乏一种适当的分配原则而引起人与人之间的争斗。

如果说让现代人伤透脑筋的是，如何在摧毁人与人之间的等级分别，给所有人一个平等安放的同时，又能以正义的名义解决好物上的分配问题，而避免不合理所带来的争斗，那么，与现代文明不同，古人大概用不着在一种专门的分配理论上煞费苦心，因为古代社会的秩序就是建立在人与人之间的等级分别上的。在

---

① 马基雅维里：《君主论》，第81页。
② ［德］黑格尔：《法哲学原理》，商务印书馆1979年，第50页。

现代人这里，政治的正义性主要或者说首要地由物的合理分配给出，而在古人那里，如上文所指出，物上分配的正义性则由正义的秩序给出。如何获得一种正义的等级分别秩序，才是古人萦怀于心的问题，而物上的分配是随之给出的。荀子论曰：

> 兼足天下之道在明分。掩地表亩，刺屮殖谷，多粪肥田，是农夫众庶之事也。守时力民，进事长功，和齐百姓，使人不偷，是将率之事也。高者不旱，下者不水，寒暑和节而五谷以时孰，是天下之事也。若夫兼而覆之，兼而爱之，兼而制之，岁虽凶败水旱，使百姓无冻馁之患，则是圣君贤相之事也。（《荀子·富国》）

荀子的这一番"明分"的论述，很容易让人想起柏拉图在《理想国》中对城邦正义所展开的高论。柏拉图的意思是，"当生意人、辅助者和护国者这三种人在国家里各做各的事而不相互干扰时，便有了正义，从而也就使国家成为正义的国家了。"① 与现代人忌讳于人与人之间的等级分别不同，古人显然是把等级视为一种秩序上的优势。想必在古人看来，消解掉人与人之间的等级分别，还如何可能成就出一种秩序来？因此，一种正义的秩序，源自于等级分别的构建，以及在各分位上的自守其职。就此而言，"群而无分则乱"是说无有等级分别，或者有等级而不合礼义，由此而导致基本秩序的崩溃，让天下陷入混乱和争斗的局面。

古今之人由于在等级与秩序的问题上，持有这样一种根本的差异，从而导致对争斗的根由有完全不同的看法。从古至今的经

---

① 柏拉图：《理想国》，第156页。

验表明，人与人之间之所以引起争夺，无非就是出于资源有限，而欲壑却又那么难填。减少争夺的办法，要么就是增加资源，要么就是限制欲望。古人大抵从后一方面入手，资源配置的意义显然不在于在多大程度上满足了人的欲望，而主要是得与等级分别保持一致。即是说，资源配置是服务于等级秩序，而并非服务于人的欲望，尽管不免是由后者所发动的。可见，限制欲望是其中应有之义，种种古典文明在对欲望的限制和调节上，可谓是各显神通，留下了丰富的古训。但以平等和自由著称的现代人却并不领这份情，没有人能够在欲望上设置出等级来，荀子所反对的"欲恶同物"，正是现代人所愿意主张的。当然，并不是说现代人就只会粗俗地看到，物质只是用来满足人的欲望。上文提及，黑格尔就明确论及，对财产占有的合理性并非出于满足欲望，他进一步说道："如果把需要当作首要的东西，那末从需要方面看来，拥有财产就好象是满足需要的一种手段。但真正的观点在于，从自由的角度看，财产是自由最初的定在，它本身是本质的目的。"① 不但人的理性，还有人的自由，其实还包括平等②，都得通过占有财产这一环节获得说明。这一方面固然说明，对私有财产权的辩护，已经远远超出了从霍布斯到洛克的水平，或者说西方学人对财产占有权的理解获得了很大的提升，而另一方面不也正说明现代文明的塑造，与个人财产权有着多么深的纠葛吗？在现代人看来，增加资源显然比限制欲望更能鼓舞人心，这也就不难理解，为何今天的物质生产尽管比古代发达得多，但今人却对资源的有限性显得更加耿耿于怀。与此相比，两千多年前的荀子对物质的贫乏，似乎就已经不怎么着意了。当荀子说到"欲多而

---

① 黑格尔：《法哲学原理》，第54页。
② "其实，人们当然是平等的，但他们仅仅作为人，即在他们的占有来源上，是平等的。从这个意义说，每个人必须拥有财产。"见《法哲学原理》，第58页。

物寡，寡则必争矣"时，其实就是如杨倞的注解所说的那样，"既无等级，则皆不知纪极，故物不能足也"①，或者"无君上之制，各恣其欲，则物不能赡，故必争之也"②。如果能制礼义而分贵贱，就能"使物有余而不穷竭"③。现代人大概很难想象，在荀子所处的时代，怎么可能会"物有余而不穷竭"，但荀子却对此显得信心十足，他在批判墨子的时候，就充分论述了这一点。

在前文所引那段"明分"的材料之后，荀子紧接着就开始批判墨子。墨子提出"节用"而"交相利"，显示出他是在担忧天下财用不足，一种平均主义的分配或许能缓解这种不足。但荀子却声称，"墨子之言，昭昭然为天下忧不足。夫不足，非天下之公患也，特墨子之私忧过计也"（《荀子·富国》），言下之意是批评墨子在杞人忧天。那么，荀子的信心究竟来自哪里呢？他论道：

> 今是土之生五谷也，人善治之则亩数盆，一岁而再获之，然后瓜桃枣李一本数以盆鼓，然后荤菜百疏以泽量，然后六畜禽兽一而剸车，鼋鼍、鱼鳖、鳅鳣以时别，一而成群，然后飞鸟凫雁若烟海，然后昆虫万物生其间，可以相食养者不可胜数也。夫天地之生万物也，固有余足以食人矣；麻葛茧丝、鸟兽之羽毛齿革也，固有余足以衣人矣。（《荀子·富国》）

现代人也许会对荀子的这种论调不以为然，但至少荀子的姿态意味着，物质匮乏问题对于人与人之间的争夺而言，没有现代人所

---

① 王先谦：《荀子集解》，第152页。
② 王先谦：《荀子集解》，第176页。
③ 王先谦：《荀子集解》，第152页。

想象的那般重要。尽管等级分别在制度上的消解，并未导致一种秩序的崩溃，这大概是古人所始料未及的，而反过来，现代人也几乎忘了，资源配置问题在古代社会里，对于社会秩序没有显得如此举足轻重。在荀子看来，能引发"争"之祸的，显然关键不在于"物不能澹"，而在于"群而无分"。他反对墨子的"省官职，上功劳苦，与百姓均事业，齐功劳"（《荀子·富国》），还进一步论曰：

> 强胁弱也，知惧愚也，民下违上，少陵长，不以德为政，如是，则老弱有失养之忧，而壮者有分争之祸矣。事业所恶也，功利所好也，职业无分，如是，则人有树事之患，而有争功之祸矣。男女之合，夫妇之分，婚姻娉内送逆无礼，如是，则人有失合之忧，而有争色之祸矣。故知者为之分也。（《荀子·富国》）

如果"群而不分"，就会招致如此种种"争"之祸的出现。而此种种"争"祸，都是比照无分的情形下，一一罗列出来的。比如知愚无分、职业无分、男女无分时，分别会出现什么样的争祸。这符合前文所提及的，荀子论"争"是围绕着"分"所展开的，"争"是需要"分"的理由。而荀子论"分"也还有落脚点，其云"分莫大于礼，礼莫大于圣人"（《荀子·非相》），这与前面所言"而人君者，所以管分之枢要也"相呼应，"分"就落在圣贤人君制礼作乐上。如此一来，"争"就是礼乐之"分"的理由，这实际上也就意味着，荀子是从制礼作乐的根源处来考察"争"的。

三、"制礼义以分之"

"争"作为一种祸害，它会导致乱，"先王恶其乱也，故制礼义以分之，使有贫富贵贱之等，足以相兼临者，是养天下之本也。"（《王制》）先王是出于防范争乱的需要而制礼义，荀子的这一立论确实与儒家的性善论传统显得不够契合。不过，荀子能从制礼作乐的根源处来考察"争"，其立论自有深刻之处，尽管受孟子所开启的性善论立场的影响，这一思想立论在后世并未获得足够的伸展。从礼义教化的立场上看，荀、孟之间其实并无二致，荀子并未因对"争"的考察以及对性恶的阐明，而带出一种不信任的政府来。就此而言，荀子论"争"与此前的古代儒家，仍然是一脉相承的。稍微探究一下《论语》文本对"射"的礼仪化，有助于弄清楚这一点。

在《论语》文本中，孔子提及"争"，其中重要的一处是与言"射"一起出现的：

> 子曰："君子无所争。必也射乎！揖让而升，下而饮，其争也君子。"（《八佾》）

射是古代一项非常正式的礼仪活动，据说只有在战事时射才会以射穿、尚力为胜，而在平时的射礼上则以习容、习艺、观德为上，人力强弱不等只是血气层面上的事。孔子云"射不主皮，为力不同科，古之道也"（《论语·八佾》），慨叹的就是战乱之时的射礼以尚武为盛。血气层面上的尚力之事原非君子所为，"进退周旋必中礼，内志正，外体直，然后持弓矢审固"（《礼记·射义》),重要的是礼仪层面上的容貌、体态、节奏等表现,所谓"其容体比于礼,其节比于乐"(同上)即是。因此,作为礼仪层面上的射,实际上不再是争强好胜的竞争,而是一种教化活动,如《礼记》所云:"古者诸侯之射也,必先行燕礼;卿、大夫、士之射也,必先行乡饮酒之礼。故燕礼者,所以明君臣之义也;乡饮酒之礼者,所以明长幼之序也"(同上),射礼已经具有明君臣、辨长幼的教化意义。当一项充满血气之争的活动被充分礼仪化之后,争的意味就出现了某种转化,这才有了古人所注"君子之争者礼义,小人之争者血气"①的说法。孔子其实是将一项争的活动充分礼仪化,而之所以能够这么做,是由于射之道与儒家的"反求诸己"有相当程度的贯通之处。"反求诸己"是儒家一贯主张的修身之道,所谓"君子求诸己,小人求诸人"(《论语·卫灵公》)即是。君子凡事反求责己,但问己之是否做到尽处,而"不怨天,不尤人"(《论语·宪问》)。这一修身之道在射艺上最能直观地表达出来,因射艺有两个鲜明特征,其一是射之中否立马可见,其二是射之中否直接呈现己之习艺工夫。即是说,射艺活动最易达至反求诸己,故《礼记·射义》谓"射者,仁之道也",古人于此注云:"为仁由己,射之中否亦由己,非他人所能与也。"② 自"反求诸己"而观之,它处理"争"的意义即在于,能够做到"不怨胜己者"。生活经验告诉我们,争所容易带来的一个恶果,便是招致怨恨。如果能够在内心里有效地化解怨恨,坦然地接受胜负的结局,那么争就是一种有益的考验,"射"被礼仪化的意义即在于此。

应当说,把一项极具"争"意的活动礼仪化,本身变成一种

---

① 程树德:《论语集释》,第156页。
② 孙希旦:《礼记集解》,第1448页。

教化活动，这更多地具有一种象征意义，它意味着儒家对"争"的理解，完全是基于一种礼义教化的视域。尽管《论语》文本中，并未明确提出性善论的主张，但"争"显然是被理解为一种性上的意外，可以在礼乐制度层面上予以转化。当然，不是所有的"争"都能这么完满地得到转化的，孔子在另一处说到"君子矜而不争"（《论语·卫灵公》），摆明了就是教人不要陷入争斗之中。而最能呈现出一种"争"的场景，莫过于《论语·述而》篇中"夫子为卫君"一章所涉及的历史背景。为了夺得君位，父子之间不惜兵刃相争，上演了一场父子争国的丑剧。针对这种"争"的混乱，孔子依礼制而倡导一种"让"的精神。"礼既守且让"，周公是"守"的典范，伯夷、叔齐就是"让"的典范。① 尽管这种"让"的精神并非是强有力的，父子之间如果互不相让，孔子的思想就显得进退两难，但其依然是在礼乐制度层面上处理"争"的思想路径。正是深受这一思想传统的影响，尽管荀子已是在性恶的层面上来言"争"，将"争"处理为某种性上的必然而非意外，却并未逃逸出礼乐教化这一视域。也就是说，人性好争并未用来否定圣人教化，恰恰相反，还成为圣人制礼作乐推行教化的一种更为紧迫的理由。因此，荀子总是在历数人性好争之患后，紧接着就跟上"制礼义以分之"一类的用语，充分显示出古代儒家固有的思想立场。不过，尽管这种衔接并不违背常识，却不乏理论上的缺陷。

荀子于性恶层面上论"争"，其云"今人之性，生而有好利焉，顺是，故争夺生而辞让亡焉；生而有疾恶焉，顺是，故残贼生而忠信亡焉；生而有耳目之欲，有好声色焉，顺是，故淫乱生

---

① 参见陈少明：《君子与政治》，《经典世界中的人、事、物》，上海三联书店2008年，第129页。

而礼义文理亡焉。然则从人之性,顺人之情,必出于争夺,合于犯分乱理而归于暴。"(《荀子·性恶》)正因为人之性恶,好争夺,于是古者圣王"是以为之起礼义、制法度,以矫饰人之情性而正之,以扰化人之情性而导之也。始皆出于治,合于道者也"(同上)。这读起来似乎是没问题的,而且与孟子的性善立论相比,大谈人与人之间的好利争夺,显得更具常识上的说服力。因为相信每个人都不安好心,总是要比相信每个人都安有好心来得容易得多。如果荀子是想以此显示出圣人制礼作乐更具紧迫性,那么这一做法是富有成效的。然而,富有常识的立论却并不意味着同时具备理论上的优势,事实上,彻底贯彻性恶论在理论上显得相当困难,除非愿意逸出古代儒家的思想传统。西方文明的思想路径表明,彻底的性恶论意味着人无法通过自身拯救自己,而只能等待彼岸的上帝来获得救赎。或者进入近代以来,摆脱上帝的庇荫之后,欠缺的人与人之间签订一点也不美好的契约,来谋求一种赖以生存的秩序。这才是一种彻底的人性好"争"的论调,其所可能带来的结局。荀子在儒家思想传统内部论人性好"争",而接上"制礼义以分之"或"为之起礼义,制法度",确实不具有理论上的自洽,如众多论者所指出的那样。可见,荀子反对孟子的性善论,并不在于获得了理论上的优势,而是旨在更为充分地显示出,圣人制礼作乐的紧迫性。诚如荀子所言:"今诚以人之性固正理平治邪?则有恶用圣王,恶用礼义矣哉!虽有圣王礼义,将曷加于正理平治也哉!""故性善则去圣王、息礼义矣;性恶则与圣王,贵礼义矣。"(同上)与口口声声言性善相比,性恶之论才更能彰显出圣王礼义的重要性和紧迫性。当然,就荀、孟之间共同的圣王教化立场而言,对于性恶、性善的不同言说,只能算是儒家思想传统内部小有差异而已。也多有论者深刻地指出,荀子的性恶之论与孟子的性善立场,并不具备很强的

对立性。相反,他们的统一性还可以从一种共同的声称中充分显示出来,即"涂之人可以为禹"(同上)和"人皆可以为尧舜"(《孟子·告子下》)。由此,当荀子在性恶层面上来论"争"时,在儒家思想传统里面确实显得独具一格,但当过渡到"制礼义以分之"后,则并未显示出太多过人之处。

(原载《切磋集——四川大学哲学系中国哲学合集》,四川人民出版社2010年)

天下之利与人主之利

在晚周诸子的思想互动之中,韩非的法家思想既有自孙子、老子而下的一面,又有直接受荀子影响的一面。在韩非的思想主张中,确实不难读到孙子作为兵家的谋略、老子所主道论的智慧,或者是荀子改造性恶之力量。类似这方面的思想互动都是很重要的,而学者所论已多。实际上,韩非与墨子在主利思想上的一脉相承,也是一个相当重要的方面,而似乎就少有人论及。笔者旨在对墨、法两家在主利思想上的一贯性作一探讨,以弥补在这一方面研究上的不足。

一、墨子眼中的"民之三患"

应当说,在晚周诸子中,墨子是对民间疾苦关注得最直接、最用力也最广泛的。不难想象,在当时诸侯争霸、天下大乱的世道中,百姓因战乱而遭受的灾难有多么深重。民间百姓长期处在一种饥寒状态中,确实给墨子以强烈的心灵冲击,使得他终生关注于此,并为此奔走呼告。他一面主张"非攻",在他眼里,只要是战争,无非就是百姓妻离子散、饿殍遍野,何况还会耗费掉

惊人的财富。因此，他会反对所有的战争。另一面又强调"节用"，恨不得将天下所有的财富都拿来让百姓吃好、穿好，任何意义上不利于百姓吃和穿的，都是他所不能容忍的浪费。这是于文本有证的，他的"节葬""非乐"都统一于他"节用"的主张：

> 故古圣王制为葬埋之法，曰："棺三寸，足以朽体；衣衾三领，足以覆恶。以及其葬也，下毋及泉，上毋通臭，垄若参耕之亩，则止矣。"死者既以葬矣，生者必无久丧，而疾而从事，人为其所能，以交相利也。此圣王之法也。……此为辍民之事，靡民之财，不可胜计也，其为毋用若此矣。是故子墨子曰：乡者，吾本言曰，意亦使法其言，用其谋，计厚葬久丧，请可以富贫众寡、定危治乱乎？则仁也，义也，孝子之事也，为人谋者不可不劝也；意亦使法其言，用其谋，若人厚葬久丧，实不可以富贫众寡、定危治乱乎？则非仁也，非义也，非孝子之事也，为人谋者不可不沮也。是故求以富国家，甚得贫焉；欲以众人民，甚得寡焉；欲以治刑政，甚得乱焉。求以禁止大国之攻小国也，而既已不可矣；欲以干上帝鬼神之福，又得祸焉。上稽之尧、舜、禹、汤、文、武之道，而政逆之；下稽之桀、纣、幽、厉之事，犹合节也。若以此观，则厚葬久丧其非圣王之道也。（《墨子·节葬下》）

> 子墨子言曰：仁人之事者，必务求兴天下之利，除天下之害，将以为法乎天下，利人乎即为，不利人乎即止。且夫仁者之为天下度也，非为其目之所美，耳之所乐，口之所甘，身体之所安，以此亏夺民衣食之财，仁者弗为也。是故子墨子之所以非乐者，非以大钟鸣鼓、琴瑟竽笙之声，以为

不乐也；非以刻镂华文章之色，以为不美也；非以刍豢煎炙之味，以为不甘也；非以高台、厚榭、邃野之居，以为不安也。虽身知其安也，口知其甘也，目知其美也，耳知其乐也，然上考之不中圣王之事；下度之不中万民之利，是故子墨子曰：为乐非也。……民有三患，饥者不得食，寒者不得衣，劳者不得息，三者民之巨患也。然即当为之撞巨钟、击鸣鼓、弹琴瑟、吹竽笙而扬干戚，民衣食之财将安可得乎？即我以为未必然也。意舍此，今有大国即攻小国，有大家即伐小家，强劫弱，众暴寡，诈欺愚，贵傲贱，寇乱盗贼并兴，不可禁止也。然即当为之撞巨锺、击鸣鼓、弹琴瑟、吹竽笙而扬干戚，天下之乱也，将安可得而治与？即我未必然也。是故子墨子曰：姑尝厚措敛乎万民，以为大锺鸣鼓、琴瑟竽笙之声，以求兴天下之利，除天下之害，而无补也。是故子墨子曰：为乐非也。（《墨子·非乐上》）

《墨子》一书中的话非常好懂，属于一读就明白的那种。墨子主张"节葬"，是由于厚葬久丧纯粹是耽误百姓的生产、挥霍百姓的钱财，主张"非乐"亦是由于弹琴雕刻之类"亏夺民衣食之财"。墨子质问道，大办丧葬之事，能让贫苦的人变得富裕起来吗？整天莺歌燕舞，能解决吃饭穿衣问题吗？墨子主张"节葬"和"非乐"的理由可谓相当的朴实，就是百姓吃、穿、住的问题。这用墨子自己的话概括就是，"民有三患，饥者不得食，寒者不得衣，劳者不得息"。孟子肯定是知道墨子所说这"三患"的，因为他恰恰也有一句话，叫"饱食、暖衣、逸居"（《孟子·滕文公上》）。两处一对照就不难发现，孟子的话就是针对墨子的，相当于是把墨子的终身诉求给一语道出。这翻译成今天的话就是，让天下百姓吃饱、穿暖、住好，墨子以此为己任奔波于诸

侯国之间。墨子这种对民间疾苦广泛而深重的关注，每每道起令人无限感动。他要是立志成为中华第一慈善家，这种关注完全没得说了。但他是作为思想家出现的，就不得不再多说几句了。

要是说墨子的主张不够理想的话，则时至物质文明高度繁荣的今天，也未曾把他这一愿望给实现了。但要说他的愿望足够理想了，大凡只要有点人的自觉就会觉得很不甘心。这意思并非是要故意贬损墨子，作为思想家，墨子的眼光始终停留在这"三患"上，就会让人觉得特别窝心。尽管我们有时候会讽刺别人把理由说得冠冕堂皇，但这也不意味着所有主张都得基于吃穿住才算是实在的。在亲人去世时，连尽情地哭一下的时间都没有，墨子会在一边催促着"疾而从事"，巴不得马上到田地里劳作。这样的"节葬"主张，难道不会让人觉得很没"面子"吗？如果再说到"非乐"，估计今天也不会有人赞同了。但作为思想家，问题恰恰不在于"非乐"的主张本身，而在于"非乐"的理由怎么样。柏拉图也攻击过艺术，但他阐述的那一套是很深刻的。① 而墨子反对艺术的理由，说得不好听点，就像是一个村妇在打骂自己喜欢画画的孩子，斥责他说这能当饭吃吗？同样地，墨子反对战争，看起来倒是容易招人赞同的，但问题还在于他那主张"非攻"的理由：

> 今有一人，入人园圃，窃其桃李，众闻则非之，上为政者得则罚之。此何也？以亏人自利也。至攘人犬豕鸡豚者，其不义又甚入人园圃窃桃李。是何故也？以亏人愈多，其不仁兹甚，罪益厚。至入人栏厩，取人马牛者，其不仁义又甚攘人犬豕鸡豚。此何故也？以其亏人愈多。苟亏人愈多，其

---

① ［古希腊］柏拉图：《理想国》，商务印书馆1997年，第102—131页。

不仁兹甚，罪益厚。至杀不辜人也，拖其衣裘，取戈剑者，其不义又甚入人栏厩、取人马牛。此何故也？以其亏人愈多。苟亏人愈多，其不仁兹甚矣，罪益厚。当此，天下之君子皆知而非之，谓之不义。今至大为攻国，则弗知非，从而誉之，谓之义。此可谓知义与不义之别乎？（《墨子·非攻上》）

顺便说一句，自以上一段文本可以看出，墨子是很懂逻辑推理的。《墨子》一书之所以好懂，也与这种清晰的逻辑推理密切相关。《墨经》六篇就是专门阐述这种逻辑推理的作品，据说与西学中的逻辑理论若合符节，还曾在上世纪初期风行一时。但不幸的是，思维清晰、逻辑严谨之类的，并不意味着思想就会深刻。根据墨子的推理，当时的诸侯王对别国所发动的战争，其实就跟私闯邻居家的果园偷果子是一个道理。都知道偷别人家的东西是不对的，又怎么可能说对别国发动战争是对的呢？当然，这个不对还是得阐明理由，墨子说道，这是由于让别人吃亏而自己捞好处的缘故，即"以亏人自利也"。但若要把问题追究到底，就不能不进一步问，只要自己能捞到好处，别人吃不吃亏有什么打紧的？这话并非是要刻意刁难墨子，而是从他的思想路径中问出来的，是墨子所必须面对的问题。这一问题换个问法就是，自私有什么不对？事实上墨子也是专门应对过的：

> 巫马子谓子墨子曰："我与子异，我不能兼爱。我爱邹人于越人，爱鲁人于邹人，爱我乡人于鲁人，爱我家人于乡人，爱我亲于我家人，爱我身于吾亲，以为近我也。击我则疾，击彼则不疾于我，我何故疾者之不拂，而不疾者之拂？故有我有杀彼以我，无杀我以利。"子墨子曰："子之义将匿

邪？意将以告人乎？"巫马子曰："我何故匿我义？吾将以告人。"子墨子曰："然则一人说子，一人欲杀子以利己；十人说子，十人欲杀子以利己；天下说子，天下欲杀子以利己。一人不说子，一人欲杀子，以子为施不祥言者也；十人不说子，十人欲杀子，以子为施不祥言者也；天下不说子，天下欲杀子，以子为施不祥言者也。说子亦欲杀子，不说子亦欲杀子，是所谓经者口也，杀常之身者也。"子墨子曰："子之言恶利也？若无所利而不言，是荡口也。"（《墨子·耕柱》）

古人曾认为："巫马子为儒者也，疑即孔子弟子巫马期，否则其后。"① 即是说，这里的巫马子可能就是孔子弟子巫马期，或者是巫马期之后代。巫马子是否为儒者，其实是很有疑问的。不过，没有疑问的是，巫马子在这里所言差等之爱，决不能代表儒家的思想立场。这有可能是巫马子把儒家的差等之爱理解坏了，也可能是墨子把巫马子所阐述的差等之爱理解坏了。考虑到巫马子的话是在《墨子》文本中被转述的，完全有可能这是被墨家理解过的差等之爱。尤其是巫马子的最后一句话，居然说到了"可以有杀别人以利我，而不会有杀我以利别人"的份上，而墨子的整个反驳都是围绕着这一句话展开的，其间显示出的设计嫌疑相当大。墨子反驳的意思是，如果你巫马子主张只有杀别人以自利，那么这一主张无论是被别人赞同还是反对，最终都只会招致杀身之祸。这就是说，自利的主张不但利不了己，反而只会害了自己，甚至害得连命都保不住。巫马子说差等之爱，整个思路都是"利"以贯之，这未免跟墨子也太像了些。巫马子的看法是，他主张差等之爱是出于符合自利的要求，而兼爱则只会让自己吃

---

① 孙诒让：《墨子间诂》，中华书局2001年，第422页。

亏。即便巫马子确实是在坚持"只能亏人自利，不能亏己利人"的原则上表达差等之爱的，但也未必要说出最后那句分明就是混账的话来。可见，这当中被墨家所设计的色彩很重，完全像是专门为墨子的反驳而说出来的。巫马子以自利论差等之爱，墨子则以利人论兼爱驳之。通过墨子反驳表明，自利的主张最终并不能真正利己，哪怕是口口声声说利，却未必就真正懂得利了。因此，墨子最后说"子之言恶利也"，意思是你这话分明就是不懂利。只有墨子主张的兼爱才真正是懂利的表现，也由此才能达到"天下之大利"。正是从这个意思上说，墨子论证过自私是不对的，照应前面的问题就是，亏人未必能自利。若仔细注意前面所引"非攻"一段文本，就会发现墨子在不断地说"亏人愈多"时，并未说"自利越多"。总之，墨子反对战争的理由，说白了就是战争既让别人吃亏，也让自己捞不了好处。无论如何，这理由倒未必站不住脚，却让人觉得很窝心，一如前面所说到的那样。事实上，墨子的"非攻"主张就是统一在他的"节用"思想之下的，这可以从他扳着手指算的那笔"战争财"清楚看出：

> 今尝计军上，竹箭、羽旄、幄幕、甲盾、拨劫，往而靡弊腑冷不反者，不可胜数；又与矛戟、戈剑、乘车，其列往碎折靡弊而不反者，不可胜数；与其牛马肥而往、瘠而反，往死亡而不反者，不可胜数；与其涂道之修远，粮食辍绝而不继，百姓死者，不可胜数也；与其居处之不安，食饮之不时，饥饱之不节，百姓之道疾病而死者，不可胜数。丧师多不可胜数，丧师尽不可胜计，则是鬼神之丧其主后，亦不可胜数。（《墨子·非攻中》）

战争过程中造成的浪费是"不可胜数"的，既浪费钱财，也浪费百姓的生命。在那样一种诸侯混战的年代里，估计墨子经常会带着"民之三患"的心思哀叹，要是这些在战争中浪费掉的巨大财富，都能供给百姓的吃和穿那该有多好！所以说，无论"节葬"还是"非乐""非攻"，终归说的就是一个"节用"，即所谓"去无用之费，圣王之道，天下之大利也"（《墨子·节用上》）。厚葬久丧是由于消耗"无用之费"，鸣鼓弹琴也是由于消耗"无用之费"，攻伐之战还是这样一个消耗"无用之费"的问题。这是自消极面而言，要"去无用之费"。而自积极面而言，则是"兼相爱，交相利"。墨子所提出的著名"兼爱"思想，一点也没超出"民之三患"这一眼光。他一方面以"亏人自利"的思路来说不相爱："子自爱不爱父，故亏父而自利；弟自爱不爱兄，故亏兄而自利；臣自爱不爱君，故亏君而自利，此所谓乱也。……父自爱也不爱子，故亏子而自利；兄自爱也不爱弟，故亏弟而自利；君自爱也不爱臣，故亏臣而自利。是何也？皆起不相爱。"（《墨子·兼爱上》）父子、兄弟、君臣之间的不相爱，直接使得对方吃亏而自己得利。墨子这话说得真是不痛不痒的，让人觉得没什么感觉。当然，他的主要意思是，这会导致"乱"。比如紧接着下面的一句是："虽至天下之为盗贼者亦然，盗爱其室，不爱其异室，故窃异室以利其室；贼爱其身，不爱人，故贼人以利其身。此何也？皆起不相爱。"（同上）之所以有盗贼之乱，也是起于这种不相爱，或者是"亏人自利"。不相爱与"亏人自利"是一件事的两面，它们导致的不光是盗贼之乱，还可能是天下之乱："虽至大夫之相乱家、诸侯之相攻国者，亦然。"（同上）前面已经论证过，在墨子看来，"亏人自利"是根本不懂利的表现，不相爱就是由于没有真正把"利"弄明白。

于是，这在另一方面，墨子也就充分论证，只有他所主张的"兼爱"才说透了"利"。他先将"兼爱"的主张直接道出："视人之国若视其国，视人之家若视其家，视人之身若视其身。是故诸侯相爱则不野战，家主相爱则不相篡，人与人相爱则不相贼，君臣相爱则惠忠，父子相爱则慈孝，兄弟相爱则和调。天下之人皆相爱，强不执弱，众不劫寡，富不侮贫，贵不敖贱，诈不欺愚。"（《墨子·兼爱中》）前面说，父子不相爱是"亏人自利"，那么这里父子相爱之慈孝，就是让父子双方都不会吃亏了。用我们今天的话说，通过慈孝达到了父子间的"双赢"，其余君臣之惠忠、兄弟之和调亦如是。尽管这话听起来别扭，但墨子的"交相利"难道不是这个意思吗？墨子接着要论证，哪怕是有人反对"兼爱"的主张，但实际上"兼相爱"所导致的"交相利"，是所有人都无法拒绝的。为了把这一意思说清楚，他便打了个比方，说假若有两个这样的人，一人是主张"兼相爱"即爱无差等的兼士，一人是主张"别相爱"即爱有差等的别士：

> 是故别士之言曰："吾岂能为吾友之身若为吾身，为吾友之亲若为吾亲。"是故退睹其友，饥即不食，寒即不衣，疾病不侍养，死丧不葬埋。别士之言若此，行若此。兼士之言不然，行亦不然，曰："吾闻为高士于天下者，必为其友之身若为其身，为其友之亲若为其亲，然后可以为高士于天下。"是故退睹其友，饥则食之，寒则衣之，疾病侍养之，死丧葬埋之。兼士之言若此，行若此。若之二士者，言相非而行相反与？当使若二士者，言必信，行必果，使言行之合犹合符节也，无言而不行也。然即敢问，今有平原广野于此，被甲婴胄，将往战，死生之权未可识也；又有君大夫之远使于巴、越、齐、荆，往来及否未可识也，然即敢问不识将恶择之也？家室奉承亲戚，提挈妻子，而寄托之，不识于兼之有是乎？于别之有是乎？我以为当其于此也，天下无愚

夫愚妇，虽非兼之人，必寄托之于兼之有是也。此言而非兼，择即取兼，即此言行费也。不识天下之士所以皆闻兼而非之者，其故何也？（《墨子·兼爱下》）

末尾一句"此言而非兼，择即取兼"的意思就是，嘴上口口声声反对"兼爱"，有了什么事发生就都知道要找兼士。姑且不必质问墨子眼中的别士，如果只是坚持爱有差等的话，何以就成了这样一种冷血的形象。单只是说那兼士，尽管是有着一副乐于助人的热心肠，其形象也未必就很光辉。因为墨子强调的是，在每个人需要救急的时候，兼士是最可靠的。也就是说，兼士给这个世间带来的好处是最大的，大到没有人能拒绝得了。"交相利"正是在这个意义上说的，在所有人伦关系的原则中，只有"兼相爱"才会造就出最大的"利"来，亦即让所有人获得一种最大的好处。在"民之三患"的眼光里，让所有人获得最大的利益，也就是让所有百姓都能"饱食、暖衣、逸居"。这也就是墨子最大的向往，是他所追求的终极价值所在。

但不幸得很，对于墨子的这种追求，孟子毫不客气地说："人之有道也，饱食、暖衣、逸居而无教，则近于禽兽。"（《孟子·滕文公上》）也就是说，在孟子看来，墨子的思想主张说起来全是"近于禽兽"层面上的事。"近于禽兽"之论，听起来是相当刺耳了，不知孟子者还以为孟子多么刻薄，知孟子者才明白孟子之论的痛彻。尽管墨子心忧天下百姓疾苦，但他以一"利"障目，而且还始终超不出"饱食、暖衣、逸居"的层面。与儒家比较，墨子的全部思想，都未能超出儒家的"富民""惠民"层面。墨子所关怀的，儒家的"富民"层面都有，而儒家更为关注的"教民"，墨子却一点点也没说。

子适卫，冉有仆。子曰："庶矣哉！"冉有曰："既庶矣，又何加焉？"曰："富之。"曰："既富矣，又何加焉？"曰："教之。"（《论语·子路》）

"富之"而后"教之"，这才是儒家对天下的关怀所在。对于天下百姓，怎么可能就是一个吃饱穿暖的事呢？哪怕就是一个民不聊生的处境，让百姓吃好穿好当然是重要的，但眼光怎么可能就停在了这里呢？所以孟子才会接着说，"圣人有忧之，使契为司徒，教以人伦：父子有亲，君臣有义，夫妇有别，长幼有序，朋友有信。"（《孟子·滕文公上》）这才说到了"人之有道"的层面，让百姓懂得作为人的意义。而墨子的眼光完全停留在"民之三患"上，提升不到"人之有道"的层面。如果一定要说墨子的思想也有一个一贯之道，那就用荀子的话说，"墨子蔽于用而不知文"，"由用谓之道，尽利矣"（《荀子·解蔽》）。墨子所谓的道，终究是一个"利"字，把这个"利"倒是真说透了。但这种"透"，说实在的，只是糟透了的意思。有了墨子这种糟透了的言利方式，就逻辑地包含了韩非那种坏透了的主利思想。墨子的"糟"是尽管他把百姓看得很重，却始终看不到作为"人"的意义，而韩非的"坏"则是他站在了人主的立场上，完全不把百姓当人看。

二、韩非手中的"帝王之具"

墨子胸怀天下百姓的疾苦，其所主之"利"自然是百姓之利，只不过他的这一主利立场并不能解决天下大乱的问题。按照墨子的说法，"若使天下兼相爱，国与国不相攻，家与家不相乱，

盗贼无有，君臣父子皆能孝慈，若此则天下治。"(《墨子·兼爱上》)他处处表达出这种"若使"的一厢情愿，原本也就缺乏任何现实性，根本无助于成就出一种新的秩序。当然，这倒并非只是他的问题，其他诸子在这一点上，很难说就有谁比他更成功。但也可以说有一人例外，那就是韩非。从某种意义上说，韩非的成功离不开墨子的造就。因为正是墨子以一种前所未有的彻底性来主利，这一言说方式被韩非毫无保留地延续下来，这才造就了他所主张的"人主之大利"的立场。可以说，从"天下之大利"到"人主之大利"，在韩非这里，也就是一转身的事情。既然墨子言百姓之利的方式带不来一种新秩序，便意味着韩非不妨转过身来言人主之利，看看能否成就出一种统治秩序来。不幸的是，历史辜负了墨子的满腔热血，却居然让冷血的韩非做了一次成功的试验。

当韩非转过身来言人主之利时，他并非是两手空空，而是早就为人主准备好了手中的工具：

> 问者曰："申不害、公孙鞅，此二家之言孰急于国？"应之曰："是不可程也。人不食，十日则死；大寒之隆，不衣亦死。谓之衣食孰急于人，则是不可一无也，皆养生之具也。今申不害言术，而公孙鞅为法。术者，因任而授官，循名而责实，操杀生之柄，课群臣之能者也，此人主之所执也。法者，宪令著于官府，刑罚必于民心，赏存乎慎法，而罚加乎奸令者也，此臣之所师也。君无术则弊于上，臣无法则乱于下，此不可一无，皆帝王之具也。"(《韩非子·定法》)

法和术就是韩非所说必备的两样"帝王之具"，它们就像衣食之于人一样，得之则生、失之则死，没有哪一样是缺失得了的。还真别说，这法、术跟衣食就是有点像，法就像衣一样是摆在外面的，而术则像食一样是藏在肚子里的。术是只有人主才能玩的，而法则是臣民们必须照着做的，两者结合起来，要的就是"使智者尽其虑，而君因以断事，故君不穷于智；贤者敕其材，君因而任之，故君不穷于能；有功则君有其贤，有过则臣任其罪，故君不穷于名"（《韩非子·主道》）的效果。人主有了这两样东西，才能一统天下，成就霸业，这正是"人主之大利"：

> 今学者之说人主也，皆去求利之心，出相爱之道，是求人主之过父母之亲也，此不熟于论恩，诈而诬也，故明主不受也。圣人之治也，审于法禁，法禁明著则官法；必于赏罚，赏罚不阿则民用。官官治则国富，国富则兵强，而霸王之业成矣。霸王者，人主之大利也。人主挟大利以听治，故其任官者当能，其赏罚无私。使士民明焉尽力致死，则功伐可立而爵禄可致，爵禄致而富贵之业成矣。富贵者，人臣之大利也。人臣挟大利以从事，故其行危至死，其力尽而不望。此谓君不仁，臣不忠，则不可以霸王矣。（《韩非子·六反》）

应当说，韩非身处晚周时期诸侯争霸的乱世当中，作为思想家，他有一种用心是跟所有其他诸子一样的，即渴望结束天下纷争的局面，而成就出统一的秩序。只不过在韩非这里，为了能获取一种统治秩序，到了可谓是不顾一切的地步。孟子对王公贵族们说，要想能王天下，必"先立乎其大者"（《孟子·告子上》）。而韩非则说，这个要立什么，一统天下的霸业难道还不够大吗？他的意思是，统一的霸业就是人主之大利，这对人主而言已经有

足够的吸引力，不需要再另外立什么"大者"。孟子讲的是立义，韩非则说的是争利。人主心里只要时刻想着争夺天下霸业这一大利，再加上他的两样"帝王之具"，则"霸王之业成矣"。难道说，还有什么比这霸业的大利更能吸引人主的么？正如人主有霸业可求，人臣也有富贵可求，君臣之间就是一个"求利之心"。只要"利"足够大，人主可以尽治，人臣可以尽死。如果在君臣之间居然讲"相爱之道"，那就是搞错对象了，是"不熟于论恩诈"的表现。父母之亲不妨可以论"恩"，君臣之利就只能论"诈"了。韩非说得很明白，"人臣之于其君，非有骨肉之亲也，缚于势而不得不事也。"（《韩非子·备内》）人主求人主的霸业，人臣求人臣的富贵，他们之间谁也不欠谁的，用不着论什么恩亲。既然都是在一个"利"字上求取，尔虞我诈就显得很正常了。所以说，君臣之间论"诈"才是正道：

> 夫君臣非有骨肉之亲，正直之道可以得利，则臣尽力以事主；正直之道不可以得安，则臣行私以干上。明主知之，故设利害之道以示天下而已矣。（《韩非子·奸劫弑臣》）

可见，君臣之间并无一个正直之道，有的只是利害之道。把这个利害关系讲清楚了，搞得好的话，双方完全可以"共赢"。当然，怕就怕双方发生冲突，所谓"爱臣太亲，必危其身；人臣太贵，必易主位"（《韩非子·爱臣》），人臣的利益与人主必然是会相冲突的。实际上，在这样一个"世衰道微，邪说暴行有作，臣弑其君者有之，子弑其父者有之"（《孟子·滕文公下》）的时代里，对于人主而言，来自人臣的这种威胁是非常严重的。所谓"弑君三十六，亡国五十二"（《史记·太史公自序》），作为不顾一切想获取一种稳固秩序的韩非来说，不会不清楚人臣这种乱天下的危害性。因此，站在"人主之大利"立场上的韩非，替人主充分考虑到了对付人臣的招数。他一方面一再强调这些人臣只是一些利禄之徒，所谓"若如臣者，犹兽鹿也，唯荐草而就"（《韩非子·内储说上》），便是说人臣就好比那些草食畜牲一样，哪里嫩草茂盛就往哪里跑。另一面告诫人主一定要确保权威势重，驾驭得了这些人臣：

> 人主之所以身危国亡者，大臣太贵，左右太威也。所谓贵者，无法而擅行，操国柄而便私者也。所谓威者，擅权势而轻重者也。此二者，不可不察也。夫马之所以能任重引车致远道者，以筋力也。万乘之主、千乘之君所以制天下而征诸侯者，以其威势也。威势者，人主之筋力也。今大臣得威，左右擅势，是人主失力；人主失力而能有国者，千无一人。虎豹之所以能胜人执百兽者，以其爪牙也；当使虎豹失其爪牙，则人必制之矣。今势重者，人主之爪牙也，君人而失其爪牙，虎豹之类也。（《韩非子·人主》）

韩非将人主的权威势重比作虎豹的锋牙利爪，注意到前面把人臣比作草食"兽鹿"，就明白这些个比喻都是有用心的。人主与人臣之间的关系，就以一虎豹之威"执百兽"的场景给生动描写了。至此就不难明白，韩非为何主张君臣之间得论"诈"而不能论"恩"。前文说到，墨子说君臣、父子间的关系，是让人听着别扭，到了韩非这里，把君臣关系说到这个份上，则实在是叫人听着难受了。但若是以一个"利"字来贯穿人与人之间的关系，又有什么理由阻止他的这种讲法呢？韩非也不过就是想有效地遏制"弑君三十六"的趋势，他自"人主之大利"的立场出发，说到这个份上也没有什么好奇怪的。他对于人臣尚且是这

样,对于百姓的姿态也就可想而知。如果说,墨子以"天下之大利"的立场为百姓说话,时不时将矛头指向挑起攻伐之战,又喜欢靡民之财或夺民衣食的诸侯王,那么韩非站在人主的立场上说话,其矛头就直指百姓了。在韩非那里,百姓总是以违背天下秩序的面目出现,要获得一种稳固的统治秩序,最行之有效的办法就是"严刑重罚"。韩非说道:"夫严刑重罚者,民之所恶也,而国之所以治也;哀怜百姓轻刑罚者,民之所喜,而国之所以危也。"(《韩非子·奸劫弑臣》)这话的意思就是,治国所需要的就是百姓所憎恶的,而百姓所喜欢的就是治国所防止的。可见,百姓的本性是与天下的秩序直接冲突的,这也就意味着成就秩序是与百姓的本性相违背的。于是要获取秩序,就必然会以威慑百姓为要务,而"严刑重罚"就成了其中应有之义:

> 夫严刑者,民之所畏也;重罚者,民之所恶也。故圣人陈其所畏以禁其邪,设其所恶以防其奸,是以国安而暴乱不起。吾以是明仁义爱惠之不足用,而严刑重罚之可以治国也。无捶策之威,衔橛之备,虽造父不能以服马;无规矩之法,绳墨之端,虽王尔不能以成方圆;无威严之势,赏罚之法,虽尧、舜不能以为治。今世主皆轻释重罚严诛,行爱惠,而欲霸王之功,亦不可几也。故善为主者,明赏设利以劝之,使民以功赏而不以仁义赐;严刑重罚以禁之,使民以罪诛而不以爱惠免。(《韩非子·奸劫弑臣》)

为了成就出秩序来,对于百姓不是"禁其邪"就是"防其奸"。既然是这样子,就只有用"严刑重罚"来对付百姓,而"仁义爱惠"则纯粹只会放纵。韩非振振有词地说,无论是御马高手造父,还是木匠高徒王尔,没有衔橛、绳墨这些工具,估计他们啥也干不成。连这样的事上都不能少了规矩，难道说治国这样的大事，就能少得了"帝王之具"不成？他说："释法术而心治，尧不能正一国；去规矩而妄意度，奚仲不能成一轮；废尺寸而差短长，王尔不能半中。"（《韩非子·用人》）像法和术这样的"帝王之具"，肯定是少不了的。威严之势就靠玩弄权术得来，赏罚之法必得极尽严酷方可。"释法术"即"无威严之势，赏罚之法"，虽尧、舜之君亦治不了国。由此，韩非对"严刑重罚"做出了论证，俨然不如此则不足以威慑百姓来成就秩序。

实际上，如果看看人家庄子是怎么说的，就知道韩非这话只是一面之词。真的是无"绳墨之端"，就不能成方圆吗？庄子却说"工倕旋而盖规矩"（《庄子·达生》），说的就是随手一画，要圆得圆、要方得方。至于说到服马，恰恰是"前有橛饰之患，而后有鞭笧之威，而马之死者已过半矣"（《庄子·马蹄》），庄子一定不会认为"无捶策之威，衔橛之备"，就不能服马。至于说到尧、舜之治，不但"释法术"是必须的，连"心治"都可以不要：

> 昔者舜问于尧曰："天王之用心何如？"尧曰："吾不敖无告，不废穷民，苦死者，嘉孺子而哀妇人。此吾所以用心已。"舜曰："美则美矣，而未大也。"尧曰："然则何如？"舜曰："天德而出宁，日月照而四时行，若昼夜之有经，云行而雨施矣。"尧曰："胶胶扰扰乎！子，天之合也；我，人之合也。"夫天地者，古之所大也，而黄帝、尧、舜之所共美也。故古之王天下者，奚为哉？天地而已矣。（《庄子·天道》）

当然，拿庄子来反对韩非，有点像拿猫来反对耗子，他们压

根儿就没有共同的思想基础。但不管如何，韩非为对付百姓而提出的"严刑重罚"，一定不会是什么好主张。韩非之所以能对百姓下得了"狠手"，就是由于他把百姓的本性定在了秩序的对立面。他在论民之性时，谓"夫民之性，喜其乱而不亲其法""夫民之性，恶劳而乐佚"（《韩非子·心度》），或"民者，好利禄而恶刑罚"（《韩非子·制分》）。百姓在他那里，整个就是这样一副邪恶的面目。犹如人臣是一群利禄之徒一样，不可能指望韩非还能把百姓看得怎么样。实际上，百姓不但"好利禄"，而且由于他们的智商不高，追逐利禄的眼光也很有限。韩非打比方说，这老百姓好"利"的水平，那就像是两三岁的小孩生了病却不肯吃药打针一样：

  民智之不可用，犹婴儿之心也。夫婴儿不剔首则腹痛，不揊痤则寖益。剔首、揊痤必一人抱之，慈母治之，然犹啼呼不止，婴儿子不知犯其所小苦，致其所大利也。今上急耕田垦草以厚民产也，而以上为酷；修刑重罚以为禁邪也，而以上为严；征赋钱粟以实仓库，且以救饥馑、备军旅也，而以上为贪；境内必知介而无私解，并力疾斗，所以禽虏也，而以上为暴。此四者所以治安也，而民不知悦也。（《韩非子·显学》）

被韩非这么一说，原本是人主用来对付百姓的"严刑重罚"，反倒成了完全是符合百姓利益的好事。这人主为何要这般做法，做百姓的不知道啊，总以为这是帝王酷、严、贪、暴的表现。其实人主这也是为了长治久安，对于百姓而言，稳固的统治不也是大利吗！想想战乱所造成的民不聊生，韩非这话倒也不假。只是由于打了个慈母的比方，让人觉得韩非是不是把这君民关系说得还有点人情味了？其实也不，人主并非变得高尚起来，只不过是眼光更长远一些，能够不因眼前的小苦而蒙蔽了大利，而百姓就看不到这么长远的利。因此，说到底，君民之间也超不出一种利害关系。除了一面要"严刑重罚"威慑百姓，同时也要"明赏设利"诱惑百姓。在百姓的本性中，固然全是与秩序相违背的东西，故而要确保"严刑重罚"。但与此同时，在韩非看来，那也正是可以成就秩序的本性。实际上，毋宁说正由于民性如此，人主才有可能获得稳固的统治秩序。所谓"好恶者，上之所制也""上掌好恶以御民力"（《韩非子·制分》），人主就可以通过控制百姓的好恶来实施统治。韩非的意思是，如果百姓不是这样一种"好利禄而恶刑罚"的本性，那事情还真是不好办了。比方说，要是好仁义就很麻烦：

> 费仲说纣曰："西伯昌贤，百姓悦之，诸侯附焉，不可不诛；不诛，必为殷祸。"纣曰："子言，义主，何可诛？"费仲曰："冠虽穿弊，必戴于头；履虽五采，必践之于地。今西伯昌，人臣也，修义而人向之，卒为天下患，其必昌乎！人人不以其贤为其主，非可不诛也。且主而诛臣，焉有过？"纣曰："夫仁义者，上所以劝下也，今昌好仁义，诛之不可。"三说不用，故亡。（《韩非子·外储说左下》）

一方面，君臣之间原本就不该以仁义相接，商纣王在这里居然因仁义而亡，没想到两千多年前的韩非就知道做翻案文章。另一方面，西伯昌"修义而人向之"，正是百姓好仁义，才导致他们跟着造反。因此，韩非以为，民之性恶决非坏事，正是这样的民性才好施以统治。甚至民之好生恶死，也成为人主统治的资本，即"人不乐生则人主不尊，不重死则令不行也"（《韩非子·

安危》)。只要确保好"严刑重罚",再通过"明赏设利",这样一边禁一边劝,就可以达到"赏刑明则民尽死,民尽死则兵强主尊"(《韩非子·饰邪》)的目的。光是威慑百姓当然还不够,不能让他们乱来,这只是消极方面。同时还得调动民力,尤其是不惜为国尽死,这才是积极方面。用韩非的原话说,最好的效果就是"有难则用其死,安平则尽其力"(《韩非子·六反》)。他手中准备的两样"帝王之具",无非就是要以这样的效果来获取稳固的统治秩序。韩非对于"人主之大利"的主张,不可不谓露骨,完全不把百姓放在眼里。与在墨子心中的地位相比,百姓在韩非这里无疑是一落千丈了。墨、法之间的区别可谓鲜明,但无论墨子如何表现出对百姓的关怀,韩非这一露骨的"人主之大利"立场终究还是墨子所开创的言利方式造就出来的。简单地说,既然墨子可以主百姓之利,又凭什么不能让韩非言人主之利?

三、人主之利:墨子主利思想的漏洞

如果只是一个"利",百姓之利是利,人主之利亦是利,这当中的好坏之分究竟在哪里?若说不出一个所以然来,墨子面向百姓的主利思想就无法阻挡韩非转身来对着人主说。晚周时期诸侯纷争而天下大乱,所谓"臣弑其君者有之,子弑其父者有之",说到底不就是由于眼里只有一个"利"所造成的么?为了争权夺利、扩大地盘,诸侯大臣们什么事都干得出来。如今墨子还是力图以言利的方式来解决"民之三患"的问题,那么他就必须得回答,诸侯大臣们所争夺之"利"怎么就不对了?换句话说,言利的方式本身是逻辑地包含了"人主之利"的立场,墨子也不是没料想到这一点。为了牢固地站在百姓的立场上来主利,他对"人主之利"的主张明确表示过拒斥。对于韩非后来所主张的"人主之大利",墨子会说,挑起攻伐之战其实是不懂利的表现。不错,诸侯王的攻伐之战总是想夺取更大的利益,那墨子论辩道,这样其实会得不偿失。这听起来会很奇怪,可以说动物都知道趋利避害,难道诸侯们在发动争夺战争时,墨子还有本事让他们相信这是在"趋害避利"?还真别说,墨子就是有这本事。诸侯王明明是要通过侵占他国来掠夺财富,可通过墨子的一番高论,居然就能让他们以为做的是"趋害避利"的蠢事。比如在墨子"止楚攻宋"的故事中,原本就是楚国准备要攻打宋国,墨子是这么跟楚王说的:

> 子墨子见王,曰:"今有人于此,舍其文轩,邻有敝舆,而欲窃之;舍其锦绣,邻有短褐,而欲窃之;舍其粱肉,邻有穅糟,而欲窃之。此为何若人?"王曰:"必为窃疾矣。"子墨子曰:"荆之地,方五千里,宋之地,方五百里,此犹文轩之与敝舆也;荆有云梦,犀兕麋鹿满之,江汉之鱼鳖鼋鼍为天下富,宋所为无雉兔狐狸者也,此犹粱肉之与穅糟也;荆有长松、文梓、楩柟、豫章,宋无长木,此犹锦绣之与短褐也。臣以王吏之攻宋也,为与此同类,臣见大王之必伤义而不得。"王曰:"善哉!……"(《墨子·公输》)

经过墨子的一番说辞,这楚国攻打宋国,就像是那些盗窃成瘾的人,要不偷点什么就手痒痒。墨子通过这一比方,相当于是对楚国国君说,你攻打宋国,实际上不是要抢到什么值钱的东西,而不过就是手心发痒在作怪。要命的是,这楚王听了还连连称"善",觉得真像这么回事。可见,墨子这人确实有两下子,就从利的立场出发,还能把那些眼里只有利的诸侯王说傻眼,以

为真是打错了算盘。总的来说,墨子的思路就是以"利"攻"利",将那些以争夺利益的名义发动的攻伐之战,说成是得不偿失的事情,从而达到以"利"发动又以"利"止息的目的。除了前文已经引到,墨子历数战争耗费财用的"不可胜数"之外,他还具体论到"得不如丧"的表现:

> 国家发政,夺民之用,废民之利,若此甚众,然而何为为之?曰:"我贪伐胜之名,及得之利,故为之。"子墨子言曰:计其所自胜,无所可用也。计其所得,反不如所丧者之多。今攻三里之城,七里之郭,攻此不用锐,且无杀而徒得此然也。杀人多必数于万,寡必数于千,然后三里之城、七里之郭且可得也。今万乘之国,虚数于千,不胜而入广衍数于万,不胜而辟。然则土地者,所有余也;王民者,所不足也。今尽王民之死,严下上之患,以争虚城,则是弃所不足,而重所有余也。为政若此,非国之务者也。(《墨子·非攻中》)

墨子的意思是,为了夺几里地,得以死伤多少士兵为代价。如果说这得来的几里地,就比那些丧生的士兵更划算,这倒也罢了。但问题恰恰在于,每个诸侯国都不会缺少有待开垦的土地,而缺少的正是能开垦的人力。现在却要用不足的人口去争那有余的土地,这是治国者应该做的事么!不能说墨子的话没有道理,人口不足而土地有余,这肯定是实情。诸侯王做的那些个攻伐之事,未必就没有这样的蠢事。牺牲了大量的士兵却得来几座空城,这确实就是得不偿失。其实还有很多情形下的战事,战败了不必说,即便战胜了也未必就划算。将投入的人力、物力、财力作为成本一核算,然后跟作为战利品的收入一比较,一定会有大量的情形是属于墨子所说的,"计其所得,反不如所丧者之多"。然而,且不说将一场复杂的战争计算成一种商业活动有多么别扭,即便就按墨子的思路来"计其所得",历史经验会表明,肯定还是有一些"大获全胜"的战争,是远远超过"所丧者"的。工于计算的墨子当然不会无视这一点,于是,他又接着论述:

> 饰攻战者言曰:"南则荆、吴之王,北则齐、晋之君,始封于天下之时,其土地之方,未至有数百里也;人徒之众,未至有数十万人也。以攻战之故,土地之博至有数千里也,人徒之众至有数百万人。故当攻战而不可为也。"子墨子言曰:虽四五国则得利焉,犹谓之非行道也。譬若医之药人之有病者然。今有医于此,和合其祝药之于天下之有病者而药之,万人食此,若医四五人得利焉,犹谓之非行药也。故孝子不以食其亲,忠臣不以食其君。古者封国于天下,尚者以耳之所闻,近者以目之所见,以攻战亡者不可胜数。何以知其然也?东方有莒之国者,其为国甚小,间于大国之间,不敬事于大,大国亦弗之从而爱利。是以东者越人夹削其壤地,西者齐人兼而有之。计莒之所以亡于齐越之间者,以是攻战也。虽南者陈蔡,其所以亡于吴越之间者,亦以攻战。虽北者且一、不着何,其所以亡于燕代胡貊之间者,亦以攻战也。是故子墨子言曰:"古者王公大人,情欲得而恶失,欲安而恶危,故当攻战而不可不非。(《墨子·非攻中》)

墨子承认,在大量的攻战当中,是会有那么极少数的几个国家"得利"。但如果放到因攻战而亡的国家"不可胜数"这一大背景中,那么这少数几个国家只能算是赢得很侥幸。用我们今天的话说,这是一个概率极低的事情,而且低到让人觉得这事根本就不靠谱。那个时候的墨子就具备了这种概率意识，也算是了不得的事。为了能把这个意思说得再清楚一点，墨子又打了一个比方，说这就好比一个医生用药，他的药一万人服了，结果只治好了四五人的病，其余的人都一命呜呼，那能说这药靠谱吗？这比方看起来相当说明问题，谁要是还主张攻伐之战有利可图，那岂不是成了甘愿拿自己的命去赌那不靠谱的药，整个儿一亡命之徒么？就是这样，墨子通过以"利"攻"利"的方式，硬是把那原本就"唯利是图"的攻伐立场给驳斥了回去，让诸侯们觉得原来攻伐之战就是一挺没谱的事情。他正是以此来批判"人主之利"的立场，要主利就得站在百姓的立场上"兴天下之大利"。

然而，墨子的拒斥果真是成功的吗？当然不是，他的论辩有着明显的漏洞。当他承认是会有少数几国在攻伐之战中得利时，这就已经给韩非留下了漏洞。接下来再用医药之事批判攻伐之战的"非行道"，更是站不住脚。类比只是方便把问题说得更明白，尽管这一效果看起来是达到了，可若是类比本身就不恰当，这种效果就没有任何意义了。医药之事容不得冒险，但征伐之战难道不正是一件冒险的事？一个赌徒肯定不适合做医生，但说不定做一个指挥官就正恰当呢。设若那些好战分子一个个像医生用药般谨慎，那这天下肯定就太平了。在这个意义上，诸侯王肯定不会像医生，而只会像赌徒。低概率的事情在医生那里当然不能容忍，但这却正是赌徒的最大嗜好。不幸的是，墨子之后就碰上了韩非这样的赌徒。针对墨子拿医药之事来类比，韩非完全可以拿今天的博彩行业来反驳。现如今兴盛的博彩行业充分说明，低概率根本构不成否定一个事物可以存在的理由。因此，无论墨子怎样强调"以攻战亡者不可胜数"，对一个赌徒来说，这都是无效的。而墨子又不可能否认总会有某些国家在攻伐之战中得利，这就意味着他坚持的那套彻底的言利方式，不可能堵得上这一漏洞，也就无法从根本上拒斥人主之利的立场。韩非正是自墨子留下的漏洞而入，在墨子所开辟的思想战场上，延续着这一套彻底的主利方式。只不过是拔掉了墨子为百姓打出的旗号，而插上了他为人主竖起的大旗。由此可见，墨、法之间看起来对立分明，实则有着一脉相承的言利方式。

四、结语

鉴于墨子处处以一种功利的方式阐明他的思想主张，早有学者把他的思想归为是功利主义。此论似是而非，某种意义上是抬高了墨子，另一种意义上又贬低了墨子。墨家思想仍在中华文明里头，若就"天人合一"而言，虽无对峙之处，却也乏善可陈。但在身国天下一体上，其思想特征却鲜明得很，其所言利，一定是直陈"众利"，是"百姓之利"，是"天下之大利"。即是说，墨子言"利"是没有一种个体主义在里头的，不是从利己推出利他。这与西学中的功利主义，完全是两种不同的面目。如果说墨子是功利主义者，也可以在同样的意义上说韩非是功利主义者，因为韩非主"利"的一贯性和彻底性，实在是丝毫不亚于墨子。作为法家的代表人物，人们往往对韩非论"法"的印象更深。但实际上，如文中所论，韩非的"法"跟"术"完全是同一层面的，或者说韩非对"法"的理解，一点点也没超出"术"的范围。两者同作为"帝王之具"，其实都是服务于"人主之大利"这一目的。因此，若是还有人居然分不清现代的"法"观念与韩非的"法"主张，那真是该挨板子了。

如果把韩非说成是功利主义者让人觉得别扭，那么在什么意义上，可以坦然地说墨子是功利主义者呢？墨子的思想当中完全没有自私的气息，而这在韩非的思想当中是处处充斥着的。若是光就这一点而言，说不定韩非作为功利主义者，与西学中的功利主义更接近呢。当然，实际上无论是墨子还是韩非，两者的思想与西学中的功利主义之间的差别根本上是同样的。由于缺失一种理性的主体，无论这样一种主体是精于经济上的计算，还是善于政治上的权衡，而使得两人的思想与西学并不通约。我们可以通过墨子的思想看到墨子是精于计算的人，却看不到墨子思想中的人是精于计算的主体。我们也可以通过韩非的思想看到韩非是善于权衡的人，却更看不到韩非思想中的人是善于权衡的主体。因此，墨子主张的"天下之大利"，不是在每一主体间相互达成的，韩非主张的"人主之大利"，更没有那每一主体共同来约定什么。墨、法之间主利，其别于西学如此迥异，更体现出两者的一贯之处。

（原载《广西大学学报》2014年第2期。原有副标题）

从家到国与从国到家

儒、法两家的思想虽说处处对峙,却也常常因荀子与韩非之间的师徒关系,而显得有些纠结。尤其不幸的是,"五四"以来出于对传统的激烈反对,许多原本是法家所导致的斑斑恶迹,结果却把账都算在了儒家的头上。自秦始皇以法家的方式一统天下并施设制度后,对于汉承秦制以后两千年的统治,论者常以一句"阳儒阴法"来"揭示"这种帝王专制的实质。经这么轻巧地一说,儒、法之间似乎就是一体两面,把两者的关系竟说得如此亲密无间。由是,以晚周乱世之中儒、法两家同样关心的秩序问题为视角,论出两家之间的天壤之别来,便不会是没有意义的工作了。

一、从直躬之举论起

一个做父亲的由于偷了羊,做子女的便把他告发到衙门去,此人便被当地人誉为"直躬",即一个很"直"的人。这个"直"怎么理解显得非常关键,其与我们今天所说"率直"甚或"正直"有关联,却不足以尽其义。这一话头先按下不表,单说那一

号称"直躬"之人的名声,他的举动果真跟这一名声是相称的吗?孔子认为不是,而且不但不是,真正"直"的表现刚好相反,做子女的应该为父亲隐瞒。这一极富争议性的思想事件原文如下:

> 叶公语孔子曰:"吾党有直躬者,其父攘羊,而子证之。"孔子曰:"吾党之直者异于是,父为子隐,子为父隐,直在其中矣。"(《论语·子路》)

儒家这一"父子相隐"的主张,一直在强烈地刺激着许多现代学人的神经,并被视为是"亲缘腐败"的思想根源。确实,人们在这里似乎过多地注意了这个"隐"字,由它直接跨越到现代法治背景下的"包庇",而轻易产生出儒家主张包庇罪犯的翩翩联想,于是就带出了很多不着边际的批判。诚如有的学者所指出的,这里主要还是讲一个"直"的问题。叶公原以为"父子相证"就是"直",而孔子则主张"父子相隐"才是"直"。但是不是说,孔子在一个层面上主张"父子相隐"是"直",而并不妨碍他在另一个层面上赞同"父子相证"的做法呢?① 笔者以为不会是这样的。孔子以"父子相隐"才是"直",落实下来也必然会赞同"父子相隐"的行为。只不过要理解好"隐"这一行为,就得理解"隐"何以是"直"的问题。由此,"直"的意义确实显得相当关键,已有学者本着这种意识对"直"做了详细的梳理②。这里仅与《论语》中另一则语录相参,以某种讨巧的方式

---

① 参黄玉顺:《"刑"与"直":礼法与情感——孔子究竟如何看待"证父攘羊"?》,《哲学动态》2007 年第 11 期。

② 对于"直"的意义梳理,参陈壁生:《经学、制度与生活——〈论语〉"父子相隐"章疏证》,华东师范大学出版社 2010 年,第 44—53 页。

再探讨一下"直"的内涵。

> 子曰:"孰谓微生高直?或乞醯焉,乞诸其邻而与之。"(《论语·公冶长》)

有一个叫微生高的人,他的邻居做饭的时候突然发现醋用完了,于是急急忙忙敲开微生高的门说,想跟他借点醋用。这可真是不巧,微生高家里恰好也刚刚用完了醋。也不知他是怎么想的,他不愿把这一实情说出来,而是让邻居在门口稍等,自己悄悄再去向别人家借醋。这事传开之后,当地人都称赞微生高"直",但孔子听了却不以为然。告发自己的父亲偷羊与为了别人去借醋,这两件事上究竟有什么共同之处,让人们都为之喝彩,并誉之为"直"的?仔细想来,大概是由于一般人都不会这样去做,这两人居然就做出来了。自己的亲人做了点不光彩的事,说一说也就得了,似乎犯不着那么较真地跑到衙门去告发。而别人来借东西时,自己没有就算了,更犯不着还要另外借来给人家。平常人就会是这个样子,而相比之下,这两位还真是做得有些不平常。进一步而言,这种不平常主要表现为,他们貌似比平常人要更多地考虑别人的利益,以至于不惜委屈甚至牺牲自己或自己的亲人。但如果只是说到更愿意为别人的利益而考虑,这似乎跟"直"没有什么关联。不过,这种利益上的计较是以己与人的冲突为背景的,为了成就别人的利益,直躬不惜牺牲亲人,微生高则不惜委屈自己。由是,在这利益冲突的两者之间,就产生了"直"与"曲"的对比。微生高的"直"是只直于人而反曲于己;与此相仿,直躬之"直"就是直于人而曲于父。令人吃惊的是,韩非正是这样来说"直"的:

楚之有直躬，其父窃羊而谒之吏，令尹曰："杀之。"以为直于君而曲于父，报而罪之。以是观之，夫君之直臣，父之暴子也。鲁人从君战，三战三北。仲尼问其故，对曰："吾有老父，身死，莫之养也。"仲尼以为孝，举而上之。以是观之，夫父之孝子，君之背臣也。故令尹诛而楚奸不上闻，仲尼赏而鲁民易降北。上下之利若是其异也，而人主兼举匹夫之行，而求致社稷之福，必不几矣。（《韩非子·五蠹》）

当韩非叙说"直躬"的故事时，就是以"直于君而曲于父"来说的。之所以说"直于君"，是由于在韩非那里，这种告奸行为正是君主所鼓励的。所谓"君之直臣，父之暴子"，无非就是指有利于君主而有害于父母。若是这样来说"直"，那问题就大了，孔子主张的"父子相隐"，就只是变为"君之暴臣，父之直子"而已。很显然，"直"肯定不能这样来理解，韩非只是以一贯的利害立场歪曲了"直"的内涵。

仍然回到前面两人的行为上来，表面上听起来他俩真是舍己为人、大公无私的典范，也无怪乎容易被别人所称道。但实际上，他们这种行为于人于己俱是"曲"，既以曲己在先，于人便再没有直的道理。就微生高而言，有人来借东西，告以实情肯定是在先的状态。要走到不惜另外去借来再给人家的这种地步，其中一定是有了太多的思量计较，同时又要掩饰住这种在先的实情所导致的。出于这种在先的真情实感，又没有掺杂其后的思量计较所做出的行为表现，这就是"直"。而当许多的思虑顾忌上来后，由此所导致的行为变化，那就是"曲"。由是，在"父子相隐"的问题上，父子一方犯法，另一方要走到"证之"的地步，一定是经过了父子之外其他关系的种种利益计较或理性考量，才可能出现的"曲"的情形。与此相比,"隐"才是源于父子天性的真情实感所发出的行为表现。做父亲的犯事了,做儿子的若天然就有到衙门告发的实情,那就成了很怪异的事。很显然,违背一种在先的真情实感所导致的行为,再要说直于人就显得不地道了,还要受到别人的称赞就更不厚道。

但如果把问题转化为情感与理性之间的冲突,儒家岂不成了廉价的情感至上主义者么?儒家在任何意义上都不会主张,情感相对于理性具有绝对优先性。显然问题不在于情感与理性之间,倒在于"直"与"曲"之间。因此,可以追问的是,凡是所有这种在先的"直",就一定比后起的"曲"更具价值吗?的确,这种"在先性"并不意味着天然就具备更高的价值,如果以一种理性主义的眼光来衡量,可能反而是其后的理性考量才更具价值。然而,在儒家的思想脉络中,关键是在于这种"隐"的行为表现所源自的真情实感。也就是说,儒家并不是主张,凡是可以指陈为真情实感的东西,就具有了价值上的优先性。有且只有父子间的源于父子天性的真情实感,亦即父子间的"不忍"之情,才具备这种绝对的优先性。这一"不忍"在孟子那里唤作"恻隐之心",是"仁之端"也。由父子间的这种"不忍"所落实出"直"的行为表现,毫无疑义地具备着绝对性的价值。在这一思想脉络中再来论对于"父子相隐"的关注,就不应当停留在"隐"上,而必须得体会父子间何以不能不"隐"背后的"不忍"。"直"就是由这种"不忍"所导致出不能不"隐"的行为表现,而"证"则反是,它是经过利益计较或理性考量之后,掩饰乃至遏制"不忍"所做出的举动,因而悖逆了这一绝对的价值根源。

再来仔细看韩非对直躬的叙说,令尹是否该诛直躬,韩非的态度其实并不清楚。按通常对韩非思想的理解,子证父的告奸行为应当是值得鼓励的,但据前面所引却又谓"令尹诛而楚奸不上闻"。"楚奸"一说着实令人费解，从行文来看，这"奸"一定是对着直躬本人说的，这话分明就是说令尹杀得好啊。但若是定性为告奸行为，直躬之父才是奸，怎么直躬反倒成"奸"了？直躬之奸或许可以理解为他是在讨好君主，不惜把其父给告了，也要讨得君主的欢心。但从什么意义上说，韩非会痛恨这种举动呢？这个问题确实不容易弄清楚，也许是韩非自己在这上面处理得太马虎，没有照顾得周全。幸亏这并非是问题的关键，韩非主要还是为了说明"君之直臣，父之暴子""父之孝子，君之背臣"，亦即家、国之间的利益是互相冲突的，所谓"上下之利若是其异"也。韩非总是将所有人伦关系都说到一个利害上，无论君臣还是父子，无不以"利"相合。这里论到家、国，依旧是在利害上言其两相冲突，家与国之间尤如水火之不相容。而儒家在家、国关系上，一定是主张由"家"推扩到"国"的家国一体。以"父子相隐"而论，看起来"隐"顾及的是家之亲情，破坏的是国之秩序，这实则是全然不懂儒家的秩序理念。当韩非描述出要么做"君之直臣，父之暴子"，要么做"父之孝子，君之背臣"这样一种尖锐的冲突时，儒家的理念恰恰是，要么做"父之孝子，君之直臣"，要么做"父之暴子，君之背臣"。即是说，是父之孝子，就不可能不是君之直臣，反之亦然。进一步而言，正是子之"孝"成就出臣之"直"，此即所谓"其为人也孝悌，而好犯上者，鲜矣"（《论语·学而》）。如果依然觉得"隐"摆脱不了"包庇"的嫌疑，怎么着都是不公正的表现，甚至在这种情形下把"大义灭亲"的话都搬出来说，那么就得把"隐"背后的"不忍"对于秩序的根本意义进一步阐述清楚。

单是就着"隐"来说"隐"，确有难以纠缠得清的地方。"隐"之所以不能等同于"包庇"，是由于"隐"并非出自任何罪责上的推诿或辩护，更没有任何利害上的计较在里面。"隐"是因父子间的"不忍"所不能不如此的行为表现，而这种"不忍"正是成就天下秩序的根源。天下何以要有秩序、什么样的秩序才是良善的以及如何才能成就这样的良善秩序等等，在儒家的秩序理念中，最终都得由这一"不忍之情"来获得解释。父子关系在所有人伦关系当中是最基本的，父子亲情则是不忍之情最充分、最具力量的体现。基于这种父子关系、源于这种父子亲情的家庭秩序，便是天下秩序的基点，亦是天下秩序的样板。天下秩序必得浸润于如父子般温情的关系当中，才是最良善、最值得向往的秩序，而这一切都离不开父子间的"不忍之情"这一根源。其自父子间始而终于万物，贯通家、国、天下，其间岂容隔阂处？若要鼓励父子相证，抹杀掉这一最基本的父子间的"不忍之情"，则天下秩序亦由此崩塌。在这个意义上，父子间的这种"不忍之情"就是最大的义，绝无超出此义之更大义。因为家、国、天下之能一体贯通，即在于兹。舍此则由家至国贯通义全失，秩序亦失其根源。韩非通过对直躬的叙说，而呈现出家国对立这一绝然相反的面目，究其竟亦由失此根源所致。儒、法之间在秩序问题上的根本对立，从一开始就显得相当鲜明。若进一步往细处说，则自父子关系到邻里之间，儒、法两家在乡党邻里关系上，亦有着根本不同的理解。

二、"里仁为美"与"里相坐"为务

由"家"至"国"，当中经过"里"，亦即邻里关系。前文所引"父子相隐"中所说"吾党"云云，"党"即谓这种邻里关系。还有微生高"乞诸其邻"，也是发生在邻里之间。针对这种邻里间的相处或评价，孔子在《论语》中有着相当丰富的言说。试列

举其中一些与本文相关的语录如下:

> 子曰:"里仁为美。择不处仁,焉得知?"(《里仁》)
>
> 子曰:"十室之邑,必有忠信如丘者焉,不如丘之好学也。"(《公冶长》)
>
> 原思为之宰,与之粟九百,辞。子曰:"毋!以与尔邻里乡党乎!"(《雍也》)
>
> 子贡问曰:"何如斯可谓之士矣?"子曰:"行己有耻,使于四方,不辱君命,可谓士矣。"曰:"敢问其次。"曰:"宗族称孝焉,乡党称弟焉。"(《子路》)
>
> 子贡问曰:"乡人皆好之,何如?"子曰:"未可也。""乡人皆恶之,何如?"子曰:"未可也。不如乡人之善者好之,其不善者恶之。"(同上)
>
> 子曰:"众恶之,必察焉。众好之,必察焉。"(《卫灵公》)

"乡人皆好之"与"乡人皆恶之",是说地方上的邻人全都说好话或全都说坏话,这都不是什么好事,亦即"必察焉"之意。"乡"通常跟"党"一起说,所谓"宗族称孝焉,乡党称弟焉",都是指邻近的地方区域。"以与尔邻里乡党乎",则邻里乡党之间的区域划分,根据周制,大致可考究如下:"令五家为比,使之相保;五比为闾,使之相受;四闾为族,使之相葬;五族为党,使之相救;五党为州,使之相赒;五州为乡,使之相宾。"(《周礼·地官司徒·大司徒》)"五家为邻,五邻为里,四里为酇,五酇为鄙,五鄙为县,五县为遂。"(《周礼·地官司徒·遂人》)可见,"邻"的范围最小,"里"次之,"党"再次之,"乡"的区域最大。还有孔子所说"十室之邑",亦为此类区域名称,皆不出乡党、邻里的关系之外。以上孔子所论乡党关系,无论是乡人的好恶,还是所称孝悌,又或者以"忠信""好学"相比,都表达出在道德上的相互关系。如"里仁为美"所言,邻里之间以仁为美,可以想见个人的德性修养,在这种相互"媲美"的道德关系中获得提升的历程。在这一语录中,"里"标举出这仁美之论发生在邻里之间,或训为"居"或训为"所居",都不影响理解。若训为"居",则与后文"择"之义相当,义同于"宅"。后世训为"所居"之义多,如郑玄注曰:"里者,民之所居也。居于仁者之里,是为善也。求是善居而不处仁者之里,不得为有智。"又,皇侃引云:"言以所居之里尚以仁地为美,况择身所处而不处仁道,安得智乎?"而朱子则注为"里有仁厚之俗为美"①。相比之下,朱子之注显得更为精当。邻里之间以仁厚之俗为美,道出其间"相保""相受""相葬""相救"的良善关系:

> 古者八家而井田。……八家相保,出入更守,疾病相忧,患难相救,有无相贷,饮食相召,嫁娶相谋,渔猎分得,仁恩施行,是以其民和亲而相好。诗曰:"中田有庐,疆场有瓜。"(《韩诗外传》卷四)

若不向往这样的邻里关系,反倒选择那恶风恶俗之地而居之,这岂是明智之举哉!这样不明智的人未必就没有,或因不识于仁俗之美,或是要行那恶俗之事。有这样的人也并不可怕,政治的作用便在于教人向善。但可怕的是有这样的国,居然以仁厚之俗为恶,不是让百姓相亲和,而是使百姓相残贼。韩非做的就是这档子事:

---

① 程树德:《论语集释》,中华书局1990年,第227页。

是故夫至治之国，善以止奸为务，是何也？其法通乎人情，关乎治理也。然则去微奸之奈何？其务令之相规其情者也。则使相窥奈何？曰：盖里相坐而已。禁尚有连于己者，理不得相窥，惟恐不得免。有奸心者不令得忘，窥者多也。如此，则慎己而窥彼，发奸之密。告过者免罪受赏，失奸者必诛连刑。如此，则奸类发矣。奸不容细，私告任坐使然也。（《韩非子·制分》）

所谓"微奸"，"微"者，"赋"之借字，《说文》云"赋，司也"，是谓司察奸人也。"里相坐"是说"同里有罪，罪必相坐"，如此则必然令百姓"相规其情"，即"彼此窥察其隐情也"①。为了能迫使百姓彼此窥视而达到止奸的目的，不惜实施邻里之间相互诛连的恐怖手段。这明显是十分恶劣的做法，但说起来韩非也是为了达到"至治之国"。一点也不让人惊讶，像这种恐怖的统治韩非居然还好意思叫作"至治"。其实远不止如此，不要以为韩非就喜欢搞赤裸裸的恐怖主义。说起来也许让人不相信，韩非是声称反对"伤万民之性"的，甚至认为他的主张是"不逆天理，不伤情性"，或者是"守成理，因自然"，因此他故作深沉地说，"故至安之世，法如朝露，纯朴不散"（《韩非子·大体》）。明眼人一看就知道，他这是学了老子的那一套，故意把恐怖手法弄得高深莫测。但恐怖统治就一定能达到"至治之国"吗？对于这一点，韩非显得很有信心。他说："夫奸，必知则备，必诛则止；不知则肆，不诛则行。夫陈轻货于幽隐，虽曾、史可疑也；悬百金于市，虽大盗不取也。不知，则曾、史可疑于幽隐；必

---

① 王先慎：《韩非子集解》，中华书局2006年，第477页。

知，则大盗不取悬金于市。"(《韩非子·六反》)他的逻辑是，凡奸则必知，知则必诛，如此则国必治。知则必诛，这个相信韩非是做得到的，但怎么才能做到凡奸则必知呢？韩非的时代又没有今天监控这种高科技手段，于是自然就想到了让邻里之间相互窥探，而把百姓搞得人人自危。不过这也说不上是韩非的发明，他自己就说道："商君教秦孝公以连什伍，设告坐之过"(《韩非子·和氏》)，即早在他之前，商鞅就已经用过这一招了：

> 令民为什伍，而相牧司连坐。不告奸者腰斩，告奸者与斩敌首同赏，匿奸者与降敌同罚。民有二男以上不分异者，倍其赋。有军功者，各以率受上爵；为私斗者，各以轻重被刑大小。僇力本业，耕织致粟帛多者复其身。事末利及怠而贫者，举以为收孥。宗室非有军功论，不得为属籍。明尊卑爵秩等级，各以差次名田宅，臣妾衣服以家次。有功者显荣，无功者虽富无所芬华。(《史记·商君列传》)

什伍制是周秦时代一项渊源久远、流变复杂的户籍制度，通常认为周王朝时期就已有什伍之法，只不过那时主要还依附于宗法制度之中。到晚周时期天下大乱之后，什伍制开始独立出来逐渐成为主要的户籍编制形态。但根本的变革还在于商鞅变法，他异常严格地在军队中实践"相牧司连坐"，并迅速推行到秦国社会的乡党邻里之间。秦国的强大直接拜商鞅的这种酷法所赐，一如韩非所言："公孙鞅之治秦也，设告相坐而责其实，连什伍而同其罪，赏厚而信，刑重而必。是以其民用力劳而不休，逐敌危而不却，故其国富而兵强"(《韩非子·定法》)。韩非十分欣赏商鞅给秦国带来的这种富强，屡言"商君之所以强秦""孝公得商君，地以广，兵以强"(《韩非子·奸劫弑臣》)云云，钦佩之情

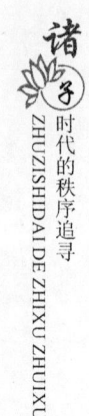

溢于言表。由是,韩非将商鞅所推行的什伍制纳入他的思想体系,鼓励邻里之间相互告奸,否则就难免横遭同里诛连的厄运。在这样一种恐怖统治之下,乡党邻里之间的关系会变成一个什么样子,就可想而知了。按儒家的精神理念,乡党邻里之间以仁厚之俗为美,相互之间应该是患难与共的关系。现在倒好,被韩非这么一威慑,邻里之间"惟恐不得免",相互揭发还来不及,就别说什么"疾病相忧"了。前文所引的《韩诗外传》接着说:

> 今或不然,令民相伍,有罪相伺,有刑相举,使构造怨仇,而民相残。伤和睦之心,贼仁恩,害士化,所和者寡,欲败者多,于仁道泯焉。诗曰:"其何能淑,载胥及溺。"(《韩诗外传》卷四)

儒、法思想在邻里关系上造成的这种对立,在古人那里,其实是有共识的。如马端临所言:"秦人所行什伍之法,与成周一也。然周之法,则欲其出入相友,守望相助,疾病相扶持,是教其相率而为仁厚辑睦之君子也。秦之法,一人有奸,邻里告之,一人犯罪,邻里坐之,是教其相率而为暴戾刻核之小人也。"① 其与《韩诗外传》之意正同。根据前引《论语》中的几则语录,在儒家的思想背景里,如果一个人在品德上出现问题,则在邻里之间亦会遭受非议,但这完全是基于一种道德上相互砥砺的关系。况且乡人的好和恶显然并不能决定一个人的品格,而只是构成一个人反省自身品格的一种提醒。可以说,乡党邻里关系是作为促成自身德性的一个环节,但自身的德性并不由这种关系来决定。无论是自身的道德受到乡党之间的评价,还是与邻人做道德上的

---

① 马端临:《文献通考·职役一》,中华书局1986年,第124页。

比较，德性的成败最终还是取决于自身。德性之修成，乡党关系是助缘，功不在别处，只在自身。相反，德性之丧失，乡党关系亦只是外缘，罪不在别处，亦只在自身。这正是德性成己之义，充分说明一个人的道德提升取决于自身，而道德败坏则只由自身承担，决无牵连到旁人的道理。德上是如此，刑上亦不例外，儒家决不会把道德上的责任推向乡党邻里关系，更不会在罪责的追问上走向法家的连坐主张。一个人的罪责是不可能让别人承担的，"里相坐"在儒家的思想中不但找不到任何可能的依据，而且与儒家的政治主张正相冲突。孔子说过，"道之以政，齐之以刑，民免而无耻。道之以德，齐之以礼，有耻且格。"（《论语·为政》）这话说得并不像一般理解的那样无关痛痒，其深刻内涵应当是，刑若缺失了德，它是干什么用的？用刑若离了德这样一个根基，就让人成了无耻之徒了，那跟禽兽群里的弱肉强食有什么分别？因此，刑只有以德为依归才是成立的。韩非的严刑重法最终走到"里相坐"的地步，既是脱离德来论刑所导致的，亦与德性成己之义相背离。可见，一个人的罪责要牵连到别人，在人的意义上是找不出任何理由的，这一主张一定是以不把人当人为前提的。儒家义理与此无涉，便显得尤为清晰。

在论及周秦时期的井田制与什伍制时，以前的学者多以历史主义的眼光来看，在这两者的更替上论出一个历史的必然性来。然后对在秦以后凡是有井田之法的主张者，一律判为开历史的倒车。这种判法对制度背后的价值理念毫无关怀，而仅仅仰仗一种未必就很靠谱的历史理性。无疑地，正如什伍制成为了法家某种标志性的主张，井田制也通常构成儒家表达政治理念的一个部分，如前文所引《韩诗外传》云"八家而井田"。当滕文公派人来问井田之法时，孟子就论道：

> 夫仁政，必自经界始。经界不正，井地不钧，谷禄不平。是故暴君污吏，必慢其经界。经界既正，分田制禄，可坐而定也。夫滕壤地褊小，将为君子焉，将为野人焉；无君子莫治野人，无野人莫养君子。请野九一而助，国中什一使自赋，卿以下必有圭田，圭田五十亩，余夫二十五亩。死徙无出乡，乡田同井，出入相友，守望相助，疾病相扶持，则百姓亲睦。方里而井，井九百亩，其中为公田，八家皆私百亩，同养公田。公事毕，然后敢治私事，所以别野人也。（《孟子·滕文公上》）

孟子在这里所表达出的制度理念，是历代以来众多儒家学者期望井田制的价值依据。无论是《韩诗外传》的说法抑或马端临之言，都明显是孟子这种价值理念的回响。而孟子的这种价值关怀，与孔子所论乡党邻里关系，完全是一脉相承的。井田制所基于的是一种亲缘和地缘双重关系的自然聚落方式，在这样一种自然的社会结构当中，鼓励乡党之间的互助相保，倡导邻里之间的亲和友睦，由此促成相互砥砺的道德关系，便是儒家"里仁为美"所表达出的价值关怀。与此相比，什伍制则使社会结构由原来的自然聚落群体，演变成严密的国家编制。这是对原有亲缘和地缘关系的颠覆，它意味着把人从这样一种自然关系中驱逐出来，进入到直接面对国家权力的编制当中。当然，什伍制完成的这种演变是一个长期的过程，在它刚开始的阶段，甚至不免受"八家相保"的影响，带上了同恤同游的色彩。如《国语·齐语》所云："伍之人祭祀同福，死丧同恤，祸灾共之。人与人相畴，家与家相畴，世同居，少同游。故夜战声相闻，足以不乖；昼战目相见，足以相识，其欢欣足以相死。居同乐，行同和，死同哀。是故守则同固，战则同强。"尽管如此，这也已经呈现出军事组织的面目。在什伍制作为主导的国家组织方式后，大概就可以完成这种演变，成为各个诸侯国追求国富兵强的不二选择。在秦国，经过法家的"里相坐"之后，什伍制就完全褪尽同福共祸的色彩，国家机器也由此沦为纯粹控制百姓的统治工具，从而可以最大程度地调动百姓征战诸侯、称霸天下。与儒家"里仁为美"的价值关怀相比，法家为了能获得统一的国家秩序，不惜以"里相坐"为要务，使乡党邻里之间"构造怨仇"。这两种秩序背后的价值理念对峙如此鲜明，难道说在议论井田制和什伍制时可以视而不见，而只满足于那历史理性的冰冷么？儒家所表达的"里仁为美"，是由"家"推扩到"国"的家国一体之理念在"里"上的展现。即是说，父子之间有如此这般的"不忍"亲情，推扩到乡党邻里之间便不能不是仁厚亲睦的关系。那么，与此相比的法家又是怎么走到以"里相坐"为务的呢？与儒家是由"家"推扩到"国"的理念不同，法家则是取完全相反的由"国"到"家"的秩序路径。儒家是从"家"说到"里"，故以"里仁为美"；法家则从"国"说到"里"，故以"里相坐"为务。只有明白了法家在秩序追求上的这一相反取向，才能进一步把儒、法之间在秩序上的天壤之别揭示得更清楚。

三、从"国"到"家"的秩序路径

晚周时期的诸子都强烈关注着天下统一的秩序，某种意义上，这也是他们纷纷提出不同思想主张的直接动因。可以说，所有诸子在追求秩序的过程中，都具备一种应然的价值，即都是追求一种好的秩序。虽说这种"好"是自不同的思想立场得出来的，但就"好"本身而言至少显示出思想家最基本的应然姿态。

而要命的是，韩非恰恰就缺乏这一应然姿态。在韩非这里，只要是秩序就是好的，没有秩序就是坏的。因此，对韩非而言，他并不衡量秩序的好坏，而只考量获取秩序的有效性。那这种有效性从何而来？当其他诸子总是不满于现实中的人主，而啰里啰嗦论好坏的时候，在韩非看来，这就是最耽误工夫的时候。韩非大概觉得自己从来就没有这闲工夫来讨论道德上的好坏，现实中的人主是什么样的人，这有什么打紧的？只要人主掌握了他所主张的"法"和"术"这两样帝王之具，就能做到"不贤而为贤者师，不智而为智者正"（《韩非子·主道》）。连不贤、不智之君都没什么妨碍，因此，人主是什么样的人就根本不重要了。所谓"明君之道，使智者尽其虑，而君因以断事，故君不穷于智；贤者敕其材，君因而任之，故君不穷于能；有功则君有其贤，有过则臣任其罪，故君不穷于名。"（同上）也就是说，人主根本不必担心自己胜任不了，即便德与才都不具备，那也误不了"君王"这一名号。而这一切都是拜韩非所主张的帝王之具所赐，关于这两样东西，韩非是这样说的，"术者，因任而授官，循名而责实，操杀生之柄，课群臣之能者也，此人主之所执也。法者，宪令著于官府，刑罚必于民心，赏存乎慎法，而罚加乎奸令者也，此臣之所师也。君无术则弊于上，臣无法则乱于下，此不可一无，皆帝王之具也。"（《韩非子·定法》）便是他的这两样帝王之具，人主只要操之在手，就能树立起强大的权势。按韩非的说法，这权势一旦树立起来，人主就能实施有效的统治，从而获得统一的秩序。他打比方说，"夫马之所以能任重引车致远道者，以筋力也""虎豹之所以能胜人执百兽者，以其爪牙也"，而势威、势重，便是"人主之筋力""人主之爪牙"（《韩非子·人主》）。即是说，这人主权威势重了，就好比马能"致远道"，虎能"执百兽"。一统天下，任重而道远，人主能致之；统治国家，臣贵而民乱，人主能执之。在韩非的眼里，一面是"人主之所以身危国亡者，大臣太贵，左右太威也"（《韩非·人主》），另一面是"夫民之性，喜其乱而不亲其法""夫民之性，恶劳而乐佚"（《韩非子·心度》），而人主通过统治所获得的国家秩序，就以一虎豹之威"执百兽"的场景给交代了。至此，韩非对秩序的理解就显得非常清楚了，与其他诸子所持有的应然姿态不同，韩非视秩序本身为一种终极价值。于是，他便陷入到为秩序而追求秩序的极端地步，只考虑谋取秩序的有效性，完全不顾秩序本身的好坏。这体现出时至东周末期，韩非为了逐取秩序而不顾一切的处境，颇有些亡命之徒的意味。在这一思想处境之下，再来提到韩非对商鞅变法中什伍连坐制的推崇，就显得特别的顺理成章了。

实际上，什伍制在社会的乡党邻里之间全面铺开，这在制度上就会使得一个国家的社会结构由"家"本位转变为"国"本位。这种"国"不再是由原来的"家"所推出，而仅仅成为通过控制臣民而获得秩序的暴力机构。这一转变与韩非所取的秩序路径是完全匹配的，一个为了逐取秩序而不顾一切的人，把全部的心思都放在人主身上，眼里只有人主的统治权力，天下秩序就完全只靠着这种强权的暴力控制来获取。可见，在韩非那里，控制臣民的"国"这一暴力机构是在先被确认，然后再由这种"国"的意识来推及到其他层面。这与儒家由"家"推扩到"国"的秩序路径完全相反，韩非是由"国"来侵入到"家"，将"家"纳入到"国"的统治体系当中。如果说对于儒家而言，怎么样来理解"家"，也就怎么样来理解"国"，此即"家国一体"之谓，那么法家的韩非则是以这种"国"的眼光来打量一切。前文已论及韩非以"里相坐"为务的乡党邻里关系，是由"国"到"里"的必然结论。接下来，也是在这种"国"的眼光下，"家"又呈现出何种面目呢？

对儒家而言，家中父子兄弟之间的孝悌亲情是天下秩序的根源。"孝弟也者，其为仁之本与"（《论语·学而》），行孝悌就是行仁的一个基本之处。所谓"亲亲，仁也；敬长，义也"（《孟子·尽心上》），若缺失了孝悌亲情这一基本的人伦价值，儒家的仁义理念便断了根基，秩序建构也就无从谈起。因此，这父子亲情看起来平常，却决不可看轻了，在儒家这里是第一等重要之义。虽说韩非也有经常提到，"君臣之相与也，非有父子之亲也"（《韩非子·奸劫弑臣》）、"君臣之际，非父子之亲也"（《韩非子·难一》）之类，表明父子之亲肯定是有的。但一到他眼里，这种亲情却是完全不同的面目。他有专门论过，父子亲情对于统治秩序是毫无帮助的：

> 母之爱子也倍父，父令之行于子者十母；吏之于民无爱，令之行于民也万父。母积爱而令穷，吏用威严而民听从，严爱之策亦可决矣。且父母之所以求于子也，动作则欲其安利也，行身则欲其远罪也；君上之于民也，有难则用其死，安平则尽其力。亲以厚爱关子于安利而不听，君以无爱利求民之死力而令行。明主知之，故不养恩爱之心，而增威严之势。故母厚爱处，子多败，推爱也；父薄爱教笞，子多善，用严也。（《韩非子·六反》）

就父母之间而言，做父亲的往往比做母亲的要严厉，而做子女的也就更多地听严父的话，而把慈母的话当耳边风。经验事实表明，母亲的厚爱容易招致败家子，而父亲的严厉则可以培养出好儿女，亦即"棍棒之下出孝子"的意思。由此不难推到国家层面，直接就把"棍棒"换成"枪杆子"得了，结果保证是"枪口之下出良民"。韩非这人真是无可救药，难道他一点也看不出，父亲的严厉原本是有父子之亲在先的吗？换一个陌生的人，以严厉的手段令人屈服，这跟父亲能一样吗？更别说推到国家层面早已不是一回事了。韩非却不觉得这有什么问题，他要论证的就是明主"不养恩爱之心而增威严之势"。若要使恩爱之心真有价值，除非天下人一个个地都是听话的乖乖崽，这样君臣如父子确实就能治理好：

> 夫以君臣为如父子则必治，推是言之，是无乱父子也。人之情性莫先于父母，皆见爱而未必治也，君虽厚爱，奚遽不乱！今先王之爱民，不过父母之爱子；子未必不乱也，则民奚遽治哉！（《韩非子·五蠹》）

恩爱莫先于父子，父母厚爱如此，怎么就不见子女马上安分了呢？先王之爱民最多也就爱到父母这个份上，既然做子女的都还未必不乱了，那怎么还能用来治理百姓。父子之间本身都还冲突不断，这就说明父子之亲毫无价值。他还进一步论到，父子之"亲"之"泽"，说穿了也不过如此：

> 今上下之接无子父之泽，而欲以行义禁下，则交必有郄矣。且父母之于子也，产男则相贺，产女则杀之。此俱出父母之怀衽，然男子受贺，女子杀之者，虑其后便，计之长利也。故父母之于子也，犹用计算之心以相待也，而况无父子之泽乎！（《韩非子·六反》）

经韩非这么一说，父子之"泽"还是离不了一个"计算之心"，这明显就跟其他人伦关系一样，没有什么值得特别称道的地方。在韩非的思想脉络中，这其实并不出人意料，只不过以历

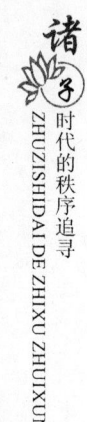

史经验生活中的溺婴现象来说，实在令人反感。父子关系在韩非的眼里，也就变成了一种面目可憎的关系。这无疑是因父子之间终究不出利害之心：

> 人为婴儿也，父母养之简，子长而怨。子盛壮成人，其供养薄，父母怒而诮之。子、父，至亲也，而或谯或怨者，皆挟相为而不周于为己也。夫卖庸而播耕者，主人费家而美食，调布而求易钱者，非爱庸客也，曰："如是，耕者且深，耨者熟耘也。"庸客致力而疾耘耕者，尽巧而正畦陌畦時者，非爱主人也，曰："如是，羹且美，钱布且易云也。"此其养功力，有父子之泽矣，而心调于用者，皆挟自为心也。故人行事施予，以利之为心，则越人易和；以害之为心，则父子离且怨。（《韩非子·外储说左上》）

父子间的这种至亲之情，会因养育之"简"或赡养之"薄"而招致父子相怨、相怒。与此相比，地主却会让雇工吃香的喝辣的，为的是让雇工把农活做好；雇工为了能吃好喝好，也尽心尽力做好农活，这关系处得那真是比父子之间还好。可见，以利相处，陌路之人可以情同父子；以害相处，父子之间可以行如路人。说白了，也就是没有什么父子不父子的，亲亲之情压根儿就没有什么特别的地方，完全可以因利而生、因害而止。韩非便是以此切断儒家从"家"推扩到"国"的仁爱资源，"家"并没有呈现出什么特别的地方，父子亲情终究不出利害之心。如此一来，连自身这一伦都立足不了，更遑论什么为天下国家提供秩序的源泉。从另一方面来说，"家"之所以呈现出如此寒心的面目，即"父母之于子也，产男则相贺，产女则杀之"之类，这也是韩非自"国"的眼光下打量出来的结果。一旦"国"作为一种暴力机构在先被确认,接下来无非就是把自"国"以下的层级纳入到这一恐怖的统治秩序当中。当"国"呈现出什么样的面目时,"家"自然也就不离于这种面目了。尽管"家"当中是有"亲"有"泽"或说有"恩"的,但这种"恩泽"或"恩亲"之情却没有任何价值。这就是韩非自"国"至"家"的秩序路径所造就的结果。

在这一秩序路径当中,"民"又会呈现出什么样的面目,其实是可想而知的。只不过,想着前文所叙地主与雇工之间的那种"亲密"关系,不免让人觉得,若按韩非的逻辑,"民"的地位应该不至于那么坏吧。在这一对关系中,地主计较的是雇工的精耕细作,而雇工计较的是地主的工资福利。尽管雇工是"挟自为心",完全是怀着一颗自私自利之心,那也是与地主处在同一水准上。这要是往国家层面上推,那可就不得了。将人主与人民置于一种利害计较的位置上,人民就有可能作为一种利益的主体出现而与人主讨价还价,这种理念颇具现代性。只可惜哪有这么好的事,韩非也就是在地主与雇工之间说说而已。他的秩序路径原本就不会自此推至国家,而是从在先被确认的"国"的眼光打量下,双方的利害计较关系完全变成了另一番模样。人民对"利"的眼光,在懂得大利的人主跟前,就像是生病了的婴儿不愿吃药一样:

> 民智之不可用,犹婴儿之心也。夫婴儿不剔首则腹痛,不揃痤则寖益。剔首、揃痤必一人抱之,慈母治之,然犹啼呼不止,婴儿子不知犯其所小苦,致其所大利也。今上急耕田垦草以厚民产也,而以上为酷;修刑重罚以为禁邪也,而以上为严;征赋钱粟以实仓库,且以救饥馑、备军旅也,而以上为贪;境内必知介而无私解,并力疾斗,所以禽虏也,

美，自"国"而言君臣有义。法家则自"国"的眼光往下打量，自"里"而言相坐为务，自"家"而言父子怨怒。两者之间绝然相反的秩序路径，一以自"家"推扩到"国"，一以自"国"侵蚀到"家"，由此而决定着人伦三纲的不同精神实质。儒家对人伦三纲的表述自不待言，而法家的韩非亦云，"臣之所闻曰：'臣事君，子事父，妻事夫，三者顺则天下治，三者逆则天下乱。此天下之常道也，明王贤臣而弗易也。'"（《韩非子·忠孝》）在所有人伦关系中，君臣、父子、夫妇最为基本，所谓"三者顺则天下治"，其与儒家经籍中的"夫妇别，父子亲，君臣严，三者正，则庶物从之矣"（《礼记·哀公问》），两者之间意思相当。虽说韩非表示，这话是他听来的，没准也就是听了儒家的，但他引过来表明他是认可的。也就是说，儒、法两家对人伦三纲的认定是一样的，并且这种认定基于对天下秩序的共同诉求，这就很容易使得现代学人不加分辨地对待两家的三纲思想。也难怪，没有这种高度的相似性，儒家思想的很多方面就不至于被法家所败坏。不过，若由此就将两家思想一锅煮，而把其间的相似处给放过了，那就是我们这些后学者的过错。在"三纲"思想的批判问题上，这种过错表现得相当明显。在前面所引韩非的话当中，看起来是与儒家思想没有两样，但若还原到原来的文本当中，其与儒家的对峙之处就立马显现：

> 天下皆以孝悌忠顺之道为是也，而莫知察孝悌忠顺之道而审行之，是以天下乱。皆以尧、舜之道为是而法之，是以有弑君，有曲于父。尧、舜、汤、武或反君臣之义，乱后世之教者也。尧为人君而君其臣，舜为人臣而臣其君，汤、武为人臣而弑其主、刑其尸，而天下誉之，此天下所以至今不治者也。夫所谓明君者，能畜其臣者也；所谓贤臣者，能明

机构在先被确认,接下来无非就是把自"国"以下的层级纳入到这一恐怖的统治秩序当中。当"国"呈现出什么样的面目时,"家"自然也就不离于这种面目了。尽管"家"当中是有"亲"有"泽"或说有"恩"的,但这种"恩泽"或"恩亲"之情却没有任何价值。这就是韩非自"国"至"家"的秩序路径所造就的结果。

在这一秩序路径当中,"民"又会呈现出什么样的面目,其实是可想而知的。只不过,想着前文所叙地主与雇工之间的那种"亲密"关系,不免让人觉得,若按韩非的逻辑,"民"的地位应该不至于那么坏吧。在这一对关系中,地主计较的是雇工的精耕细作,而雇工计较的是地主的工资福利。尽管雇工是"挟自为心",完全是怀着一颗自私自利之心,那也是与地主处在同一水准上。这要是往国家层面上推,那可就不得了。将人主与人民置于一种利害计较的位置上,人民就有可能作为一种利益的主体出现而与人主讨价还价,这种理念颇具现代性。只可惜哪有这么好的事,韩非也就是在地主与雇工之间说说而已。他的秩序路径原本就不会自此推至国家,而是从在先被确认的"国"的眼光打量下,双方的利害计较关系完全变成了另一番模样。人民对"利"的眼光,在懂得大利的人主跟前,就像是生病了的婴儿不愿吃药一样:

> 民智之不可用,犹婴儿之心也。夫婴儿不剔首则腹痛,不揭痤则寖益。剔首、揭痤必一人抱之,慈母治之,然犹啼呼不止,婴儿子不知犯其所小苦,致其所大利也。今上急耕田垦草以厚民产也,而以上为酷;修刑重罚以为禁邪也,而以上为严;征赋钱粟以实仓库,且以救饥馑、备军旅也,而以上为贪;境内必知介而无私解,并力疾斗,所以禽虏也,

而以上为暴。此四者所以治安也,而民不知悦也。(《韩非子·显学》)

同样可以说到一个"以利之为心"上,韩非是决不至于将"民"置于人主的水准上,不然这种理念也太现代了一些。想想人主所执"操生杀之柄,课群臣之能"之术,"民"怎么可能跟人主在同一平台上计较利害?这跟韩非的思想形象也相差太远。当他高调提出民智之"不可用""不足用"时,这才是人们心目中熟悉的韩非。如此贬低百姓的智商,确实是太不得人心了。不过,韩非论民智,其实也是有所本的。比如老子说:"古之善为道者,非以明人,将以愚之。民之难治,以其多智。以智治国,国之贼;不以智治国,国之福。"(《老子》第六十五章)鉴于韩非对老子思想的学习精神,有理由认为,韩非对民智的看法受到过老子的影响。但这究竟是老子原本就有愚民思想,还是韩非把老子的思想愚民化了呢?如果对老子的形上品格有一个基本的掌握,就不至于把愚民思想的账算到老子头上。看来,韩非不仅拖累儒家,同时也拖累道家。就儒家方面而言,人们大概以为董仲舒的"民者,瞑也"跟韩非的民智论没什么两样。实际上,"民者,瞑也"是与"王者,匡也","君者,原也"一道,将"民"定位为"性待教而为善"(《春秋繁露·深察名号》),是着眼于一种从上而下的教化关系。这种定位既拒斥了法家的"操生杀之柄",又避免了道家的"常使民无知无欲"(《老子》第三章)①。简单地说,董子是以为民具备善的潜质,民是用来施以教化的。而韩非则以为民智根本就不足用,民只是用来控制的,两者之间

---

① 参见拙文《董子"三纲"思想深察》,《切磋集》,四川人民出版社 2011 年,第 163 页。

完全不是一个概念。在韩非由"国"至"家"的秩序路径中，"民"所呈现出来的面目，就显得十分清楚了。

四、结语：重提"三纲"

对于儒、法之间的混淆，有一个非常重要的点，就是"三纲"思想。在现代学人中，即便是那些对传统怀着深切同情者，对于"三纲"思想也基本上是避之犹恐不及，其形象之坏可见一斑。"三纲"的名目出于董仲舒的《春秋繁露》"王道之三纲，可求于天"（《基义》），条目见于《白虎通义》所引《含文嘉》"君为臣纲，父为子纲，夫为妻纲"（《三纲六纪》），这些文献在儒家思想史上都具有重要地位。如此说来，"三纲"思想之出于儒家，实无可逃之处。不错，笔者并不会否认"三纲"是出于儒家，甚至以为要把这一思想溯源到《论语》中的"君君，臣臣，父父，子子"（《颜渊》），以及《孟子》中的"父子有亲，君臣有义，夫妇有别，长幼有序，朋友有信"（《滕文公上》），也都未尝不可。同时，"三纲"思想也应该受到批判，它确实在历史经验生活当中造成了恶劣的影响。但是，对于"三纲"的批判，其矛头却不应该指向儒家，而是法家。这样说并非是前言不搭后语，因为尽管"三纲"是出自儒家，文献依据也主要在儒家，以及精神实质也是儒家的，可却是被法家给败坏了。而现代学人对"三纲"思想的理解，往往只停留在被法家所败坏的层面。自儒家与法家所取绝然不同的秩序路径来重提"三纲"，既有助于把"三纲"思想的儒家原义给道出来，亦还能对儒、法之间在秩序上的天壤之别作一重申。

儒家自父子之间不忍亲情往外推扩，自"里"而言以仁为

美，自"国"而言君臣有义。法家则自"国"的眼光往下打量，自"里"而言相坐为务，自"家"而言父子怨怒。两者之间绝然相反的秩序路径，一以自"家"推扩到"国"，一以自"国"侵蚀到"家"，由此而决定着人伦三纲的不同精神实质。儒家对人伦三纲的表述自不待言，而法家的韩非亦云，"臣之所闻曰：'臣事君，子事父，妻事夫，三者顺则天下治，三者逆则天下乱。此天下之常道也，明王贤臣而弗易也。'"（《韩非子·忠孝》）在所有人伦关系中，君臣、父子、夫妇最为基本，所谓"三者顺则天下治"，其与儒家经籍中的"夫妇别，父子亲，君臣严，三者正，则庶物从之矣"（《礼记·哀公问》），两者之间意思相当。虽说韩非表示，这话是他听来的，没准也就是听了儒家的，但他引过来表明他是认可的。也就是说，儒、法两家对人伦三纲的认定是一样的，并且这种认定基于对天下秩序的共同诉求，这就很容易使得现代学人不加分辨地对待两家的三纲思想。也难怪，没有这种高度的相似性，儒家思想的很多方面就不至于被法家所败坏。不过，若由此就将两家思想一锅煮，而把其间的相似处给放过了，那就是我们这些后学者的过错。在"三纲"思想的批判问题上，这种过错表现得相当明显。在前面所引韩非的话当中，看起来是与儒家思想没有两样，但若还原到原来的文本当中，其与儒家的对峙之处就立马显现：

> 天下皆以孝悌忠顺之道为是也，而莫知察孝悌忠顺之道而审行之，是以天下乱。皆以尧、舜之道为是而法之，是以有弑君，有曲于父。尧、舜、汤、武或反君臣之义，乱后世之教者也。尧为人君而君其臣，舜为人臣而臣其君，汤、武为人臣而弑其主、刑其尸，而天下誉之，此天下所以至今不治者也。夫所谓明君者，能畜其臣者也；所谓贤臣者，能明

法辟、治官职，以戴其君者也。今尧自以为明而不能以畜舜，舜自以为贤而不能以戴尧，汤、武自以为义而弑其君长，此明君且常与而贤臣且常取也。故至今为人子者有取其父之家，为人臣者有取其君之国者矣。父而让子，君而让臣，此非所以定位一教之道也。臣之所闻曰："臣事君，子事父，妻事夫，三者顺则天下治，三者逆则天下乱。此天下之常道也。"明王贤臣而弗易也，则人主虽不肖，臣不敢侵也。今夫上贤任智无常，逆道也；而天下常以为治，是故田氏夺吕氏于齐，戴氏夺子氏于宋。此皆贤且智也，岂愚且不肖乎？是废常、上贤则乱，舍法、任智则危。故曰："上法而不上贤。"（《韩非子·忠孝》）

这一段文本完全可以与前文所引"父子相隐"章对起来看。简单地说，孔子是通过父子相隐来揭示父子之亲的绝对义，而韩非则是要通过忠顺之道来论证君臣关系的绝对性。尧、舜、汤、武原是儒家的圣君形象，尧、舜禅让与汤、武革命都是为儒家所认可的君权更迭形式，这恰恰反映了儒家在君臣关系上是没有绝对性的。所谓绝对性，那即便就是桀、纣之君，也绝不容许更改君臣关系。韩非反对汤、武革命，倒是不让人奇怪，但他为何连尧、舜禅让都不能容许呢？那是由于禅让会导致君臣关系的颠倒，原来做君的会变为臣，做臣的会变为君，尧禅让于舜之后便是这般情形，即所谓"尧为人君而君其臣，舜为人臣而臣其君"，韩非以为这有违忠顺之道。这意思听起来似乎不大好理解，像韩非这样一个现实感极强的人，干吗还要把禅让制当真，来费上一番口舌呢？仔细想来，韩非对君臣关系强调到这个份上，连禅让制都决不容许，这实在是太像儒家对父子关系的态度。不错，韩非正是把儒家赋予父子关系的绝对义移植到了君臣关系上，君臣关系不容许任何一种形式的更改，哪怕只具有可能性的禅让制。谁能想象父子之位是可以禅让的？那同样地，君臣之位也必须排除掉这样一种想象。这么来说吧，儒家是怎么理解父子关系的，韩非就用来怎么理解君臣关系。尽管儒家对君臣之间的忠与顺也是相当强调的，所谓"则人主虽不肖，臣不敢侵也"，这在儒家那里也未必不可说，但与韩非的绝对义相比，儒家的君臣关系一定只是相对而言的。

回到"三纲"思想上来说，尽管同样都是对君臣、父子、夫妇三种基本人伦关系的确认，但儒家的绝对义在父子，由父子而至君臣、夫妇；而法家的绝对义在君臣，由君臣而至父子、夫妇。这就决定了两家在"三纲"思想上根本对立的精神内涵。儒家在父子关系上所彰显的绝对义，那是有父子之间的不忍亲情作为源泉的；而法家在君臣关系上强化的绝对义，只能来自于人主的权力，并借助于"法"和"术"达到一种绝对的暴力控制。不忍亲情是人世间最真实无妄、千万世而不朽的，足以承载起一种绝对义；而人主的权力再强大也都是浮云，根本不可能具备绝对意义，更何况韩非这种只求现实性而不讲合法性的权力。由是，在儒、法两家的"三纲"思想中，区别显然不在于是说"父为子纲"之类还是"臣事君"之类这种不同的用语上。只因儒家本着从"家"至"国"的秩序路径，"三纲"是从父子而至君臣、夫妇，其纲纪意义都是由不忍亲情所奠基的伦理关系；而法家本着从"国"至"家"的秩序路径，"三纲"是从君臣而至父子、夫妇，其事奉意义却已是暴力加利害所捆绑的权力关系。将这种原本是源头充盈、彰显教化的"三纲"思想，搞成戕害人性、杀戮生灵的样子，这就是韩非对儒家思想的败坏。现代学人不问青红皂白地批判，大抵就是没能弄清楚儒、法之间的这种区分。可见，儒、法两家同样基于一种天下秩序的诉求，却取正相反对的秩序路径。而沿着这对立的秩序路径，便不难将同样基于对人伦三纲的认定，其所包含着针锋相对的精神实质揭示出来。

（原载《切磋二集——四川大学哲学系儒家哲学合集》，四川人民出版社2012年。原有副标题）

"君子恶居下流"

晚周时期,诸子蜂起,思想纷呈,这已是思想史上的常识。但同样是借水流来说理,此处才说一个君子要"恶居下流",不料彼处却声称一定要处众人所恶的下流。这种针锋相对实在令许多不明就里的人感到讶异,思想纷争所容易造成的这种无所适从,大概在这形象的上流与下流之间异常生动地呈现出来。踏进一条川流不息的河里,究竟是要去力争上游,还是就甘居下游,这个问题事关重大,是每个人都有可能面临的选择,而不容无所适从。尽管水流一喻只是个由头,笔者亦是想借此再探儒、道两家之间的歧见,但由此展开的论说,对于今人理解思想分歧而避免无所适从,未必没有启发。

一、水之上流与下流

水或者水流是中国古代思想一个十分重要的意象,很多极具洞见的思想都通过水的意象来表达。笔者在《"子在川上"之后》一文中讨论过相关的话题,《论语》当中有说过"君子恶居下流",而《老子》却主张"处众人之所恶",也都有所涉及,只是

没有充分展开。此处将做进一步的探讨,并全面呈现儒、道两家的不同思想旨趣。先将此两处文本引出:

> 子贡曰:"纣之不善,不如是之甚也。是以君子恶居下流,天下之恶皆归焉。"(《论语·子张》)
>
> 上善若水。水善利万物而不争,处众人之所恶,故几于道。居善地,心善渊,与善仁,言善信,正善治,事善能,动善时。夫唯不争,故无尤。(《老子》第八章)

虽说"君子恶居下流"的话是由孔子的弟子子贡说出来的,但这并不妨碍将这句话理解为儒家的思想主张。尤其是与老子声称"处众人之所恶"对照来理解,以为儒家会坚持"恶居下流"是毫无问题的。当然,子贡表达出"君子恶居下流"的意思,是对着"纣之不善"来说的。纣王作为殷商王朝的末代暴君,已经成为十恶不赦的代名词。子贡是说,商纣王原有的恶行也许并没有这么严重,之所以会落得这般下场,是由于天下的恶名会如同流水冲刷污秽物一般聚于下流。子贡告诫人们的意思是,人若是因犯下恶行而被贯以恶名,一定要及时省改,而不要由着这恶名加身而无所忌惮。此义解读起来多少显得有些费力,看来子贡之言似乎不是那么圆熟。朱子对此的解释是:"下流,地形卑下之处,众流之所归。喻人身有污贱之实,亦恶名之所聚也。子贡言此,欲人常自警省,不可一置其身于不善之地。非谓纣本无罪,而虚被恶名也。"① 朱子三言两语注解精到,子贡之义应能明白晓畅了。在子贡的话语背景下,若是自居下流,借助一个颇为形象的场景来描述,就好像是既然脏了身子,干脆就赖在水流的下游

---

① 朱熹:《四书章句集注》,中华书局1983年,第191—192页。

处，任由水流将种种污秽肮脏之物聚于一身。比照着这个场景来说，君子当然是要恶居下流，因为君子既不能自暴自弃作贱自己，更不能充当无赖肆无忌惮。结合朱子的注解可以进一步理解，主张君子恶居下流，也就是主张君子要时时警省自己，不要让自己有任何机会因污贱之实而染上恶名。这当然是典型的儒家思想。

回到《老子》的这章文本中，"处众人之所恶"的意思，即是处众人所恶之下流，或者说就是甘居下流。其与"恶居下流"之间的针锋相对，那是不言而喻的。当然，展示一种思想结论上的对立并不是目的。那老子是怎么说到这个意思上来的呢？老子一开始是说"上善若水"，这一主张儒家也未必不可以有。就以水喻德而言，儒家的言说只会比道家更丰富。即便是"水善利万物而不争"，表达的无非是不居功、不自夸以及自然达成之类。《论语》中的"无伐善"（《公冶长》），"克、伐、怨、欲不行"（《宪问》），"天何言哉，四时行焉，百物生焉"（《阳货》），都是这方面的意思。还有《周易》中的"默而成之"（《系辞上》），《礼记》中的"无为而物成"（《哀公问》），《荀子》中的"不为而成"（《天论》）等等，比"善利万物"的涵义也有过之而无不及。但更耐人寻味的还是接下来的一番话："居善地，心善渊，与善仁，言善信，正善治，事善能，动善时。"说实在的，要理解好老子这话，基本上得靠个人的体会和发挥。而真正把这些涵义一一展示出来的，恰恰是儒家的思想文本。比如说：

> 孔子观于东流之水。子贡问于孔子曰："君子之所以见大水必观焉者是何？"孔子曰："夫水，大遍与诸生而无为也，似德。其流也埤下，裾拘必循其理，似义。其洸洸乎不淈尽，似道。若有决行之，其应佚若声响，其赴百仞之谷不

惧，似勇。主量必平，似法。盈不求概，似正。淖约微达，似察。以出以入，以就鲜洁，似善化。其万折也必东，似志。是故君子见大水必观焉。"（《荀子·宥坐》）

以水流各种不同的意象来分别揭示不同的德性，这个在儒家的文本当中有着比较清晰的思想脉络，笔者所撰《"子在川上"之后》中引出了多处类似于荀子的这种言说。对照老子的话来看，荀子所说"大遍与诸生而无为"，不就是"善利万物而不争"么？这样两相比照，就会发现有许多意思是可以相互对应得上的。"大遍与诸生"就是老子所说的"与善仁"，"其流也埤下"也正是老子眼中的"居善地"。所谓"其洸洸乎不淈尽"，荀子以水有源而不竭比作道，老子则看重的是虚而不满，是"心善渊"之意。"主量必平，似法。盈不求概，似正"是说，荀子以水流入器而持平比作法，如同水平器的衡量作用一样。又以水流满器而不待刮平比作正，有己正而正人之义。这显然是来自于孔子的"政者，正也。子帅以正，孰敢不正"（《论语·颜渊》）。以此为政则必治，是所谓"正善治"也。水流既然能"赴百仞之谷不惧""其万折也必东"，其勇其志如此，何愁不会"事善能"。水流时而"淖约微达"，渗透微小，时而"以出以入"，浪淘万物，可谓是"动善时"了。当然，这种对应并非严格，更不是恰如其分。这仅仅只是用来说明，老子以水喻德的论说并非独家奉献，就思想史上的表现而言，儒家的资源反而还更为丰富。

但现在的问题是，看起来老子主张"处众人之所恶"或者说甘居下流时，所论说的缘由似乎并不与儒家形成多大的冲突，为什么结论却会正相对立呢？老子从"上善若水"开始说，到最后一句"夫唯不争，故无尤"，除了"不争"的意思放在下文再详说外，以上所论及的也都是儒家思想未必不可以主张的，只有

"处众人之所恶"则一定说不到这上面来。这究竟是怎么回事呢？不妨再仔细推敲一下荀子所言"其流也埤下，裾拘必循其理，似义"，前面刚刚说了，水总是流向卑下之地，这个"卑下"正是老子眼中的"善地"，好比说"黄金地段"一样，是水特别会选地方的体现。由水而喻人，就是人应该"处众人之所恶"。王弼注云，"人恶卑也。"① 人要甘居下流，就是这么顺下来的。在这里，"卑下"之义显得十分关键。但在荀子的话语当中，虽说也用到了"卑下"这个意思，但完全没有把这个"卑下"之义特别标举出来。对于荀子而言，说"其流也埤下"与说"水之就下"没什么两样，因为他所要表达的重点是，水流无论遇到什么样的山高路险，一定是循着往低处流之理。可见，"水之就下"才是荀子这里表达的关键，是水之必然循就下之理而似义。"水之就下"这一意象，早在孟子那里就已经运用得相当娴熟了。孟子反驳告子而力陈性善论时就说道："人性之善也，犹水之就下也。人无有不善，水无有不下。"（《孟子·告子上》）在另一处，孟子还宣称"民之归仁也，犹水之就下"（《孟子·离娄上》）。由此，若与老子之间做一细致的辨析，就不难发现，同样是运用水往低处流这一无人不晓的意象，孟子与荀子看重的是水往下流的这一趋势，而老子看重的是水往下流的这个地方，如"大国者下流"（《老子》第六十一章）便是此意。这一意象运用上的细微差别，带出来的却是义理上的迥然有别，即一个是以卑为德，一个是以卑为本。荀子只是以"其流也埤下"喻一德目，并不十分紧要，而老子的"处众人之所恶"则是一根本主张。上善何以若水，根本原因就在于水能"处众人之所恶"，至于"居善地，心善渊"之类的，都只是铺开来说，然后可以"无尤"。也就是说，水在

---

① 楼宇烈：《老子道德经注校释》，中华书局2008年，第20页。

老子这里呈现出的很多德性，都是由水流之"卑下"所奠定的。对于老子而言，水之下流所蕴含的"卑下"之义至关重要，能够代表他思想上的核心主张，他断言"上善若水"的根本理据也在于此。而根据朱子所说的"卑下之处"，水之下流只是污秽之所集，绝对是不容沾染的，是以君子要恶居下流。可见，同样是面对着水之下流景象，儒、道两家竟然有这么大的分别。老子眼中的"下流"作为"众人之所恶"，意味着是大道之所归。儒家当然不会看好"下流"，但一定就会选择"上流"吗？这当中又有一番说头，进一步牵涉到逆流而上与顺流而下之间的问题。

二、在顺流与逆流之间

对于子贡之言，后人还曾有这样的解读："于不肖人名曰下流，义极可思。惩忿窒欲，迁善改过，皆逆流而上，用勉强功夫，反此则顺流而下，无所底止矣。"① 子贡似乎并没有直接说纣王"下流"，而只是说他居于下流。这两者应该还是有所不同，说一个人居于下流，是说这人待的地方不对，而直接说一个人下流，当然还不是指要流氓的意思，根据这里的解读，是说这个人顺流而下。如此一来，恶居下流还意味着反对顺流而下，在物欲横流当中无所不为。人要"惩忿窒欲，迁善改过"，就要用"勉强功夫"，而这更像是逆流而上，力争上流。借着这逆流而上与顺流而下的意象，向善的提升与纵欲的堕落便获得表征，由此进一步认定儒家不仅主张恶居下流，同时还要求力争上流，这大概没什么问题。以力争上流来表征一种克己复礼的修身工夫，可谓

---

① 程树德：《论语集释》，中华书局1990年，第1334页。

既生动又贴切。不过，这还不是要论儒家自强不息的精神，此处带出的"争"字，仍然留待下文再论。关键问题是，上流与下流已经转换为逆流与顺流，这还会是同样一个问题么？当水流呈现的意象已经发生了极大的变化时，围绕着的问题就不再是上流与下流两个不同地方意味着什么，而是水流本身的这个"流"意味着什么。简单地说，"流"一定就是物欲横流之类吗？当然不一定。不然，老子主张"处众人之所恶"而甘居下流，难道就是纵欲堕落的表现？这不可能，老子主张的"少私寡欲"（《老子》第十九章）相当著名。"流"在老子这里，或许会是另一番景象。

　　翻检《老子》五千言，确实还就有另一处描述到了水流。其云"天下莫柔弱于水，而攻坚强者莫之能胜"（《老子》第七十八章），是说别看水柔弱如此，但要是强大起来，那可是无坚不摧。当水涓涓细流之时如轻风拂面，滚滚洪流之时是排山倒海，最柔弱的姿态却包含有最强大的力量，这正是老子最为欣赏的地方。但水流的这一景象跟顺流与逆流有什么关系吗？至少水流的柔弱与卑下密切相关，水流向卑下之处与水以柔弱示人的印象是一致的。更值得注意的是，水流的冲击力本身所带出的顺流与逆流问题：如果面对排山倒海的洪流，难道谁还会想逆流的事么？这个意思是说，"流"原本就体现出一种自然的趋势，在任何意义上都不存在逆流而行的问题。只要自然就好，自然的水流可以显得很柔弱，实际上又包含有强大的力量，难道这还不够么？因此，顺流而下就是最好不过的，而逆流所包含的不光是有人的强作为，甚至逆"流"背后未必不是违"天"逆"道"的意味。逆流而上所散发出来的那种强烈的"勉强"气息，老子哪怕只是闻一闻，估计都觉得刺鼻。老子说，"天长地久。天地所以能长且久者，以其不自生，故能长生。"（《老子》第七章）天地是不"自生"而后能"长生"，否则若是要"自强"，哪怕是这天地也未必能长久得了。"飘风不终朝,骤雨不终日。孰为此者?天地。天地尚不能久,而况于人乎?"(《老子》第二十三章)逆流而上无异于是自取灭亡,顺流而下才是天地之道。

　　当然,这与儒家所论顺流与逆流不是一回事,但并非不相干。当老子十分忌讳逆流而上的"自强"时,儒家肯定是大大方方地赞扬这种"勉强"工夫。反过来,当儒家强烈谴责顺流而下的"同流合污"时,老子则会对一种"藏污纳垢"表示欣赏。真正有意味的是,如果儒、道之间同时反对纵欲堕落,可以想象的是,儒家会站在上流来反对顺流而下,而道家则会站在下流来反对逆流而上。没错,在老子眼里,纵欲恐怕不是什么"顺流而下",而恰恰是"逆流而上",追逐欲望可不是什么很放松的事。比如老子说,"五色令人目盲;五音令人耳聋;五味令人口爽;驰骋田猎,令人心发狂;难得之货,令人行妨。"(《老子》第十二章)对这种耳目口鼻之欲的追逐,经过老子之口的叙说,确实就成了极其劳神费力而又没有好下场的事。当老子描绘出"天下有道,却走马以粪;天下无道,戎马生于郊"(《老子》第四十六章)的场景时,让那马儿在田野里撒欢与赶着母马在战场上下崽,不正可以对应着顺流而下与逆流而上的意象么?战火纷飞所造成的民不聊生当然是逆流而上的真实写照,而这正是诸侯们的欲壑难填所造的孽,所以才说"祸莫大于不知足,咎莫大于欲得"(同上)。放纵欲望一定是逆流而上的事,关键是在老子这里反过来也一样说得通,即逆流而上也只可能是那纵欲堕落的事。从老子明确主张"不尚贤,使民不争;不贵难得之货,使民不为盗;不见可欲,使心不乱"(《老子》第三章)就可以清楚看出,任何意义上的逆流而上都是一回事。如果说,在反对放纵欲望的问题上,儒、道两家在顺流与逆流之间所取的不同,还只是言说方式上的不一样。那么,当老子声称"尚贤"不过与"贵难得之货"一样没什么区别时,这种对立才真正是尖锐的。像老子这样居然反对"尚贤"的主张,其实是比较罕见的。儒家对"尚贤"的强烈主张,并不只是流俗地站在了多数人的一边,而是包含着儒家对秩序的独特理解。若将"尚贤"描述为一种逆流而上的意象,这与儒家强调的"勉强功夫"是相吻合的。就这种"流"所包含的一种自然力量的趋势而言,"逆流"总是会带出一种强烈的"勉强""艰辛"以及"力争"之类的意味。如果这是由追逐欲望所推动的,老子的反对就不难理解。但问题是,除了欲望的推动,就没有别的可能了吗?老子难道就没有考虑过,推动人力争上流的也许是某种好的原因呢?老子的意思恐怕正是,逆流而上都没什么好事情。联系老子的"无为"主张来说,"逆流"是属于要从根本上予以反对的"有为"。相反,顺流而下就太符合老子心目中的"道常无为而无不为"(《老子》第三十七章)。

在顺流与逆流之间,讲究"道法自然"(《老子》第二十五章)的老子取顺流而反逆流,充分强调因循水流的自然本性,这其实也并非道家所独具的特色。从大禹治水开始所显示出的"水之道",就是由水流需要疏导而不是堵塞所呈现的。孟子谓"禹之行水也,行其所无事也"(《孟子·离娄下》),同样也是在讲遵循水流的自然力量,颇有些"无为"的意味。孟子在与告子论辨时还说过,"人性之善也,犹水之就下也。人无有不善,水无有不下。今夫水,搏而跃之,可使过颡;激而行之,可使在山。是岂水之性哉?其势则然也。人之可使为不善,其性亦犹是也。"(《孟子·告子上》)人性之善如同水流向下,人之有恶就好比击水过颡,并非本性如此。在这个意义上,反对逆流就如同反对恶行一样,这种主张在儒家这里是完全可以成立的。而且,孟子也相当强调水流的这种自然力量,所谓"火之始然,泉之始达"(《孟子·公孙丑上》),以此来形容扩充善端的根源性意义。总之，儒家在顺流与逆流之间，并不是说与老子形成正相反对而只取逆流。对立之处主要在于，如果人的作为一定要用逆流而上这一意象才能更恰当地表征出来，那么推动这种作为的原因究竟是否有可能是"好的"呢？老子认为一定不可能，而儒家则强调一定有可能。换句话说，逆流而上所带出的那种"力争"意味，是否有可能是"正当的"呢？

三、争还是不争

在道家的眼里，水之"上流"或者"逆流"所呈现的，差不多就是一个争还是不争的问题。这个问题确实密切相关，需要做出专门的梳理。道家一定是反对"争"的，但儒家就一定主张"争"吗？当然不是。反对某一种层面上的"争"，这并不需要太复杂的理由。如果是眼里只有"利"而不顾一切地争夺，这大概是任何社会都不允许的。一个社会需要有序地运转，必须制定相应的规则来限制这种"争"，在这个意义上，即使是现代法律也都在反对着"争"。这是一个在常识的层面上就可以理解的论点，如果不限制这种"争"，就会把社会搞乱，谁也没办法正常地生活。因此止"争"是一个有正常秩序的社会所必须要做的事，但现代社会并不是要反对"争"本身，而是在一个限制范围内允许乃至鼓励"争"的存在。只要是相互之间达成了契约，那么"争"就可以合理地发生。

道家所反对的"争"肯定不只是在这个层面上，儒家其实也一样。人与人之间那种肆无忌惮乃至丧心病狂的争夺，实不需要儒、道来反对。在某种意义上，儒家与道家一样，是反对"争"本身，而决不仅仅是对"争"做出某种限制而已。老子谓"天之道，利而不害；圣人之道，为而不争"（《老子》第八十一章），孔子则云"君子矜而不争，群而不党"（《论语·卫灵公》），"不争"就是在否定"争"，而并非只是在做约束或限制。如果这个"争"就是在表达对某种东西或资源的争夺，或者就如荀子所言，是顺了这好利疾恶和耳目之欲而必生争夺①，那这个"争"就是要完全否定的。如果只是对"争"做出某种限制，这固然不妨获得一个有序的社会，但这一定不会达成一种良善的秩序。即便现代法律能有效地遏制"争"给社会造成的混乱，或者防止侵害到别人的利益，这也不意味着"争"就可以由坏变好了。实际上，撇开他人和社会不说，"争"对于自身所造成的危害可能也是巨大的，类似扭曲人性、蒙蔽本心、迷失自我之类的说法便是此意。可以说，自古以来追逐于名利场中所造成的自我身心的种种乱象，诸如争得头破血流、争得反目成仇、争得神志不清、争得面目全非等等，无不与此密切相关。这也就是为何会有那么多的思想资源在劝导世人，不要这样拼命、不需这样执着，要看得开、放得下，要活得自在、过得潇洒云云。也正是在这个意义上，孔子曰"毋我"，庄子则论"丧我"：

  子绝四：毋意，毋必，毋固，毋我。（《论语·子罕》）
  南郭子綦隐机而坐，仰天而嘘，荅焉似丧其偶。颜成子游立侍乎前，曰："何居乎？形固可使如槁木，而心固可使如死灰乎？今之隐机者，非昔之隐机者也？"子綦曰："偃，不亦善乎而问之也！今者吾丧我，汝知之乎？……"（《庄

---

① 《荀子·性恶》篇云："今人之性，生而有好利焉，顺是，故争夺生而辞让亡焉；生而有疾恶焉，顺是，故残贼生而忠信亡焉；生而有耳目之欲，有好声色焉，顺是，故淫乱生而礼义文理亡焉。然则从人之性，顺人之情，必出于争夺，合于犯分乱理，而归于暴。"《荀子论"争"》一文中有对"争"的丰富阐明。

子·齐物论》)

孔子所云"意、必、固、我",便可视为此种纷纷然争斗不止的历程。朱子注曰:"意,私意也。必,期必也。固,执滞也。我,私己也。四者相为终始,起于意,遂于必,留于固,而成于我也。盖意、必常在事前,固、我常在事后,至于我又生意,则物欲牵引,循环不穷矣。"① 一句"物欲牵引,循环不穷"便将这种陷入"争"的主体给刻画出来,而这也正是庄子所丧之"我"。庄子的哀叹是:"与物相刃相靡,其行尽如驰,而莫之能止,不亦悲乎!终身役役而不见其成功,苶然疲役而不知其所归,可不哀邪!"(《庄子·齐物论》)在为物所牵而相争的层面上,孔子之所"绝"、庄子之所"丧",都是对"争"的断然否定,而不会留有什么余地。完全可以说,道家要反对多少,儒家反对得并没有少一分。

还得回到逆流而上的意象上来,别忘了"争"就是由这一意象所带出的话题。前文已经说到,在道家看来,是逆流而上还是顺流而下,就是一个争还是不争的问题。道家主张不争,这与反对逆流而上以及主张甘居下流都是相一致的。那怎么来理解儒家既反对"争"又主张恶居下流呢?难道"力争上游"的意思居然可以是,居上游其实不需要"力争"吗?这就不能不进一步来讨论"争"的内涵了。如果只是出于一种为儒家辩护的策略,那就不妨将"争"的内涵置换成某种精神层面的东西就可以了。也就是说,儒家一方面反对争名争利,另一方面又主张争善争美,这不就解决问题了么?当然不能是这样,思想又不是诡辩。"争"一定是冲着"利"的,这一内涵不能发生游移。无论是不顾一切

---

① 朱熹:《四书章句集注》,中华书局1983年,第109—110页。

地争,还是有限制性地争,在以"利"为中心上,是没有区别的。而这也是儒、道两家所共同反对的。"争"是对着"利"而言,但反过来"利"却未必是不离"争"的。任何社会的资源都是有限的,任何社会也都面临着如何合理地配置这些有限资源的问题。一个合理的社会同时包含着对有限资源的合理配置,也就是对"利"的合理配置。这就意味着"利"本身肯定不是坏的,恰恰相反,"利"当然是好的,否则就不叫"利",而得叫"害"了。只有由"利"所挑起的"争"才是坏的,世界因这种"争"而动荡不安,国家因这种"争"而民不聊生,个人因这种"争"而为非作歹。因此,一定要反对这种"争",而要反对这种"争",就要反对以"利"来挑起"争"。但"利"为何会挑起"争"呢?问题就复杂在这个地方。如果真是把"利"给消解掉了,那毫无疑问对"争"的解决可谓釜底抽薪,也不必再追问"利"何以会挑起"争"了。在这个意义上,道家对"争"的反对确实显得更彻底。但"更彻底"不意味着"更正确",完全有可能是道家把问题给看偏了。即便满世界都冲着"利"而争得你死我活,如春秋战国时代的诸侯争霸,那也不意味着为了彻底地反对"争"而把"利"消解掉。所谓"塞其兑,闭其门,挫其锐,解其分,和其光,同其尘"(《老子》第五十六章)之类,既然都"不可得而利,不可得而害"(同上)了,利害两忘而消解之,由此而主张"不争"便显得水到渠成。但"利"不是用来消解的,而是要予以辨析的。所谓义利之辨,儒家追问的是"利"何以会挑起"争"而后予以防范。孟子所言"王何必曰利?亦有仁义而已矣"(《孟子·梁惠王上》),是以"义"来统摄"利",而一定不能理解为是用"义"来反对"利"。比如"利"之所以会挑起"争",往往是由于"利"的不合理配置所导致,由此,如何来避免这种不合理,以及在此之先的如何给出一种合理性与在此之后的如何确保这种合理性等等，都属于"义"上的事。《周易》谓"利者，义之和也"，可见"利"不能离开"义"来说，以"义"来统摄"利"，"利"未必就会挑起"争"。反过来说，如果由"利"挑起了"争"，则为了反对"争"就不是要去反对"利"，而是要反对"不义"。只有论到这一意思上，才能把儒、道两家同样是反对"争"其后不同的思想脉络呈现出来。可以说，道家反对"争"已经反对到"利"那里，而儒家反对"争"则是反对"不义"。

再度回到逆流而上与顺流而下的意象上来，问题就恐怕不只是对应于争与不争这么简单了。比如一个大国要去争夺另一个国家的资源，几个小同盟国跟着一同去争，却有一个小国不准备去争。此时，这个小国未必不是一种逆流而上的处境，而其他小国才是顺流而下。其实，随大流总是不费劲的，而这个大流也许就是一哄而抢的那种，要想不争反倒会遭遇逆流而上的艰难。由此可见，在利上的争与不争，同时可以由逆流而上与顺流而下的意象来呈现。一定要断然否定由"利"所挑起的"争"，并不意味着"利"总是不能争的。只要确保"义"先于"利"，以"义"来统摄"利"，亦即"见利思义"（《论语·宪问》）或"见得思义"（《论语·季氏》），则在"利"当争之处，未必就一定不可以争。因此，一方面是"不义而富且贵，于我如浮云"（《论语·述而》），另一方面是"富而可求也，虽执鞭之士，吾亦为之"（同上）。问题的实质不在于争还是不争，而在于义还是不义。"子曰：'君子无所争，必也射乎！揖让而升，下而饮，其争也君子。'"（《论语·八佾》）这至少说明，争与不争不能用来区分君子与小人。明白了"君子义以为质"（《论语·卫灵公》），逆流而上还是顺流而下就不再是问题。这是儒家通过义利之辨把此中干系看分明了，而后可以做出的处置。

与此相比，难道老子的眼光就如此低，看不出其中的端倪么？倒也不是。关键在于，老子完全不能信任人的这种"义"举，在老子的眼里，人但凡跟"利"沾染上了，就没有不争得头破血流的，人自身所分辨出来的"义"，不可能防范得了由"利"所挑起的"争"。当老子宣称是"大道废，有仁义；智慧出，有大伪；六亲不和，有孝慈；国家昏乱，有忠臣"（《老子》第十八章），或者是"失道而后德，失德而后仁，失仁而后义，失义而后礼"（《老子》第三十八章）时，就意味着儒家所主张的仁义礼智或忠恕孝慈之类，都只是事后的补救，而非事先的大道。如果就义利之间而言，则是先由"利"引发了"争"，而后分辨出一个"义"去止争。如果这不是"恶湿而居下"，那也不过是"扬汤止沸"①。因此，不可能指望人所分辨出来的这种"义"来止争。经过老子对"反者道之动"（《老子》第四十章）的洞察：

> 曲则全，枉则直，洼则盈，弊则新，少则得，多则惑。是以圣人抱一为天下式。不自见，故明；不自是，故彰；不自伐，故有功；不自矜，故长。夫唯不争，故天下莫能与之争。古之所谓曲则全者，岂虚言哉！诚全而归之。（《老子》第二十二章）

天地之间自然有那"损有余而补不足"（《老子》第七十七章）之大道，这才是先于万事万物的根本大法，人之争与不争则显得苍白乏力。所有的"争"不光是意味着"兵强则灭，木强则折"的宿命，而且分明就是背逆大道。人在这自然之道当中，实在无须

---

① 《孟子·公孙丑上》云："今恶辱而居不仁，是犹恶湿而居下也。如恶之，莫如贵德而尊士，贤者在位，能者在职。"《文子·上礼》："扬汤止沸，沸乃益甚，知其本者，去火而已。"

争强好胜，于是便得出"弱者道之用"（《老子》第四十章）的主张①。人之"争"既无足轻重，止争之"义"更不足道，只有"不争"才是不二法门。而且，"不争"并不是一种策略或权谋，而是"道法自然"（《老子》第二十五章）的根本姿态，由此达到"天下莫能与之争"，也就并非是在另一个意义上认可了"争"，好似那阴谋得逞一般，而是说谁能与大道相争？"争"被彻底否定掉了；对应着逆流而上与顺流而下来说，在争还是不争的问题上，前者没有任何可能的余地，而由顺流而下到"处众人之所恶"，共同表征出"不争"的思想主张。

四、固守与担负

然而，争与不争并非是水之逆流与顺流所能呈现出来的全部问题，在儒家眼里，这也不是最重要的问题。如果说老子的"处众人之所恶"可以由"不争"的思想主张来充分说明，那儒家的"君子恶居下流"主要并不关乎争与不争的抉择。在前文中，逆流而上与顺流而下，是由"迁善改过"和自甘堕落说出来的，说白了就是一个德性的提升与懈怠的问题。"君子恶居下流"就意味着要时时警省而迁善不止，儒家的这一意思十分明白，但问题是，道家为何就缺失了这一层呢？前文已有论及，老子完全不信任人可以通过"义"统摄"利"来防范"争"，这一问题还得进一步深究。

俗话说，"人非圣贤，孰能无过。"又说，"知错能改，善莫

---

① 《列子·黄帝》谓"常胜之道曰柔，常不胜之道曰强"，并引老聃云"兵强则灭，木强则折。柔弱者生之徒，坚强者化之徒"。

大焉。"① 话虽俗套，其理不俗。"改过"是儒家一条非常重要的教义，而非一句简单的口头禅。"改过"作为一种修身的道德历程，不光是要坚持不懈，同时还需要有大智大勇。以"逆流而上"况之可谓得当，儒家对此相当看好，孔子特许颜回"不贰过"（《论语·雍也》）而极具道德典范意义就是明证。不过，细推起来，"改过"这事貌似有一个很蹊跷的地方，即一个人犯了过错为何又能改呢？或者换个问法，一个人既然有心来改，那为何又要犯下过错呢？除非断定犯错皆因无知或无心，在犯错与改过之间有一个无心（知）与有心（知）的区分。但这其实是说不通的。如果是因无心或无知而犯错，则自然等到明白过来就意味着避免再错，这甚至有取消改过的危险。无论犯错是无心还是有心，都是要承担责任的，而只有担责才意味着改过。既然是这样，凭什么相信人犯了错就有心来改，而不是一错再错？这就得回到老子的判断上来，在一个天下大乱而诸侯纷争的时代，人的全部心机都显现在种种勾心斗角或尔虞我诈上，这要让人相信人一定是能翻然悔悟而握手言欢的，实在是有些困难。不过，老子并非常人，如果认为他就是这样信誓旦旦地说，决不相信人还能做出什么好事来，自然是把他看低了。作为一种社会现象的描述，或许可以说，无心犯错有心改过的人是比较少的，而有心犯错无心改过的人就多了。但如果是有心犯错，如何还可能相信有心改过？无论是哪一种情形，经过老子的洞察，他会觉得，无论是有心无心，关键是犯错在先，改过总是事后的补救，如前文所论，这还是一个扬汤止沸的问题。其实还有一种情形，倒恰恰是蛮好的，这就是既无心犯错亦无心改过。关键是人只要是起了这个心，哪怕是十万分地相信人起了这个心后有心改过，可只是要

---

① 《春秋左传·宣公二年》云："人谁无过，过而能改，善莫大焉。"

跟那些过错或罪恶来分辨、较量，又不知得新添上多少纷争。更何况改过之心常常令人怀疑，而作恶之心又总是昭然若揭。总之，人心注定是挽回不了什么的，只有将此心交付于这"先天地生"而"可以为天下母"之"大""道"（《老子》第二十五章），"绝仁弃义"而"见素抱朴"（《老子》第十九章），自然就能"没身不殆"（《老子》第十六章）。由此可见，道家之缺失那种逆流而上而迁善不止的"勉强工夫"，就显得相当合适了。

老子的论道方式着实高明，于人心所辨是非之上论出一个"象帝之先"（《老子》第四章）的大道来，一方面是清楚地将人的有限性显现出来，另一方面是道的超越性和根源性获得彰显。现代哲学还能比较多地从老子或道家的思想处进行表达，无不与此密切相关。而儒家思想给人的印象则是，不仅汲汲于人事出不来，其作为帝王专制的官学更是品味不高。当然，印象是一回事，真正影响对儒家思想的理解的是儒家的中庸品格。道家有其高明而无其中庸，所以《老子》开篇第一章就谈到"玄之又玄"。与此相比，《论语》一开篇则是"学而时习之"，由于入手处极平常，当要往高明处提升时，若跟不上去，便以为儒家就是这点稀松平常的东西。真是就高明处而言，儒家当然一点也不逊色于道家。当老子领悟到的是"反者道之动"或"道常无为而无不为"时，儒家则谓"天行健，君子以自强不息""地势坤，君子以厚德载物"（《周易·象传》）。就一种"天人合一"的精神资源而言，儒、道两家的言说其实都相当充分，并且也不无相通之处。比如对于"天地之大德曰生"（《周易·系辞下》），儒家极为看重而阐明生生不息之义。老子未必不看重，只不过更多地是强调"生而不有"①。但实际上，天地的这种生化之功，之所以是"不

---

① 《老子》第二章和第十章皆云"生而不有"，第七章云"以其不自生"。

有""不恃""不宰"(《老子》第十章),以天地无心而为此者也。这用儒家的话来说,便是"天地无心而成化"。而在人这里,之所以喜欢"占有""自恃""主宰"什么的,也就是因人之有心。老子显然极忌讳人心的这种自作主张,而人心必然是纷纷扰扰的,所谓"夫物芸芸,各复归其根"(《老子》第十六章),这个"复"或"归"就显得十分重要。天地无心之功极大,人之作为与天地相比,实在是微不足道。那么,人究竟如何与天地合一呢?人之有心是与天地合一的契机还是障碍呢?在道家这里,人心基本上是一个障碍,老子主张"复归于朴"(《老子》第二十八章),是要从人之有心处回复到天地无心的那个状态。儒家以为,人之能与天地并立,正在于人之有心,这个"心"是人足以参赞天地之化育的契机。很显然,老子将人的有心全副地交付于天地的无心,这与儒家以人之有心来成就天地无心对峙分明。不过,若要论这种天人相贯处的高明义有什么高下之分,恐怕不是一件明智的事。老子洞察到人心的做作,儒家也并非不明人心的这一毛病,因此真是没少强调"无为"之义,包括说到"圣人有心而无为"。

总之,在这种高明处,道家无论是"绝仁弃义"而缺失迁善工夫,还是"复归于朴"而忌讳人心作为,都在道家自身的思想脉络当中而很难去质疑什么。真正要质疑道家的,恰恰不在这种高明处。当儒家声称"为生民立命"时,道家该说什么呢?难道就是"常使民无知无欲"(《老子》第三章)么?作为哲人的修身,尽可以高陈其义,无论是有心还是无为,或许只是思想脉络的不同,可一旦涉及到百姓,就完全不一样了。弃仁义、归素朴,乃至泯是非、齐万物,究竟想将百姓置于何地?是想说"滔滔者天下皆是,而谁以易之"(《论语·微子》)吗?孔子则谓"天下有道,丘不与易也"(同上)。不错,人世间是充满着污浊,是固守还是出逃,都可以从中找到理由。

> 在陈绝粮,从者病,莫能兴。子路愠见曰:"君子亦有穷乎?"子曰:"君子固穷,小人穷斯滥矣。"(《论语·卫灵公》)

> 孔子围于陈蔡之间,七日不火食。大公任往吊之,曰:"子几死乎?"曰:"然。""子恶死乎?"曰:"然。"任曰:"予尝言不死之道。东海有鸟焉,其名曰意怠。其为鸟也,翂翂翐翐,而似无能;引援而飞,迫胁而栖;进不敢为前,退不敢为后;食不敢先尝,必取其绪。是故其行列不斥,而外人卒不得害,是以免于患。直木先伐,甘井先竭。子其意者饰知以惊愚,修身以明污,昭昭乎如揭日月而行,故不免也。昔吾闻之大成之人曰:'自伐者无功','功成者堕,名成者亏'。孰能去功与名而还与众人!道流而不明居,得行而不名处;纯纯常常,乃比于狂;削迹捐势,不为功名。是故无责于人,人亦无责焉。至人不闻,子何喜哉!"孔子曰:"善哉!"辞其交游,去其弟子,逃于大泽,衣裘褐,食杼栗,入兽不乱群,入鸟不乱行。鸟兽不恶,而况人乎!(《庄子·山木》)

《庄子·山木》对《论语》中"在陈绝粮"这一思想史事件的改写,就是出逃在叫阵固守。根据孔子对子路的回答,是说君子有穷不奇怪,君子不能固穷才奇怪。这本是就个人修身而言,《山木》却要改写成人世进退的问题。《山木》在这里借孔子之名,安排一个"辞其交游,去其弟子,逃于大泽"的结局,就是对着这一固守义反着来说。无论是在贫穷当中对品格的固守,还是在天下无道中对人世的固守,这两者对于儒家而言都是条理贯通的。就此而言,《庄子》的改写并非文不对题。如果再对照着孔子所云"鸟兽不可与同群"(《论语·微子》)来看"入兽不乱群,入鸟不乱行"的说法,《山木》显然是做足了文章的。那《山木》为何如此刻意地与儒家唱反调呢?① 简单地说,儒家是一种具有强烈担当精神的文明,为万民、为百姓、为苍生、为天下等等,所谓"先天下之忧而忧,后天下之乐而乐",以天下生民为念,才是儒家的真精神所在。儒家即便要说一个"为天地立心",那也是对着"为生民立命"而言。正是孔子一句"吾非斯人之徒与而谁与"(《论语·微子》),清晰地将儒家的品格与道家区分开来。照应到"君子恶居下流"和"处众人之所恶"来说,从君子恶居下流到力争上流,既是修身的勉强工夫,亦是固守于人世之中引领百姓的艰难历程。难道不是说,人世间越是污浊,就越需要有人固守在此"易之"么?所谓"昭昭乎如揭日月而行",《山木》的眼光倒是犀利,将儒家这种颇有些堂吉诃德式的英雄气概形象地道出。这就得取决于出自什么用心来看,《庄子》当然是觉得荒唐可笑。儒家固守于人世间,面对着一个无道的乱世,道家能看到的,诸如人世间充斥着人心的凶险、矫饰、恶毒等等,儒家也都清楚,关键在于,是否肯弃天下人而不顾。懂得儒家作为一种以百姓为中心的教化文明,就明白那"知其不可而为之"(《论语·宪问》)的勇气,以及"造次必于是,颠沛必于是"(《论语·里仁》)的决心。固如是,才不会视儒家的担当精神为荒唐或迂腐。相比之下,《山木》所云"孰能去功与名而还与众人",看起来是要跟众人很亲近,其实是在伪装成众人,甚至恨不得伪装得比众人更卑贱。这正是"处众人之所恶"之意,

---

① 《庄子·大宗师》云:"泉涸,鱼相与处于陆,相呴以湿,相濡以沫,不如相忘于江湖。与其誉尧而非桀,不如两忘而化其道。"

其修身的卑下之义可以做得很高明，顺流而下的用心却完全是弃众人或百姓而不顾。老子一句"功成事遂，百姓皆谓我自然"（《老子》第十七章），则"百姓"之为附属品，其义昭然可见。至此，儒家"君子恶居下流"之担当精神，便可全副呈现。而力争上游与甘居下游的思想歧见，亦可由此去思量。

（原载《中山大学学报》2013年第6期。原有副标题）

"子在川上"之后

对于经典世界中人、事、物的叙事,很多时候还关联着一种情感。作为一种经验的叙事,关联情感应该是很自然的。在《论语》文本中,光是对子路的情感叙述就有好几处。有"子路闻之喜"(《公冶长》),也有"唯恐有闻"(同上),有"子路愠见"(《卫灵公》),还有"子路不说"(《雍也》《阳货》)。这都是在叙事中出现的情感关联,大概不会是无足轻重的。《论语》文本中对于情感的叙述,确实是相当丰富的。如"子见南子"章,当子路不高兴的时候,"夫子矢之曰:'予所否者,天厌之!天厌之!'"(《雍也》)孔子竟然在弟子面前做这种发誓状,有点像平日里所说"天打五雷轰"之类,这种叙述虽未用上相关的字眼,但孔子的情感状态已表露无遗。类似于这种情感叙述的例子,在《论语》文本中可谓不胜枚举。如果以这种眼光来重审《论语》的话,这一经典文本中的经验叙事几乎处处都关联着情感的叙述。或者就可以说,它所呈现出来的经典世界就是一个贯注着情感体验的世界:从"子路闻之喜"到"子路愠见",从曾子的"战战兢兢"(《泰伯》)到"士不可以不弘毅"(同上)的豪情,从颜渊喟叹"仰之弥高,钻之弥坚"(《子罕》)的敬仰到"子在,回何敢死"(《先进》)的亲近,尤其是从孔子"莞尔而笑"(《阳货》)到"夫子矢之",从"温良恭俭"(《学而》)到骂人"老而不死"乃至"以杖叩其胫"(《宪问》)……贯注情感的生活经验无疑更能呈现出经典世界的原生景象。

在《论语》文本中,某些篇章如果处理为一种经验叙事却又忽视了情感表达这一内涵的话,就会显得不着边际。如"子在川上"一章就是典型的例子。原典材料是这样的:"子在川上,曰:'逝者如斯夫!不舍昼夜。'"(《子罕》)作为一种经验叙事,这里亦可谓人、事、物齐全:人就是孔子,事是在川上发感慨,物就是川流。但很显然,光扣住这一章的人、事、物把捉不了其中的内涵。尽管这一章很难支撑起什么重要的观念来,但谁也无法否认它所具备的哲学深度。这种深度就是由情感叙述来刻画的;正是孔子面对"川流"所表达的情感体验,成为历代后学一再汲取的精神资源。下面就以孔子面对"川流"的意象所获得的情感体验为源头,具体考察在"子在川上"之后,这种情感体验的内涵是如何在历代阐释过程中发生变化和转换的。

一、"川流"的哲学意象

"逝者如斯夫!不舍昼夜。"孔子面对川流做如此感慨,其意蕴深微,为历代后儒所探幽。有现代学者认为这大概是《论语》中最重要的一句哲学话语①。吊诡的是,在这一最重要的哲学话语中却找不出一个可以称得上是哲学范畴的字眼来。类似于中国哲学合法性的问题,往往就是由此类现象推开的。但说它是哲学话语也好,还是生命体悟也好,这一章所表达的内涵却是异常丰

---

① 李泽厚:《论语今读》,安徽文艺出版社1998年,第226页。

富,而为古今学者所看重,这是毋庸置疑的。如果从经验叙事的角度出发,则不妨以为既然是感慨,不管提得如何高远,首先还是一种日用伦常中的情感体验的表达。面对川流而生感慨,这不难理解,"川流"这一景象确实容易引发感慨,是即便平常百姓也不免会有的事。如果这种情感体验是由"川流"这一意象所引起的,这一信息就是由"子在川上"告诉我们的。"子在川上"是个什么情形呢?《四书释地》一书提到过:"相传泗水发源处,今之泉林寺,在泗水县东五十里陪尾山下。四源并发寺之左右,大泉十数,泓淳澄彻,互相灌输,会而成溪,是谓泗水。茂树深樾,蔽亏曦景。余曾往游,惟有咏郭景纯诗,林无静树,川无停流,觉神超形越,犹未足以况尔时矣。"① 借助于这一阐释,大概还可以联想到孔子在泗水边面对"川流"的情形。《四书释地》为清代学者阎若璩所著,"茂树深樾,蔽亏曦景"的景象显示出泗水周围的环境幽深,所谓"林无静树,川无停流",泗水的激流澎湃可以想见,置身于其中的清代人尚且"神超形越",更何况当年夫子所感所悟。

当然,"川流"的意象并不只出现在孔子那里,早在孔子之前,乃至在其他文明当中,江河中的水流所呈现的意象一直是智者们所感悟和思索的对象,并被他们提升到哲学的高度。无疑地,首先区别一下"水"与"水流"是很有必要的。比如《论语》中的"智者乐水"已经为不少学者讨论过,就不在笔者的考察范围内。智者们谈论"水"的本性常常离不开"水流"所呈现的意象,但毕竟"水"所包涵的意象要比"水流"更为丰富得多。有一位汉学家就从"水"作为中国早期哲学的一个本喻这一角度做了比较全面的考察,在他看来,中国哲人就是从对"水"

---

① 程树德:《论语集释》,中华书局1990年,第610页。

的冥思中"找到对生命的基本原则的理解",它"构成了社会与伦理价值体系的基石"①。与此同时,古希腊的第一个哲学家泰利斯(Thales)"把水解释成是一切事物由此产生和构成的基质"②。"水"的这种意义显然不是"水流"所能代替的,但确实"水流"也有独立的意义,而且很多时候"水"的意象还是由"水流"来呈现的。比如从大禹治水开始所显示出的"水之道",就是由水流需要疏导而不是要堵塞所呈现的。最早记录大禹治水的是《尚书·洪范》,里面提到的"鲧陻洪水,汩陈其五行"讲的就是鲧因堵塞洪水,打乱了五行的秩序而导致治水失败,于是才有了"鲧则殛死,禹乃嗣兴"。大禹治水所呈现的"水之道"在《孟子》文本中作了很大的发挥,所谓"禹之行水也,行其所无事也"(《孟子·离娄下》),无非就是讲因循水流的自然本性③。

论中国古代文化中的"水",无论如何也少不了《老子》文本中所作的发挥。水性柔弱、卑顺而不争,这都是被老子所充分运用了的意象。如果就水流而言,至少有两个方面的意象为老子所感悟。老子有言:"上善若水。水善利万物而不争,处众人之所恶,故几于道。"(《老子》第八章)这里的"上善若水",显示的就是水流的卑下之德。有意思的是,对于水流趋下的这种性质所形成的"下游",儒道两家却有着截然相反的态度。与老子主张"处众人之所恶"相比照,《论语》文本中却说道"是以君子恶居下流"(《子张》)④。不过,水流除了趋下,还蕴含着一种强

---

① [美]艾兰:《水之道与德之端:中国早期哲学思想的本喻》,张海晏译,上海人民出版社2002年,第34页。
② [德]E·策勒尔:《古希腊哲学史纲》,翁绍军译,山东人民出版社1992年,第28页。
③ 《孟子》文本中至少有三处提到了大禹治水的道理,具体可参考艾兰:《水之道与德之端:中国早期哲学思想的本喻》,第43—44页。
④ 具体可参考艾兰:《水之道与德之端:中国早期哲学思想的本喻》,第51页。

大的力量。所谓"天下之至柔,驰骋天下之至坚"(《老子》第四十三章),水流所拥有的排山倒海的力量,这一意象竟同时为老子所把捉,这使得主张柔弱的老子变得异常强大起来。但毕竟"柔弱胜刚强"(《老子》第三十六章)不是常理,老子的智慧显得有点高深莫测。

与泰利斯主张"水"是构成万物的基质不同,古希腊另一位哲学家赫拉克利特(Heraclitus)看重的正好是水流。无疑地,像其他古希腊哲学家一样,赫拉克利特在构成万物基质的问题上,也有自己的看法。在他那里,基质不是"水",而是"火",世界"是一团永恒的活生生的火,按照一定的分寸燃烧,按照一定的分寸熄灭"①。为什么会是"火",这是由于"正是事物无休止的变化,一切个别事物的不稳定性,对赫拉克利特产生了如此强烈的印象,以致他在这里面看到宇宙的普遍规律,并且只能把世界看作是某种处于不断变化之中,总是会发生新的改变的东西",而火就是稳定性最小的物质②。这种解释或许并不完全正确,但足以用来理解与这里相关的赫拉克利特的另外一个著名命题:"人不能两次踏入同一条河流"③。"河流"在赫拉克利特那里所呈现的意象,正是他的"活火"所要表达的内涵。任何事物都处在流动之中,这在河水的流动中最为生动地表达出来了。

以上所及是"川流"在其他智者那里所呈现的哲学意象。回到孔子这里来,在孔子所叹"逝者如斯夫"中,"川流"所显示出来的意象,孔子用一个"逝"字来表达。何晏《论语集解》引郑玄注曰:"逝,往也,言凡往者如川之流也。"④ 但乍一看也难

---

① 苗力田主编:《古希腊哲学》,中国人民大学出版社1989年,第37页。
② 策勒尔:《古希腊哲学史纲》,第48页。
③ 苗力田主编:《古希腊哲学》,第39页。
④ 程树德:《论语集释》,第611页。

以体会得很深,"逝"和"往"在字面上都不难理解,却不容易结合到"川流"的意象获得更深的领悟。这里的关键即在于要捕获"川流"意象所激发的情感体验,这种体验无疑是从孔子那里发端的,并在历代后学的阐释过程中发生变化和转换。

二、"如斯"的道德意蕴

子在川上之叹"逝者如斯夫",其中的"如斯"就是《集解》所说,指"如川之流"。孔子面对泗水的澎湃激流,具体赋予了"如斯"以什么样的道德意蕴,其实是很难说的。不过,可以肯定的是,在孔子之后开始出现的对"逝者如斯夫,不舍昼夜"的阐释,却恰恰集中在"如斯"的道德意蕴上,即借助于"子在川上"之叹,赋予"川流"的意象以诸多的道德内涵。这种阐释自孟子就开始了,虽说孟子还不是直接注解的。《孟子》文本中,除前面提到的"大禹治水"外,还有好些地方与"水"或者直接与"水流"相关。"观于海者难为水"就出自《孟子》,是千古名诗"曾经沧海难为水"的出处。当然,与诗句后来运用的意思不同,孟子是用来铺垫"游于圣人之门者难为言",主要还是道德上的寓意。原典材料是这样的:"孟子曰:'孔子登东山而小鲁,登太山而小天下。故观于海者难为水,游于圣人之门者难为言。观水有术,必观其澜。日月有明,容光必照焉。流水之为物也,不盈科不行。君子之志于道也,不成章不达。'"(《孟子·尽心上》)朱子注曰:"澜,水之湍急处也。……观水之澜,则知其源之有本矣。"① 这就是说,孟子的观水之术,是从水流处呈现的。

---

① 朱熹:《四书章句集注》,中华书局1983年,第356页。

后文"流水之为物也，不盈科不行"，正是由水流呈现出的意象。而水流"盈科而后进"的特性，一直是孟子习惯运用的意象，用来象征道德的本源所带来的生生不息。这在《孟子》文本的另一处有更直接的说明："徐子曰：'仲尼亟称于水，曰：水哉水哉。何取于水也？'孟子曰：'源泉混混，不舍昼夜，盈科而后进，放乎四海，有本者如是，是之取尔。'"（《孟子·离娄下》）这段材料几乎就是对孔子"逝者如斯夫，不舍昼夜"的直接注解，亦如赵岐《孟子章指》所云："言有本不竭，无本则涸，虚声过实，君子耻诸。是以仲尼在川上曰'逝者如斯'。"刘宝楠谓此为"明夫子此语既赞其不息，且知其有本也"，其实是孟子自己已经作了太多的发挥①。所谓"盈科而后进，放乎四海"，这已不再是孔子面对"川流"所获得的意象。朱子云："盈，满也。科，坎也。言其进以渐也。放，至也。言水有原本，不已而渐进以至于海。"②水流先满坎坑之类，进而往前涌流，终能至于四海，这确实是水流的本源所拥有的巨大潜能。孟子由此感悟出本源的力量，而用来象征道德的本源及进德之自强不息，这是孟子所赋予"水流"的全新寓意。不过，这与孔子所面对的澎湃不息的"川流"还是有着明显的差异。这种差异在扬雄的《法言》中有所体现，尽管这种体现更可能是跟刘宝楠的解释有关系。扬雄有云："或问进，曰水。或曰：'为其不舍昼夜与？'曰：'有是哉！满而后渐者，其水乎？'"（《法言·学行卷》）刘宝楠解释道："《法言》所谓进，与夫子言逝义同。逝者，往也，言往进也。"而后又云："到《法言》所谓满而后渐，则又一意。"③很显然，扬雄的"满而后渐"其实就是孟子的"盈科而后进"，刘宝楠紧接着也就引

---

① 以上两处引自程树德：《论语集释》，第611页。
② 朱熹：《四书章句集注》，第293页。
③ 程树德：《论语集释》，第610页。

出了《孟子》中的这段材料。他所言"又一意"也就可以认为是指孟子的发挥与孔子之间的差异。

孟子在"盈科而后进"的水流特性处领悟道德本源的潜能，却无异于直接给孔子的"逝者如斯夫"赋予了道德内涵，开了后儒从道德征象的角度阐释"如斯"的先河。"盈科而后进"无疑是孟子感悟"川流"所获得的新的成就，却不是他擅长运用的唯一意象。"水之就下"是孟子所钟情的另外一种水流特性，对于孟子而言，"人之性善"就可以由此获得启示。众所周知的孟子与告子的人性论之争，就是借助于水流的特性展开的。孟子所做出的雄辩是："人性之善也，犹水之就下也。人无有不善，水无有不下。"（《孟子·告子上》）而在另一处，孟子甚至宣称"民之归仁也，犹水之就下"（《孟子·离娄上》），孔子的"天下归仁"（《颜渊》）都可以由此获得领悟。如果作为一种论辩，颇有些学者早就高明地指出其中的诡辩性。不过，还是有学者宁愿认为"孟子与告子不同，他真正领悟了水"①。

自《孟子》文本中出现"仲尼亟称于水"之后，后世典籍中有关孔子称水或观水的版本层出不穷。紧接着《孟子》之后的《荀子》文本中就有一段"孔子观于东流之水"的材料，其对"川流"的道德意象进行了全面而完整的发挥。引原典材料如下：

> 孔子观于东流之水。子贡问于孔子曰："君子之所以见大水必观焉者是何？"孔子曰："夫水，大遍与诸生而无为也，似德。其流也埤下，裾拘必循其理，似义。其洸洸乎不淈尽，似道。若有决行之，其应佚若声响，其赴百仞之谷不

---

① 艾兰：《水之道与德之端：中国早期哲学思想的本喻》，第47页。对于孟子对"水之就下"的发挥，该书做了比较详细的考察，具体可参考第45—49页。

惧，似勇。主量必平，似法。盈不求概，似正。淖约微达，似察。以出以入，以就鲜洁，似善化。其万折也必东，似志。是故君子见大水必观焉。"（《荀子·宥坐》）

首先值得注意的是，"水流"在这里演变成为"东流之水"，其中的缘由不得而知。只是水之东流亦有道德寓意，所谓"其万折也必东，似志"是也。经由这般发挥，"水流"整个儿就成一道德化身，这可能是孔孟所万万料想不到的。后人若想再要在这上面有所发挥，恐怕就难脱其窠臼。《孔子家语·三恕》中有一个与此几乎完全相同的版本，只是措词微有不同，这里就不再援引。不过，《韩诗外传》中有一段材料，虽是由讨论孔子的"知者乐水"（《雍也》）发起的，实则与《荀子·宥坐》中的这一段是一个相似的版本，可以形成某种互补。原文如下：

> 问者曰："夫智者何以乐于水也？"曰："夫水者，缘理而行，不遗小间，似有智者；动而下之，似有礼者；蹈深不疑，似有勇者；障防而清，似知命者；历险致远，卒成不毁，似有德者。天地以成，群物以生，国家以宁，万事以平，品物以正。此智者所以乐于水也。"（《韩诗外传》卷三）

两相比较，不难看出，至少在"似勇"这一德性征象上是相似的，其所持理由也大体相同。《韩诗外传》的"蹈深不疑"似乎是对《荀子》"若有决行之，其应佚若声响，其赴百仞之谷不惧"的概括。不过，在"似德"所持的水流意象上却各有不同，值得注意。在《荀子》文本中，以"遍与诸生而无为"的意象而"似德"，已经有道家的嫌疑。与《管子》中的"是以水者，万物之准也，诸生之淡也"（《管子·水地》）或许不无关系。王先谦在

《集解》中说:"遍与诸生谓水能遍生万物。为其不有其功,似上德不德者。"① 完全解成了道家。《韩诗外传》或许正是注意到了这种倾向,在"似有德者"所持的水流意象上做了更改,并将"遍与诸生"大加提升,竟声称"天地以成,群物以生"之类。这与《管子》文本中所言"故曰:水者何也?万物之本原也,诸生之宗室也"(《管子·水地》)相比,有过之而无不及之势。

看起来汉代对孔子的"逝者如斯夫!不舍昼夜"发挥得已经够充分的了,不过,最具代表性的或者说总结性的还是董仲舒的阐释。而通过前面的疏解和比较之后,再来看董仲舒的总结,就显得异常的清晰:

> 水则源泉混混沄沄,昼夜不竭,既似力者。盈科后行,既似持平者。循微赴下,不遗小间,既似察者。循溪谷不迷,或奏万里而必至,既似知者。障防山而能清净,既似知命者。不清而入,洁清而出,既似善化者。赴千仞之壑,入而不疑,既似勇者。物皆困于火,而水独胜之,既似武者。咸得之生,失之而死,既似有德者。孔子在川上,曰:"逝者如斯夫!不舍昼夜。"此之谓也。(《春秋繁露·山川颂》)

"盈科后行"显然来自孟子,不过言"既似持平者"似乎不如孟子深刻。"既似力者"和"既似武者"应是董仲舒自己的发挥,却恰恰与孔孟儒家通常所强调的德性不太相契合。其他内容分明就是综合了《荀子》与《韩诗外传》两处的材料。最后就全部赋予到孔子所叹"逝者如斯夫!不舍昼夜"的内涵中。从董仲舒总结性的阐释中可以看出,此前对"子在川上"之叹所赋予的道德

---

① 王先谦:《荀子集解》,中华书局1988年,第524页。

意蕴，都是通过挖掘"如斯"的意象来实现的。也就是"川流"呈现出一种什么样的意象，就相应地比附一种能够挂搭得上的德性，由此赋予"如斯"以丰富的道德意蕴。这其中当然没有什么逻辑性可言，全靠具有生命深度的感悟。但如果一味地刻意挖掘，就难免出现随意或附会的地方。这可以从汉代文献的各种"称水"的版本中体现出来，离当初孔孟的深度感悟就有相当大的距离。不过，经过汉儒的这种极度发挥，使得后世不可能再以同样的方式来阐释孔子的"逝者如斯夫"。

三、"逝者"的时间感悟

众所周知，中国思想史进入宋明理学时期后，出现了古典儒学的复兴，儒家思想进入到了一个新的强盛时期。宋明新儒家在佛、道二教的挑战下，以不同的方式为发源于先秦的儒家思想提供宇宙论和本体论的论证，从而使古典儒学获得了强有力的本体论基础[①]。这种崭新的变化体现在古典文献的各个方面，即使在对孔子"逝者如斯夫！不舍昼夜"的阐释上，也显得异常的清楚。前文提到，汉儒几乎穷尽了"逝者如斯夫"中"如斯"的道德意象，但这并不意味着堵塞了重新赋予道德内涵的可能性。先看朱子的注解：

> 天地之化，往者过，来者续，无一息之停，乃道体之本然也。然其可指而易见者，莫如川流。故于此发以示人，欲

---

① 参见陈来：《宋明理学》，辽宁教育出版社1991年，第13—14页。

学者时时省察，而无毫发之间断也。①

所谓"莫如川流"，即是说"川流"最好地体现了道体流行的征象。这其中的相通之处在于"往者过，来者续，无一息之停"，"川流"自然是如此，而朱子认为这就是"道体之本然"。如果做更进一步的探究，作为"川流"的意象，其实未免简单了些，而且还不独特，没法与汉儒的挖掘相比。朱子的阐释直接渊源于程颐，只要看一下他在《集注》中所引程子的话就更明白了：

> 此道体也。天运而不已，日往则月来，寒往则暑来，水流而不息，物生而不穷，皆与道为体，运乎昼夜，未尝已也。是以君子法之，自强不息。及其至也，纯亦不已焉。②

与"水流而不息"一样，"日往则月来，寒往则暑来"之类，都显示出"往者过，来者续，无一息之停"的征象，所谓"运乎昼夜，未尝已也"就更简单了。但与汉儒相比，关键并不在"川流"的意象，而在于感悟的深度。以"川流"往来不息而感悟道体的大化流行，比起汉儒以具体的德性进行比附，自然要高远了许多。而且，作为一种深度的生命感悟，而不是具体的意象挖掘，与孔孟之间反而要接近得多。由此可见，与汉儒拘泥于挖掘"如斯"的具体道德意象不同，宋明时期的理学家则抛弃"川流"的种种具体意象，通过深度的感悟将孔子的"逝者如斯夫！不舍昼夜"提升为一种高远玄妙的道德化境。当然，就具体的落实而言，程朱所言"是以君子法之，自强不息"和"欲学者时时省

---

① 朱熹：《四书章句集注》，第113页。
② 朱熹：《四书章句集注》，第113页。

察",强调的还是进德修业的不息精神,这与孟子而后至汉儒都是相一致的。值得继续探究的倒是朱子引程子的另外一句话:"自汉以来,儒者皆不识此义。"① 这莫非是说,在汉宋之间,学者们对孔子"逝者如斯夫!不舍昼夜"又有另外一种阐释?

由于《论语》版本流传的复杂性,现存最古的《论语》注本还是三国时期何晏的《论语集解》。而唐以前具有代表性的古注本就是在何晏《集解》的基础上形成的,也就是南朝梁代皇侃的《论语集解义疏》。程树德的《论语集释》中"唐以前古注"条目基本上就是收录了皇侃的《义疏》本。由皇侃对孔子"逝者如斯夫!不舍昼夜"的疏解,就不难看出所谓"自汉以来,儒者皆不识此义"指的是什么。皇侃《义疏》作如下疏解:

> 孔子在川水之上,见川流迅迈,未尝停止,故叹人年往去,亦复如此。向我非今我,故云"逝者如斯夫"者也。……日月不居,有如流水,故云"不舍昼夜"也。②

这里的关键意义是"叹人年往去",用不着作任何进一步的解释,就知道与汉宋作"进德修业之不息"解确实是两码事。如果孔子只是叹"人年往去",那么"如斯"的意象就不再有任何道德内涵了。这里或许就有一个到底哪一种阐释更接近孔子原意的问题,但实际上更重要的是,皇侃为何作出这样一种完全不同的阐释,这是他个人的独特看法吗?再看皇侃引孙绰云:"川流不舍,年逝不停,时已晏矣,而道犹不兴,所以忧叹。"③ 完全是一样的忧叹,由水逝不息而叹"年逝不停",倒也合情合理,却不再有

---

① 朱熹:《四书章句集注》,第 113 页。
② 程树德:《论语集释》,第 611 页。
③ 程树德:《论语集释》,第 611 页。

道德上的意蕴。可见这种阐释至少不是皇侃个人的独特发挥，其实他在自己的疏解中已经透露出了这一点。所谓"向我非今我"，这种说法是有出处的。姚秦僧肇所著的《物不迁论》中就提到过："求向物于向，于向未尝无；责向物于今，于今未尝有"，以及"吾犹昔人，非昔人也"（《肇论·物不迁论》），大抵就是皇侃所言"向我非今我"的来源。而僧肇论"向物""今物"时恰恰提到了"子在川上"的典故，他写道："然则庄生之所以藏山，仲尼之所以临川，斯皆感往者之难留。"（《肇论·物不迁论》）原来在阐释孔子"逝者如斯夫！不舍昼夜"的时候，分享的是对"川流"的同一种对时间的感悟。这必定与一个时代的风尚与思想背景相关，它显然已经成为魏晋南北朝时期的一种主流阐释方式。如果再读一下阮籍在一首"咏怀"诗所写道的，就显得更清楚了："孔圣临长川，惜逝忽若浮。去者余不及，来者吾不留。"①所有这些都凸显出魏晋时代的士人对时间的一种普遍感受。或许正如有的学者所认为的那样，"将'子在川上'读解为对流逝的岁月的慨叹，是魏晋士人的新见解。"而且，"这一解读的主流地位，直到朱子《四书集注》出来以后才根本扭转"②。

尽管魏晋士人对"子在川上"的阐释有自己的时代背景，但这却是今人更愿意认同的一种阐释。对于宋儒的解读，《论语述要》中云："此章似只言岁月如流，欲学者爱惜景光之意。……道体不息，虽有此理，然另是一义，夫子言下恐未必然。……宋儒解经，每有过深之弊，又不可不知也。"③可见已是反对宋儒的阐释方式，"只言岁月如流"便是取自魏晋士人。今人所言"孔

---

① 《阮籍集》，上海古籍出版社1978年，第121页。
② 杨立华：《在世的眩晕：重提魏晋风度中的药与酒》。本文在这一节的写作受到该文的一些启发。对于魏晋士人对时间的普遍感受，可进一步参考该文的论述。
③ 程树德：《论语集释》，第611页。

子叹息逝水,我们称赞他发现了时间的伟大"①,也是来自于魏晋士人的解读。李泽厚更是称颂"这是对时间的咏叹调,是人的内时间",他在这里为他的情感本体论找到了根据,认为"作为时间现象的历史,只有在情感体验中才成为本体",而"子在川上"所体现的情感时间,"人能在这里找到'真实',找到自由,找到永恒,找到家园,这即是人生本体所在。"② 这种阐释恐怕就不是以解经是否太过能衡量的了,这个问题已经不重要,但大体能说明,今人在对"子在川上"的解读上,比较倾向于魏晋士人对时间的感受。但这是否意味着,这种阐释确实更接近"子在川上"的原义呢?

前文已经提到,孔子临川所叹是以一"逝"字来表征"川流"的意象,但这个"逝"字却不容易体会得来。《论语》中出现"逝"字凡三处,结合另外两处来理解或许不无助益。当弟子问到有人说井里掉了人,君子是不是就该立马下去救人时,孔子回答"君子可逝也,不可陷也"(《雍也》)。"逝",何晏《集解》引孔安国语曰:"往也。"③ 许慎的《说文解字》也释"逝"为"往"。"往",《说文》解为"之也",意思无非是"到某地去",所以《广雅》直接释"逝"为"行也"。这里显然用的就是"逝"的本义。在另一处就不同了,原文是"日月逝矣,岁不我与"(《阳货》)。《集解》引马融语曰:"日月逝,年老岁月已往。"④ 其实这里的"逝"与日月相连,就已经很明白地表明是指时间上的往逝。由于古代的"时"字是指恰当的季节或时机,缺乏一种时间流逝的含义,因此,获得一种时间变迁的含义就需要新的生命

---

① 王瑶:《中古文学史论》,北京大学出版社1986年,第132页。
② 李泽厚:《论语今读》,第226—227页。
③ 程树德:《论语集释》,第415页。
④ 程树德:《论语集释》,第1177页。

感悟，而这一新的含义就是由"逝"来承担的①。"逝"由"到某地去"的本义过度到时间上的变迁，这其中必然有一个联结点。"到某地去"是一种空间上的变动，这种变动如果是长时间的长途跋涉，那么这种空间上的变迁就很容易与时间上的变迁融合起来。孔子为求仕而终身奔波于当时的各诸侯国之间，其路途跋涉之遥远自不待言。据司马迁记载，孔子在五十岁之前，曾"适周问礼于老子"，返鲁后因"鲁乱"而"适齐"，最后返鲁而修《诗》《书》。五十岁后奔波更多，先是"适卫"后"适陈过匡"，"还卫"后又"适宋"，去宋又"适陈"，三年后返卫，后往晋未果，往赵又"至河而反"，又"复如陈"，后又"如蔡及叶"，再后"反乎卫"，最后才"归鲁"，此时"孔子年六十八矣"②。不厌其烦地列出孔子的奔波路线，是希望对孔子一生不停的跋涉获得一个感性的认识。孔子终身不停地奔波是为了出仕，但大概没有人否认他是担负着践行仁道的使命。《论语》文本中有一章云："微生亩谓孔子曰：'丘何为是栖栖者与？无乃为佞乎？'孔子曰：'非敢为佞也，疾固也。'"（《宪问》）"栖栖"汉人多作"棲棲"，"行无定所之貌"，"盖言夫子历聘诸邦，皇皇无定耳。""疾固"，《集解》引包咸语曰："病世固陋，欲行道以化之。"③ 孔子一生在跋涉中栖栖惶惶，自当是欲行仁道，以变"天下无道"为"天下有道"。当然，践行仁道的艰难不是不停的跋涉可以道尽的，但却不妨由此获得某种透显。所谓"造次必于是，颠沛必于是"（《论语·里仁》），仁道之艰难，即由此透显出来。孔子无疑是担

---

① "逝"同时可以指时间与生命，有如英文中的"pass"，而"时"与"time"不相类，具体可参见艾兰：《水之道与德之端：中国早期哲学思想的本喻》，第40页。"时"即使是在颇有时间感受的魏晋时代，也是与"遇"几乎同义，详细可参考杨立华的《在世的眩晕：重提魏晋风度中的药与酒》。

② 朱熹：《四书章句集注》，第41—42页。

③ 程树德：《论语集释》，第1015—1016页。

当甚高,所谓"天下有道,丘不与易也"(《论语·微子》),正是这种担当精神使得他能够承受一生的"造次""颠沛"。然而,严酷的现实却又使得他带着一种"道之不行,已知之矣"(同上)的悲情,由此可以想见孔子不停的奔波跋涉所透显出的仁道的艰难。当孔子站在泗水旁边面对奔流不息的川水的时候,出于仁道艰难的深切感受,由不停地跋涉叠加奔逝的川流而感悟岁月的流逝,这就是空间上的变迁与时间上的变迁的融合。可见,孔子所叹"逝者如斯夫"中"逝"的内涵,既包涵了由本义所表达的奔波历程,又蕴含了由艰辛的生命历程所感悟的时间流逝,这种双重涵义离不开仁道艰难这一高度而赋予。获得了这样一种疏解后,对"逝"所表达的"如川之流",就可能体会得深一些。

行文至末,笔者其实并不是要最后得出一种"子在川上"的原义来。某种原义的探寻,尤其是某种客观历史的本来面目,并不是笔者所主张的。在"子在川上"之后,由孔子所发端的情感体验在历代阐释过程中所出现变化和转换,通过笔者进行的一番细致的爬梳工作,便清楚地呈现了出来。这同时也展现出古代思想世界是如何在变化之中汲取原典的精神资源,从而为现代思想吸取和转化传统的精神资源提供某种借鉴。

(原载《四川大学学报》2008年第2期。原有副标题)

"恻隐之心"的哲学之途

"恻隐之心"是孟子所提出的极具标志性的学说,自孔子点拨出"仁"的真义之后,孟子以"恻隐"论"仁"便成为后世儒者经典性的言说。跟儒家的许多其他道德论题不同,"恻隐之心"遭到现代学人的诟病似乎比较少一些。类似于"忠"或"孝"什么的,现代学人往往对此嗤之以鼻,时不时地都要抨击一下。而对于"恻隐之心",则明显要有好感得多,有甚者竟以孟子的"恻隐"之说大过于孔子以"孝"论"仁"。其实,"恻隐之心"之所以会受到现代学人不同寻常的眷顾,不过是因"恻隐"之说看起来不再限于君臣或父子之间,从而显得更具普遍性。换句话说,"恻隐之心"这一论题更具哲学性,而"忠"或"孝"之类只是一些琐碎且不免过时的伦理法则。也许很多现代学人对"恻隐"之说确有好感,不过真正论说起来却令人不敢恭维。一旦"恻隐之心"被当作了同情心,其哲学性就要大打折扣了。大体来说,孟子的"恻隐之心"在现代学人的论述当中,已经被太多地个体化、心理化以及情感化了。诸多的类似于情感心理学方面的论述已经与孟子的"恻隐之心"愈行愈远,简直令人不忍卒读。这样一来,"恻隐之心"即使方便当作一个哲学的论题,却又常常被哲学所看轻。哲学据说是一门爱智慧的学问,在智慧跟

前,"恻隐"作为"情"究竟在哪种意义上真正抵达了哲学的殿堂,一直以来都是颇受质疑的。哲学如果只能以爱智慧的名义出场,则"恻隐之心"在智慧双眼的打量下,注定不可能成为一场观念演绎与建构的盛宴。但如果"恻隐之心"对于儒家文明足够重要,则不妨反过来带着满腔的恻隐之心来衡量一下这门爱智慧的学问,给被智慧所捆绑住了的哲学松一下绑。不仅仅是以哲学的方式来解读"恻隐之心",同时尝试以恻隐之心的方式来打量哲学。这便是笔者重拾"恻隐之心"这一论题再作文章的初衷。

一、一种具体而普遍的阐发

孟子在阐明"恻隐之心"时,引入了一个十分经典的场景:

> 所以谓人皆有不忍人之心者,今人乍见孺子将入于井,皆有怵惕恻隐之心。非所以内交于孺子之父母也,非所以要誉于乡党朋友也,非恶其声而然也。(《孟子·公孙丑上》)

孺子入井之说对于中国的思想者而言,应该都是耳熟能详的。其与"怵惕恻隐"四字早已血脉贯通,融为一事。思想家在阐述思想主张的时候,很多都喜欢举例子或打比方,也因此而留下了许多著名的思想案例。有的甚至都家喻户晓了,比如有个例子就经常会被问出来:当你的母亲和妻子同时掉水里时,你会先救谁?看起来,这个思想案例与孟子引入的孺子入井颇有些相近之处,至少在设定一种有人落水的迫切情境上是相似的。不过,如果仔细琢磨一下就会发现,母亲和妻子同时落水的思想案例其实有着太深的设计痕迹。虽说两人同时落水并非不可能,但落水的现实情形其实是复杂的，尤其是在那样一种迫切的情境中去救自己最亲近的人，却会变成在母亲与妻子之间做一个非此即彼的选择。这里头的思想实验性取代了现实的迫切性，明摆着是用头脑精心设计出来的结果。与此相比，孟子所言孺子入井则恰恰没有任何设局的意味，他所引入的是一个非常生活化的场景，并且没有对这个场景施加任何雕琢的手法。换句话说，孟子并非是用一个思想家的头脑精心设计出一个场景，以便于他来完成一个只属于他的思想试验。他更像是在阐明"恻隐之心"时不经意间引入了孺子入井的情境，而发明其间的怵惕恻隐之情。可见，这样的思想事例来得相当自然，完全是本来如此的思想内涵成就了其经典性，而非私智穿凿所就。固如是，孺子入井作为一个经典性的思想事例，更值得仔细玩味其中的细微处。

笔者以为，孟子引入这一具体情境时，其云"乍见"就特别值得玩味。赵歧注曰，"乍，暂也"，焦循引《广雅·释诂》云"暂，猝也"[1]，又据朱子注"乍，犹忽也"[2]，是"乍"有猝然、冷不防之义，"乍见"即突然看见的意思。通常描述一种某人见某事的情形，这个"见"一定是某人带着种种身份背景和思想意识去"见"，而见着的这个事也总是发生在有具体身份和经历的人当中。所谓具体的情境，便是这种某人某事的具体经历，具有充分的现实性。孟子所引入的这一情境，当然是发生在此时此地的此情此景，是一种完全具体化的真实情境。但问题在于，如何由这种具体化达到一种哲学上的普遍性呢？这个时候，仔细琢磨"乍见"就显得十分关键了。不错，"见"总是带着某人的具体身份、意识在发生着的，比如每个人所见到的对象一样，但不同的

---

[1] 焦循：《孟子正义》，中华书局1987年，第233页。
[2] 朱熹：《四书章句集注》，中华书局1983年，第237页。

人因相同的见总会引发不同的思或感。这换成哲学的话语来说，就是对于客体的感受或认识会受主体性经验的影响。正是孟子所运用的这一"乍"字，冷不丁地突然一见，充分强调出这一"见"的突如其来性，而使得主体性经验发生暂时的中断。即是说，在乍见的一刹那间，某人必定会带着的种种身份背景和思想意识发生短暂的悬置，在此时此地的此情此景当中，这一"见"不受任何主体性经验的作用。另一方面，所见的孺子入井亦强化了这一悬置。所谓"孺子"，赵岐注云"未有知小子也"，焦循引《释名·释长幼》曰"儿始能行曰孺子"，是孺子"始能行而尚无知识，不知井之溺人，故将入井也"[1]。蹒跚学步的宝宝缺失显明的社会身份和经历，因其"尚无知识"而将入井意味着脱开了复杂的思想意识，从而使得乍见的某人作为主体避免受到各种客体性经验的牵引，入井一事呈现为仅仅与一个活泼泼的人的生命迫切相关。再回到作为乍见主体的某人，此人在此时此地的此情此景当中，这个"此在"在刹那间悬置了所有身份背景和思想意识，却仍能升腾一种"怵惕恻隐"之情来，这意味着任何主体性的经验都构不成"有怵惕恻隐之心"的理由。

其实，这一内在的思想脉络孟子紧接着就阐明了，其后的三个"非……"便是在排除"恻隐之心"的经验性理由。结交父母、邀誉邻里以及听不得啼哭，这些显然正是后天经验上的事情，如果只是这其中的某一个理由，那么"恻隐之心"就是个体的、偶然的。比如以结交父母为理由，有人喜欢结交就有人不喜欢结交，这会因人而异，故而是个体的。而孺子的父母是否值得结交，这又不一定，故而是偶然的。孟子列举了这三种经验事实作为理由予以否认，而经验上的理由其实是不胜枚举的，任何可

---

[1] 焦循：《孟子正义》，第233页。

以作为理由列举出来的后天经验，都可作如是观。即是说，孟子以三个"非……"的列举否认了任何经验上可能的理由。由是，排除了任何个体的、偶然的经验理由，却仍有"怵惕恻隐"之情升腾出来，这必定是有一个理由的，而不可能是无缘无故的。这个理由就只剩下是"人"本身，此人在此时此地的此情此景中，必有一种"怵惕恻隐"之情生发出来，这种生发不因"此人"具体是一个什么样的人，而仅仅只因"此在"是一个"人"，这是"恻隐之心"的唯一理由。这个理由就是充分普遍和必然的：说其普遍是由于只与作为"人"的共同性相关而无关乎人的具体性，是谓"恻隐之心，人皆有之"（《孟子·告子上》）；说其必然是由于只作为"人"本身的结果而不受任何其他偶然因素的影响，是谓"无恻隐之心，非人也"（《孟子·公孙丑上》）。此人在此时此地的此情此景中，这是一种活生生的具体性，于此中阐明出一个普遍必然的道理来，这是由具体而普遍的生动阐发，而非由抽象而普遍的思辨论证。此人在此时此地的此情此景中，没有比这更具体的了。由这一具体情境阐明出来的"恻隐之心"只关乎"此在"，也没有比这更普遍的了。此人在世，必有恻隐之心。孟子由一个具体的情境所揭示的是，"怵惕恻隐"之情是"此在"的必然生发。

二、生生之义："不安"或"不忍"

然而以上所论，其实瞒不过那智慧的头脑，"恻隐之心"也许是有着某种普遍必然性的，却并不能论证出孟子所谓"由是观之，无恻隐之心，非人也；无羞恶之心，非人也；无辞让之心，非人也；无是非之心，非人也"（《孟子·公孙丑上》）。人普遍具有的属性会有很多种，何以恻隐之心就有那么重大的意义？孟子亦言，"人之有是四端也，犹其有四体也"（同上），这不正是以四体的普遍属性来比喻"四端"么？难道就可以说，无四体中的某一体，就得出"非人"的结论么？孟子的四句"非人"的排比结论，往往令智慧的头脑觉得如此武断，简直就像是在骂街一样。不好意思，这真是有些以小人之心度君子之腹了。孟子的思想表达并非只有这几句话，整个《孟子》文本的思想还是十分丰富的。此处不能完整理解的，可以放到《孟子》的全副思想遇境中去理解。如果这还不够的话，往前还有《论语》或者"五经"文本，这在儒家的意义上都是可以相互参照着来读的。孟子又不是像有的哲学家那样，要以一己之力建构一个全新的、属于他的哲学系统来。这在儒家看来，也只是私智穿凿之事。"孟子道性善"（《孟子·滕文公上》），与孔子云"性相近也，习相远也"（《论语·阳货》），怎么会是两个不同的哲学体系呢？对于孟子所论"恻隐之心"，一定只是人才具有的吗？而即便只是人才有的，能够说到无此恻隐之情就不是人吗？孟子对此作出过论证吗？面对智慧的质疑，那就不妨再作进一步的阐明。"恻隐之心"何以能关乎人与非人之别，此义并不难明。

孟子所论"恻隐之心"亦叫"不忍人之心"，是面对孺子入井之时必然要生发出来的。孺子入井其实就是一个生命要遭受不幸，而孺子只是突显出生命既充满着朝气却又显得如此脆弱。决不能允许这种夭折生命的现象发生，这是生命间必然会忍不住流露出的反应，其情状体现为怵惕恻隐之种种。对于这种忍不住流露出恻隐之情的反应，还可以作出进一步的阐明。也许现代生物学、心理学或人类学等诸种学科可以提供出很多科学的解释，但都替代不了儒家所立定的价值根源。儒家有一个根本的教义叫"生生"，所谓"生生之谓易"（《周易·系辞上》）即是。这当然就是一种"生"的观念,重叠词的运用只是表达出难以止息的意味,就好像是只说一个"生"止不住,所以又叫"生生不息",其基本涵义是天地化生万物。所谓"鼓之以雷霆,润之以风雨,日月运行,一寒一暑"(同上)①,通过日升月落、昼夜交替、寒暑往来、四季更迭等等,万物获得天地的鼓荡和滋养而欣欣向荣、茁壮成长。对于天地的这种化生作用,通过现代科学的眼光来看,自然是算不了什么。类似于日升月落什么的,不过就是地球绕着太阳转所形成的自然现象,实在是普通得很。然而儒家却视天地的这种化生作用为"大德",所谓"天地之大德曰生"(同上),万物的新陈代谢、生长消息在天地之间呈现出大化流行的景象,是儒家乃至整个中国文明的价值叙说所特别倚重之处。儒家据此主张"自强不息"(《周易·乾·象传》),道家由此申说"生而不有"(《老子》第二章和第十章),其他如"化育万物谓之德"(《管子·心术上》)"天化育而无形象,地生长而无计量"(《淮南子·兵略训》)等等,类似的价值叙说十分繁富。不过,就儒家而言,在"天生、地养"的同时更有"人成"的一面②。在天地之间的这种大化流行之中,天地的化育终究是无心的,所谓"天地无心而成化",天地的大德必须要有人的成就。天地无心,人作为"天地之德,阴阳之交,鬼神之会,五行之秀气"(《礼记·礼运》),就要"为天地立心",天地的化育必须要有人的参与。一方面,天地化生万物,人亦是万物之一种由天地而来。另一方面则是"天地之性人为贵"(《孝经·圣治》)或者

---

① 陆贾对此做出了更完整的叙述:"张日月,列星辰,序四时,调阴阳,布气治性,次置五行,春生夏长,秋收冬藏,阳生雷电,阴成雪霜,养育群生,一茂一亡,润之以风雨,曝之以日光,温之以节气,降之以殒霜,位之以众星,制之以斗衡,苞之以六合,罗之以纪纲,改之以灾变,告之以祯祥,动之以生杀,悟之以文章。"(《新语·道基》)

② 《新语·道基》有谓"天生万物,以地养之,圣人成之"。

"故人者天地之心也"(《礼记·礼运》),人要"赞天地之化育"而可以"与天地参矣"(《中庸》)。必须要说到最后这一层意思,才是儒家"生生"之理所要抵达的教义。而孟子的"恻隐之心"由"天地之大德曰生"落实下来,便显得极具根源性的力量了。

在儒家整个天地生万物的大化流行之规模中,任何一物在绽放生命过程中所显示出来的生机勃勃、生意盎然,都在这"生生不息"的道理当中。生命的这种不断伸展、扩充的力量,倒是被某些哲学流派或现代学科做了充分的论述。尤其是在生命本能的层面上,对于种族生命的繁衍和保存提供了大量的生物学或人类学的解释。当动物也时常体现出那种悉心照料乃至舍命相救的情形时,对于生命当中先天具有的那种呵护和持守的力量应该不难理解。因此,进一步表现在人这里的"不忍"之情,其中饱含有怎样一种止不住或不自已的真切性,料想不必再来质疑了。说起来,人情之"忍不住"也是很普通的现象,平常生活当中就经常会说到"忍不住"怎么样,或很多时候的"情不自禁"。不过,对于"忍"而言,稍微仔细琢磨一下,就会发现是一种相当特殊的品格。既不能说"忍"就是好的或坏的,比如孔子说"八佾舞于庭,是可忍也,孰不可忍也"(《论语·八佾》),这个是不能忍;又说"小不忍则乱大谋"(《论语·卫灵公》),这个却又是要能忍。我们今天也面临着同样的用法,当描述一个好人的品格时可以说"坚忍",形容一个坏人的品格时又说"残忍"。看起来似乎是这样的,在该忍的时候一定要能忍,这就是"坚忍";而在不该忍的时候一定不能忍,否则就是"残忍"了。但又有这样的情形,即我们想忍的时候没忍住,那也可能是"忍俊不禁";而不想忍的时候又忍住了,则有可能是"忍气吞声"。总之,"忍"的情形显得十分复杂,但也恰恰说明"忍"或者"不忍"是有着轻重之别的,在这种普通的现象中可能隐藏着某种根本情态,正是孟子以其独特的思想敏锐性抓住了其中的根本处。在一般人看来，面对孺子入井的生命攸关时刻，当然会有"不忍"之情，这听起来不是挺平常的么？其与忍不住哭或笑有什么差别吗？其实不然，正是由于"不忍"显得特平常，而使得我们未曾真正意识到，要是在此处真忍住了意味着什么？这要是问出来了，难道还一点都体会不到，孟子为何要在忍与不忍之间表达出不容含糊的用心么？此处若真是忍下了，则"生生"之理何在？又置"天地之性人为贵"的道理于何地？多少罪大恶极的行为，难道不可以从此中去思量么？孟子作为伟大的思想家，正是在极其平常的地方能发现最重大之处。当然，这并非孟子首创，而是秉承了此前孔子对"女安则为之"的思想表达：

> 宰我问："三年之丧，期已久矣。君子三年不为礼，礼必坏；三年不为乐，乐必崩。旧谷既没，新谷既升，钻燧改火，期可已矣。"子曰："食夫稻，衣夫锦，于女安乎？"曰："安。""女安则为之！夫君子之居丧，食旨不甘，闻乐不乐，居处不安，故不为也。今女安，则为之！"宰我出。子曰："予之不仁也！子生三年，然后免于父母之怀。夫三年之丧，天下之通丧也。予也，有三年之爱于其父母乎？"（《论语·阳货》）

细心的人可以发现，"安"与"忍"有着惊人的相似之处，也是该安的时候要能安，不该安的时候就不能安。孔子谓"仁者安仁，知者利仁"（《论语·里仁》），此是要能安；"食夫稻，衣夫锦"则是要不安。至亲之人去世而行三年之丧，说到底不外乎是出于心不安而行之。可心安与否，难道不是因人而异的心理体验么？① 如果将三年之丧建基于心安与不安，是不是显得过于随意而太不靠谱了？这就看在什么意义上来理解心安了，我们平常说到的"心安理得"，要是"心安"能意味着"理得"，那就是牢靠的。当然不可能是靠每个人随意的心安与不安来决定，儒家的智慧没这么低下吧。那既然是这样，为何不直接就在理得与不得上说，而要把捉摸不定的心理体验牵扯进来呢？问题在于，心安与不安一定是先发动的，理得与不得是后阐明的。为什么理得之后不返回到心上来安顿，却反而要在两者之间画一条鸿沟而视后来为洪水猛兽呢？心安与不安不可能只是一种主观任意的心理体验，当"理"反过来安顿好"心"之后，"心安"即是"理得"，行与不行全系于此心。固如是，儒家才会说出一个"唯仁者能好人，能恶人"（《论语·里仁》）。不然，谁还没个好恶，干吗非仁者哉！回到孔子与宰我的对话上来，心安与不安并非是在衡量三年与一年的问题。当表现为习俗的三年之丧陷入混乱之时，孔子是想回到丧礼之心安与否上来说。行丧之礼就是出于"食夫稻，衣夫锦"而心不安，知其不安则三年可行。若仅知"旧谷既没，新谷既升"而心可安，则一年亦可无。可见，心安与不安的发动，关涉的是丧礼之有与无的问题，而不是经一年可安还是三年可安的问题。知其此，"则三年之丧，不过报万一，可以稍舒父母见背弃养之苦……故，君子居丧，'不为'所谓'食旨''闻乐''居处'等等之事，以其心有所不忍"②。不安即是不忍，安与不安的道理也就是忍与不忍的道理。人之所以有不安或不忍的发动处，是有"生生"之理这一根据在的，而并非是可有可无的

---

① 陈少明：《心安，还是理得？——从〈论语〉的一则对话解读儒家对道德的理解》，《哲学研究》2007年第10期。
② 丁纪：《论语读诠》，巴蜀书社，2005年，第487页。

所谓心理体验。整个天地万物都在大化流行之中，人由不安或不忍发端开来，一方面是对"生生"之义的体现，另一方面又是对"生生"之理的成就。恻隐之心的发动，意义不可不谓重大。不过有人要说，这难道不就是在动物那里也会有体现的"种族本能"么？

如果我们训练一只狗守在水边，一见有人往水里掉，就立马跳进去救人。或者就根本用不着什么训练，在动物世界中展现出来的护犊之情，乃至不惜为之厮杀而丧命者比比皆是。现代生物学更是能提供十分丰富的资料证明，动物的这种感受性一点也不亚于在人这里所体现出来的程度。不巧的是，连儒家自身也会涉及类似的文本，如：

> 凡生天地之间者，有血气之属必有知，有知之属莫不爱其类。今夫大鸟兽则失亡其群匹，越月逾时，则必反铅；过故乡，则必徘徊焉，鸣号焉，踯躅焉，踟蹰焉，然后能去之也。小者是燕爵，犹有啁噍之顷焉，然后能去之。故有血气之属莫知于人，故人之于其亲也，至死无穷。（《荀子·礼论》）①

如果动物确有这种可以称之为恻隐之情的现象，则在人这里如何可能再体现出什么重大的意义来？更遑论提什么人与非人的分别。既然有恻隐之心也不过如此，而无恻隐之心还能怎么样呢？我们当然不能否认很多动物也会感受到喜怒哀乐，对于人与动物之间在类似的情景中所引起的惊骇、悲伤或痛苦，难道还可以指望放到实验室里通过什么观察和分析来做区分么？如果着眼

---

① 《礼记·三年问》亦有类似的话。

于人是从动物进化而来，那么这种区分就显得有些滑稽。在人这里所引发的这种惊骇、悲伤或痛苦，即便要从进化论的角度来强调其与动物的反应相一致，却一旦因人心所发则必具人心之能，恻隐之情起于当下而可推扩于远近、终始。即是说，在动物那里无心而发并仅仅局限于当下，在人这里其萌发则"若火之始然，泉之始达"，由这种偶发的、微弱的道德情感，经过人的呵护和推扩，而后可以成长为一种必然的、具有强大力量的道德精神。可以说，人作为一种道德意义上的存在，实端赖于此。这就是孟子所说的，"恻隐之心，仁之端也"（《孟子·公孙丑上》）。看起来似乎是同样一种东西，在动物那里的反应永远是偶然的、当下的，仿佛是一样死的东西。而在人这里的呈现，可以成长为必然的、贯穿远近终始的，完全是活泼泼的。用现代生物学上的话讲，前者只是一种刺激性的、条件的或非条件的反射，属于本能的反应。但后者就完全不一样，其自身就具有生机、活力，可以成长为燎原般的、源源不断的精神力量。只有在这种意义上，才能被称为"恻隐之心"，并区别于本能的反应而定位为良能的发用。因此，一只受过训练的狗去救人，不过就是利用了本能的反应，与人的恻隐之心不可同日而语。而即便是先天具有的护犊之情，不在于类似的感受现象有多么强烈，而是动物的护犊只能是局限于当下的本能反应，并不能被称为恻隐之心。至于所引儒家自身的文本，那也只是在运用启发式的论说，而并非是要将人的恻隐之情从禽兽那里说起。总之，表面上看起来是同样一回事，动物所发生的只能是"生生"之义的被动兑现，而且是在其本性范围之内不多不少地兑现，而人所发生的却能主动、自觉地成就出天地间的"生生"之理，当然也有可能连最基本的兑现都会丧失掉。孟子于此表达为人与非人的紧要关卡，实为透彻千古的至理分判。

三、恻隐之心与爱

现代人比较忌讳做这种人禽之辨的工作，总担心把禽兽看低了，就会去滥杀它们。奇怪的是，却并不担心如果把人自身看低了，会招致什么恶果。当然，现代人是真心不觉得人有什么高过禽兽的地方，进化论的意识形态也强烈地支持现代人不断地模糊人与禽兽之间的界限。这种态度所体现的决非是人类的谦虚美德，不愿意自视高动物一等，它要么是对人类自身的极度失望，不觉得人这里有什么好值得期待的，要么就是不怀好意地乐得与禽兽混为一等。这体现在学理上，如果主张人区别动物的本质在于理性，则现代生物学总有一种要证明某些动物也有理性思维的冲动。如果还有人以制造和使用工具作为人与动物的本质区分，则可能一个马戏团的人都按捺不住要提供动物的反例。在这样的背景下，不觉得"恻隐之心"的古老叙说有些落后么？以一种人所独具而动物所不具的方式来区分两者都显得困难重重，却以恻隐之情这样一种看起来在两者之间说不清道不白的现象来区分，这怎么可能成立得了呢？对于哲学而言，"恻隐之心"似乎一开始就显得有些蹊跷，尽管这是一个哲学的话题，但它真的经得起哲学的论证吗？

虽说"恻隐之心"并非是通过辩证推理之类的哲学手法所获得，却并不意味着就经不起理性的推敲。前文所论之处，就没少本着理性的质疑姿态在敲敲打打。如果通过找到一种与动物绝不相干的东西来论证人禽之别，可能始终存在着被科学所"证伪"的风险。而就着与动物并非不相干的东西来阐明两者的绝不相同，则不必看科学的脸色行事。"恻隐之心"正是与动物并非全不相干，但人要区别于动物，则一定要从这里开始。这个意思上文已经作了不少阐明。不过，即便承认人所发动的恻隐之情与动物的惊骇、痛苦之类的流露极为不同，可人在吃的方面那花样翻新，与动物比起来不也可以差得十万八千里么？即是说，同样是吃这回事，人也可以做得跟动物极不相同。那难道在饮食上，也可以辨出一个人禽之别来么？这大概就是所谓的归谬法，以食色为性来区别动物的荒谬性不言而喻。很显然，人无论在吃的问题上做得与动物怎样不同，但在填饱肚子这一基本需求上是无法发生实质性改变的。而即便人在跟动物吃得很不一样的这一面上，终究也吃不出个所以然来。凡人能吃的，动物还有吃不了的么？最根本的是，人在饮食上所表现出的与动物的不同，并非是由吃本身所带来的，而是由吃之外的意识所导致的。是先有人之绝然不同于动物之处的意识，才会有在饮食上表现出与动物不同的结果，吃本身是不可能吃出一个绝然不同来的。相比之下，恻隐之心就完全不一样了，怵惕恻隐之情一旦在人身上发动，就有一种实质性的改变在里头，能体会出一个所以然来。

现代生物学等学科对动物的本能方面有着很丰富的实证性研究，如认为动物的护犊现象是一种"种族本能"或是"种族选择"的结果等等，这都没什么问题。但企图以这种实证的方式来研究人与动物的区分就有问题了。怵惕恻隐之情在人这里的显露，不是种族本能什么的所能概括的。恻隐之情在人这里成为一种"不安"或"不忍"，这意味着一种实质性的改变，由发端于当下而可推扩于远近、始终。人对恻隐之心的提升和推扩使得人绝然区分于动物并获得超越性，人能参赞天地之化育亦不外乎此，人之为人的所以然道理亦由此论出。可见，这恻隐之心所包含的哲学道理，一开始是很平常的，要是提升起来进行阐明，则实在是高明得很。对于恻隐之心从平常到高明处的提升历程，推扩或扩充是一个很关键的阐明，孟子于此用力甚勤：

> 凡有四端于我者，知皆扩而充之矣，若火之始然，泉之始达。苟能充之，足以保四海；苟不充之，不足以事父母。（《孟子·公孙丑上》）
>
> 人皆有所不忍，达之于其所忍，仁也；人皆有所不为，达之于其所为，义也。人能充无欲害人之心，而仁不可胜用也；人能充无穿逾之心，而义不可胜用也。人能充无受尔汝之实，无所往而不为义也。（《孟子·尽心下》）
>
> 故推恩足以保四海，不推恩无以保妻子。古之人所以大过人者无他焉，善推其所为而已矣。（《孟子·梁惠王上》）

事父母或保妻子很平常，保四海当然就不得了，而从父母妻儿到四海也只是从"有所不忍"推扩或扩充而来。不管在现实层面上从事父母到保四海之间有着多么显著、复杂的区分，但从道理上讲就是这么一气贯通的。孟子常常将发端处的恻隐之情描述为一种"几希"之状，而经过"扩而充之"，则"若火之始然，泉之始达"，或"若决江河，沛然莫之能御也"（《孟子·尽心上》），便是这种道理上一气贯通的形象阐明。其中"泉之始达"，又可以与孟子"掘井及泉"①的比喻相照应。人的一生无论所为几何，若始终不能与"恻隐"这一泉眼处相贯通，在孟子看来此生恐怕是一口废井了。总之对于"恻隐之心"而言，孟子通过推扩作了进一步的阐明。

孟子于孺子入井的情境中直陈"恻隐之心"，于齐宣王以羊

---

① 孟子曰："有为者辟若掘井，掘井九轫而不及泉，犹为弃井也。"（《孟子·尽心上》）

易牛时论到"不忍之心"(《孟子·梁惠王上》),于曾子孝亲时提到"不忍食羊枣"(《孟子·尽心下》),可见这种怵惕恻隐之情可不忍于亲人前,亦可不忍于他人前,甚至可不忍于禽兽前。只要是面对着一个生命遭受了不幸,这颗恻隐之心就必然会发动起来。是亲人、是孺子还是牛羊,都是在天地之间生生不息的大化流行之中,人秉承"生生"之义而为性,必有恻隐之心发动而后成就之。其间虽有亲疏、远近之别,但人却能一气贯通而不相隔阂。孟子之论恻隐之心,以孺子入井为一特别的情境而点明,并非是指此处对呈现恻隐之心有什么特别的功效,更不是指引着人要专门去捕捉这种特别的生活镜头,以期唤醒那蔽塞的恻隐之心。这仅仅是一种阐明的方式,以这种特别的情境来指示出"恻隐之心人皆有之",哪怕是再冥顽的人在这一情境跟前也无法否认这一点。因此,对于恻隐之心的显现当然不是只局限于某些特别的人,如亲人或孺子之类。但与此同时,又不能认为恻隐之心的呈现对于任何人都是无差别的,儒家的孝文化可不是一种虚设。孟子在阐明"恻隐之心,仁之端"的同时明确主张"亲亲,仁也",而且也是孟子将儒家的差等之爱以命题的方式清晰道出:"君子之于物也,爱之而弗仁;于民也,仁之而弗亲。亲亲而仁民,仁民而爱物。"(《孟子·尽心上》)

对于儒家这种极力主张别亲疏远近的做法,特别令现代学人感到头疼。这一方面是出于与儒家的"孝"文化已经太隔膜了,另一方面也不排除有许多理解上的误区在里头。差等之爱的主张是道理上如此,孟子亦是以"君子"的方式言"于物""于民",在道理上是依亲亲、仁民、爱物如此这般的次第实践出来。但纷繁复杂的现实生活往往不是依道理这样子实现的,如今的人已经很少有能在亲亲上过得了关的,也许有的人对朋友或者是恋人倒还真是不错,甚至还有人什么都没有却又对猫或狗什么的好得要命。如果是要依儒家差等之爱的道理来看，是不是这些都搞错了，所有的人必须先回到亲亲上去过关，此后再仁民，然后再爱物呢？又或者别亲疏远近就意味着如同在不同关系的人之间分蛋糕，是亲近之人多分几份，而后随着疏远程度而依次递减呢？这些都是对儒家差等之爱的严重误解，怵惕恻隐之情的显露针对于任何生命都是有意义的，但必须是由此而推扩开来，不能只停在某一生命那里。有人不顾亲人而只对某友好，或不顾所有人而只对某物好，至少在对某人、某物好上这一事总是没错的。这个"好"一定是可以说到恻隐之心上去的，正是由于有了对某人、某物的不忍，才会有这份"好"表现出来。而此心之萌发便是大意义，孟子从孺子见恻隐心，甚至从以羊易牛见恻隐心，都是这个意思。有了这个萌发，才会有接下来的推扩工夫，但也必须要有进一步的推扩，而后可以贯通亲疏、远近。但既然任何一个点上的恻隐萌发都具有这种同样的意义，那为何还一定要强调亲疏、远近呢？这是由于道理的必然性要求如此。

寄希望于一个人碰巧对某人或某物好，这是一个特别偶然的事，它会因人因事而异，从而使得恻隐之心的呈现成为侥幸。之所以要特别强调孟子所设的孺子入井，并非是在指示一条唤醒恻隐之心的快捷方式，是由于这种情境不是必然期遇的。同样地，遇上自己特别愿意示好的某友或某物，也都充满着偶然。在所有人伦关系中，只有父子一伦是绝对不可能不遭遇的。若要显露出一个不忍来，只有对父母而言是一个必然，这对于任何人而言都不存在侥幸之处。因此，这是至亲、至近之处，由此呈现的恻隐之心推扩出去，自亲而疏、自近而远、自始而终，这原本是极自然的，而恰恰也极具道理的必然性。所有从某人、某物那里偶然呈现的恻隐心，亦不妨碍由此推扩开来，往这必然的道理上靠。只有靠上了这必然的道理处，由这恻隐之心所推扩开来的仁义精

神才有本有源、充实牢靠。应当说，恻隐之心必须从具体的某一伦关系上阐发，"仁者爱人"才不会流于空泛和抽象，也才具备一种根源性。对于儒家而言，这一伦必须是父子关系，只有父子一伦才是绝对的、无条件的。由此父子一伦开始，才具有教化百姓的道理必然性。因此，亲疏、远近的差等之爱自然、真实而必然，其与恻隐之心的思想主张是一体之两面，两者之间是相得益彰而非相互隔阂。如果有人就是不顾亲人而只对朋友或者恋人极好，也许现实生活中更多情况就是这样，这显然不是好的情形。肯定没有一个文明不主张应该同时爱自己的父母，但儒家的意思则是一定要更爱自己的父母。爱朋友或恋人正是要更爱自己父母的理由，而不是更少爱自己父母的借口。更多地爱自己的父母是使所有其他的爱变得更牢靠、更充沛，而不是减少了其他爱的比例。恻隐之心所表达的爱，大体上包涵了以上这些内容。它不只是一种同情心或怜惜心，也不是一种所谓的心理基础。它当然属于道德情感，但又并非是一种"最原始"的道德情感[1]，好像是一定要被进化掉的一般。其作为一种具有根源性力量的爱，也许不适宜作精确的观念界定，却不妨碍在儒家文明当中具有决定性的哲学地位。

四、由恻隐之心看哲学

在理性主义者看来，恻隐之心作为一种爱的主张，关键是要能全副地展现在观念的透析当中。也许传统西方哲学当中爱或情感并没有多么重大的哲学地位，除非其与神学相关，但在现代西

---

[1] 何怀宏：《良心论》，上海三联书店1994年，第56页。

方哲学流派当中，很多哲学家借着反理性传统的旗号，将各种情感或意志置于哲学的中心地带。比如"畏"作为此在的根本生存情态，就是将某种情感置于哲学系统的根本处。"畏"是某个神学传统中的重要情感，而以儒家的立场而言，就可以如有的学者所言，"恻隐之心"是此在的一种根本情态①。然而，虽说经过了现代学者的这种精湛的现象学分析，"恻隐之心"也未必真正能获得其应有的哲学地位。"畏"的在世情调一开始就全副地展现在现象学的观念分析当中，伴随着这一分析甚至开创了一种全新的论证方式。而这一切都没有偏离一个强大的主体理性的哲学传统，整个哲学史上各种不同的哲学系统一直在不停地更换，它也只是诸多哲学系统更换过程中出现的一种。与此决然不同的是，"恻隐之心"是两千多年以前就提出的哲学论题，如果它是一种以理性为根基的观念建构，那么理性主体早就不知将这种观念建构转换了多少回。理性为了成就自身的主体地位，怎么可能就停在某种观念建构上呢？因此，一个不能被主体理性所质疑、批判以及颠覆、重构的论题，其哲学性的程度就要大打折扣了。"恻隐之心"的哲学地位一开始就被这种理性主义的哲学传统给判定了，它可以成为某种哲学论题，但不过是众多论题中的一个，而且还是特别陈旧并且经不起推敲的一个。如此而已。

在儒家文明当中，"恻隐之心"就是一种哲学传统，这种传统的意义与主体理性作为一种哲学传统是一样的。没错，"恻隐之心"不必被质疑或批判，更不能被颠覆和重构，因为"恻隐之心"就是用来被成就的，就像主体理性的每一次批判和重构都在成就着自身一样。"恻隐之心"本身就具有着同样的主体性意义，

---

① 参陈立胜：《恻隐之心："同感"、"同情"与"在世基调"》，《哲学研究》2011年12期。

不但其不能被颠覆和重构，恰恰所有的反思或批判都得通过"恻隐之心"才可能进行或开展。如果主体理性很疑惑，"恻隐之心"作为情感层面上所发生的东西，真能靠得住么？这种思考问题的方式与"恻隐之心"并不对应，当理性将自身立为主体时，就已经与情感撇清关系而视为另一类东西。在这个意义上，恻隐之心的萌发在主体理性眼中只能是单纯的情感因素，或者是所谓的心理活动、情绪波动之类。如果对由恻隐之心所立起的主体意义，主体理性无法理解得清楚，这倒并不奇怪。恻隐之心就有主体理性所不能透尽的东西，人需要理解，也需要体认，对于恻隐之心需要理解的成分并不复杂，但如果体认进不来，就一定明白不了恻隐之心，或者理解得无关痛痒。那么，主体理性对恻隐之心显得如此隔膜，难道说儒家的恻隐之心是与理性绝缘的？当然不是，"恻隐之心"并非不理性。根据孟子的阐明，怵惕恻隐之情从呈现到推扩、从体认到挺立，排除任何经验上的因素而提升到先天的高度，整个过程都始终不缺乏理性能力的高度参与，它不可能是一个非理性的东西。可以说，确立自身为主体与确立恻隐之心为主体的理性，其实是同一个理性，但被确立为主体的理性，则已经不是先前的理性了。作为主体的理性，是对先前理性的提纯与净化，原本与恻隐之心不分轩轾，现在却清晰对峙。主体理性不可能真正给出恻隐之心的哲学地位，恻隐之心的哲学地位恐怕必须通过自身来进行阐明。其实也没什么，如果哲学的眼光无法打量恻隐之心，那么就让恻隐之心来打量哲学好了。

的确，如果"恻隐之心"只是主体理性的观念建构，那就必然不会停留于此而是会不断地转换这种建构。这就如同柏拉图的"理念论"一样，整个西方哲学的传统也许无不保留着这一哲学理论的影子，但它终究是被后世的哲学系统不断地批判和重构着的。可是对于"恻隐之心"的性善论主张而言，在整个儒家哲学的传统当中,虽说并非毫无异议或反对之声,但总体上都是通过注释的方式在不断地成就着这一哲学理论。这对于主体理性而言是完全无法接受的,如果始终只是"恻隐之心"这样一个论题,又怎么可能成为哲学呢?一个或者是几个哲学论题,怎么可能是够的呢?然而,依儒家哲学的见解是,"恻隐之心"对于人而言,难道还有什么不够的吗?如果"恻隐之心"对于人而言,已经足够将人的全部而充分的"好"彰显出来,那么究竟还有什么不够的呢?如果这已经足够了的话,怎么可能还不够哲学呢?难道仅仅是由于理性的好奇心得不到满足,于是必须得不断地批判和重构?这样说也许是过于轻率,主体理性可以严肃地质问"恻隐之心",凭什么说"恻隐之心"就是足够的"好"?评判好与坏,或者善与恶,难道不正是主体理性的长处么?正是相信每一个人作为一个理性的主体,能够充分地判断善恶而做出正确的选择,这难道不是主体理性的哲学传统所追求的么?在这里,判断什么是善的与成就这样一种善,并非是一体两面之事。哲学究竟是重在拷问善与恶,还是重在成就善远离恶?于是就走到了"哲学究竟何为"这样一个问题面前来了。

如果是从逻辑上说,很显然,不识善恶是不可能扬善去恶的。而作为一种现实处境是,识了善恶却并不必然导致扬善去恶。由此在识善与行善之间形成了某种关系,这仿佛又回到了知与行这个古老的哲学论题上。笔者在这里显然不是要重谈这一问题,脱开具体的问题域而从整个人类的困境来看,混淆善恶固然也会导致大量的恶行,但真正难以摆脱的恶梦是,明明是善恶已分却偏偏要作恶多端,或者是故意混淆善恶而制造恶行。真的是善恶如此难以分辨,而导致几千年的文明史在行善去恶上寸步难行吗?不是。如果拷问善恶成为了满足理性好奇心的一种方式,则各种玩弄观念、游戏语言或迷信规则的手法层出不穷,伴随着

挑战善、剖析恶的层层推进,这个时候拷问善恶不过是成为了思想者的游戏。但"恻隐之心"的哲学传统就不一样,由"恻隐之心"所开启出的一种追寻"好"的思想道路,儒家学者并不是轻易地批判或颠覆它,而是不断地去揣摸和阐发,更重要的是用自己的一生去实践和成就。"恻隐之心"由孔子开启而由孟子阐明,经由后世无数儒者不断地阐发和实践,并不是在穷尽作为思想者那发达的理性头脑所能达到的地步,而是在穷尽作为一个人在彰显一种"好",以及作为一群人在实现一种"好的"生活所能达到的地步。这样的哲学传统不在于穷尽所有的方式来拷问善与恶,从而上演一幕幕思想者的观念盛宴,而在于开启出善之后穷尽所有可能来彰显"好的"美德以及实现"良善的"生活。

由"恻隐之心"所开启的这一条追寻"好"的思想道路,在所有文明当中是不是"最好的"呢?也许还有其他文明所开启的思想道路要"更好",何不以开放的姿态融入其他思想道路呢?这其实不是首要的问题,或者说至少现在看来还远远不是问题。有没有其他"更好"的思想道路,这个姑且不论。单说由"恻隐之心"所开启的这条道路,其所能追寻到的"好",作为身在这个哲学传统中的人,有没有充分彰显出来?这才是最先要问的。如果没有,那我们有什么资格拿我们的传统去跟别的传统比较好坏?我们甚至有这个比较好坏的能力吗?因为我们离自身传统所能全部追寻到的这种"好"还差得这么远,这一定意味着我们对"好"的理解或体会还相当隔膜。至于我们是否离自身传统所能全部追寻到的这种"好"很遥远,笔者以为,随便翻翻《论语》或者翻翻"四书五经"之类的经书,读一读经书上说的,对照一下自己或这个社会的表现,应该很容易得出结论吧。比如:"子贡曰:'贫而无谄,富而无骄,何如?'子曰:'可也。未若贫而乐,富而好礼者也。'"(《论语·学而》)这个很好理解,即便就我们今天的社会而言，若有人做到"贫而无谄，富而无骄"，就真是很了不起了。然而两千多年已然过去，有多少人做到了吗？这种距离的遥远难道还不明显么？在这个意义上，真是不知道所谓"社会的进步"从何说起。可以说，人类社会总是不把对这种"好"的追寻作为价值目标，过去的社会可能也没怎么实现过，但却很少时候会混淆这种价值观念。今天的社会就不一样了，可能连这种价值共识都达不到了，贫是否可以谄，富是否可以骄，已经成了每一个理性主体自身来评判和选择的事情。但如果是依"恻隐之心"的哲学传统，主体意义的呈现在于谨守圣贤的教诲，在贫处而力求无谄、富处而力求无骄的历程中追寻一种"好的"美德。这并非只是简单的道德戒律，孔子之所以还会有"贫而乐，富而好礼"这种"更好"的揭示，完全是由于"恻隐之心"所开启的是一套整全的追寻"好"的修养资源和生活方式。

总之，由"恻隐之心"所开启的"善"这样一种哲学传统，致力于思考如何才能让天下百姓过上良善的生活，即便是在"日用而不知"的情形下亦能分享到这种良善的成果。这与别的哲学传统相比，难道在哲学性上更少思考的空间吗？还是在哲学性上更少追寻的价值？由"恻隐之心"所奠定的儒家文明传统来看哲学，完全具备"哲学何为"这一问题关怀，并拥有自身的应答方式和诠释系统，由此也达成了"恻隐之心"的哲学之途。

（原载《切磋四集——四川大学哲学系儒家哲学合集》，华夏出版社 2014 年）

孟子论"勇"

在古今之间,不同的道德品质呈现出相当不一样的面貌。有从古到今延续性很强、变化不是很大的,也有变得面目全非甚至互不相干的。当然更多的可能是既有内涵上的关联,又发生了某种重大的变化。比如《论语》中出现的"恭、宽、信、敏、惠"(《论语·阳货》),"恭"对应着今天的"恭敬",虽说很多时候把"恭"所包含的那种重大内涵用得轻巧了,但也还不至于发生断裂。在同样的意义上,"信"的情形会显得复杂一些,在信守承诺的层面上可能差别不太大,但如今所热衷的"信用"显然偏离了古典的道德内涵。"惠"原本也是古典社会十分重要的道德品质,在今天则基本上变成一种小恩小惠,似乎都不大有人愿意提起。在这五种道德品质中,"宽"和"敏"是比较特殊的,今人所讲的"宽恕"还在多大程度上是中国古典的原义?"敏"更是脱离了道德的轨道,沦为人的某种性格特征而已。与此相比,儒家的"三达德"在今人的视野当中也丰富不到哪里去。想想"仁"在儒家的义理体系当中具有多么根本的地位,但今人理解起来恐怕也是贫乏得很。"智"就更不一样了,今人恐怕已经无法理解其与道德品质相干。最后再说到"勇",便是笔者所要集中讨论的主题,其遭遇与"敏"一样,很多时候也脱离了道德的轨道，甚至有被现代学科中的心理学所收编的趋势。"勇"与"宽"的相似处在于，各自的内涵发生不同程度的蜕变都是拜现代西学的移译所赐。在整个西学东渐的过程中，现代学人对于自身古典传统中的诸多道德品质，都唯恐沾上了封建流毒而恨不得全盘西化。这直接导致了现代社会中的道德标准与古典传统的道德谱系严重断裂，并由此变得支离破碎。就此而言，"勇"正面临着被心理学所收编的危险而脱离道德的轨道，不过是整个道德体系裂变中的冰山一角。

一、养勇

很显然，"勇"并非从一开始就是跟"气"一块说的，不过"勇"却一定是从一开始就与"气"密切相关。"勇"必定会在"气"的层面上体现出来，但又不全是"气"上的事，或者说对于"勇"的理解，有比"气"更重要的内涵需要把握好。这其中的道理可以通过分析孟子论述浩然之气来理解，勇气在孟子这里正是与浩然之气属于同一论域。要讨论其间的相关性，这一大段对话还必须得引出来：

> 公孙丑问曰："夫子加齐之卿相，得行道焉，虽由此霸王不异矣。如此，则动心否乎？"孟子曰："否。我四十不动心。"曰："若是，则夫子过孟贲远矣。"曰："是不难，告子先我不动心。"曰："不动心有道乎？"曰："有。北宫黝之养勇也，不肤挠，不目逃，思以一毫挫于人，若挞之于市朝。不受于褐宽博，亦不受于万乘之君。视刺万乘之君，若刺褐夫。无严诸侯，恶声至，必反之。孟施舍之所养勇也，曰：

'视不胜犹胜也。量敌而后进,虑胜而后会,是畏三军者也。舍岂能为必胜哉?能无惧而已矣。'孟施舍似曾子,北宫黝似子夏。夫二子之勇,未知其孰贤,然而孟施舍守约也。昔者曾子谓子襄曰:'子好勇乎?吾尝闻大勇于夫子矣:自反而不缩,虽褐宽博,吾不惴焉;自反而缩,虽千万人,吾往矣。'孟施舍之守气,又不如曾子之守约也。"曰:"敢问夫子之不动心,与告子之不动心,可得闻与?""告子曰:'不得于言,勿求于心;不得于心,勿求于气。'不得于心,勿求于气,可;不得于言,勿求于心,不可。夫志,气之帅也;气,体之充也。夫志至焉,气次焉。故曰:'持其志,无暴其气。'""既曰'志至焉,气次焉',又曰'持其志无暴其气'者,何也?"曰:"志壹则动气,气壹则动志也。今夫蹶者趋者,是气也,而反动其心。""敢问夫子恶乎长?"曰:"我知言,我善养吾浩然之气。""敢问何谓浩然之气?"曰:"难言也。其为气也,至大至刚,以直养而无害,则塞于天地之间。其为气也,配义与道;无是,馁也。是集义所生者,非义袭而取之也。行有不慊于心,则馁矣。我故曰,告子未尝知义,以其外之也。必有事焉而勿正,心勿忘,勿助长也。无若宋人然。宋人有闵其苗之不长而揠之者,芒芒然归。谓其人曰:'今日病矣,予助苗长矣。'其子趋而往视之,苗则槁矣。天下之不助苗长者寡矣。以为无益而舍之者,不耘苗者也;助之长者,揠苗者也。非徒无益,而又害之。""何谓知言?"曰:"诐辞知其所蔽,淫辞知其所陷,邪辞知其所离,遁辞知其所穷。生于其心,害于其政;发于其政,害于其事。圣人复起,必从吾言矣。"(《孟子·公孙丑上》)

据有的学者认为，公孙丑作为弟子问了一个很庸俗的问题，孟子只不过是就着这个话头在为后世垂言立教。不管公孙丑关心的问题是否庸俗，至少他的问法让我们明白，孟子论浩然之气是由一个很平常的生活经验带入的。比如参加面试时能否在众考官面前坦然应答，或者见了单位或公司的高管能否从容交道，这其实还是挺考验平常人的。更不必说加之卿相这样的位高权重之任，如何做到不动心还真不是一般人敢想的。有的人生性胆大，从来就没怕过这种事也是有的，但大多数平常人都还得为如何鼓起勇气来应对这种事而伤脑筋。这就说明孟子所论浩然之气非常切近平常人的生活经验，道理虽然高明却并非不食人间烟火，浩然之气是每个平常人在需要鼓起勇气时就可以想望和追求的。不过，话说回来，孟子对浩然之气的论述，确实有几处不太好懂，在思想史上是颇有争议的，对于理解笔者要阐明的"勇"也显得很关键。孟子此处涉及几个人物之间的关系对比，分别是孟施舍与北宫黝、曾子与子夏以及孟子本人与告子。关于孟施舍与北宫黝，朱子是这么分判的："黝盖刺客之流，以必胜为主，而不动心者也。""舍盖力战之士，以无惧为主，而不动心者也。"① 这个其实是比较好理解的，麻烦的是孟子以孟施舍似曾子，以北宫黝似子夏。还是按朱子的说法："黝务敌人，舍专守己。子夏笃信圣人，曾子反求诸己。"② 其实也还是分梳得比较清楚的。问题只在于，孟施舍与北宫黝的区分原本是不难懂的，孟子却用曾子与子夏的区分做了一个类比。由于曾子与子夏之间的区分反而不容易说清楚，这才使得原本能够区分清楚的问题变得更复杂了。孟子何以要这么做，当然不会是孟子犯糊涂了，而是在孟子那个时

---

① 朱熹：《四书章句集注》，中华书局1983年，第229页。
② 朱熹：《四书章句集注》，第230页。

候,曾子与子夏的区分应该是为时人所熟知的,孟子显然是用众所周知的例子来进一步说明孟施舍与北宫黝的区别。只是到了后世,当时熟悉的例子却变得陌生了,这才会让人觉得反而把问题搞复杂了。

比如,与朱子的说法不太一样,之前的汉人赵歧注云:"孟子以为曾子长于孝,孝百行之本;子夏知道虽众,不如曾子孝之大也。故以舍譬曾子,黝譬子夏。"① 孙奭疏曰:"以其孟施舍养勇,见于言而要约,如曾子以孝弟事亲喻为守身之本,闻夫子之道则喻为一贯之要,故以此比之也。北宫黝养勇,见于行而多方,如子夏况在于纷华为己,有杂于小人之儒,教人以事于洒扫之末,故以此比之也。"② 清人焦循则在疏文中大量引经据典,以期进一步落实赵歧所言曾子长于孝而子夏知道众,并解释道:"北宫黝事事皆求胜人,故似子夏知道之众。孟施舍不问能必胜与否,但专守己之不惧,故似曾子得道之大。"③ 看来界定曾子与子夏之间的区别注定充满着争议,不过,"黝务敌人,舍专守己"的区分却是十分清楚的。正是在这种区分的基础上,孟子认为两相比较,"孟施舍守约也"。"约"就是"要",北宫黝每每抱必胜之心,不免处处要"量敌""虑胜",显然是不如孟施舍专守己之无惧而得其要。这个从学理上是不难理解,但就平常人的生活经验而言,这种区分究竟有什么意义?在上面所引文本中,孟子所描述的北宫黝"不肤挠,不目逃"之类,其勇足以留给人深刻的印象,更别说"视刺万乘之君,若刺褐夫",不是常人所能想,那真是相当地震撼人。也就是说,北宫黝的勇已经让人觉得是巨勇了,反倒是孟施舍仅仅就一句"能无惧而已",与北宫黝相比,

---

① 《孟子注疏》,阮刻《十三经注疏》本,中华书局1980年,第2685页。
② 《孟子注疏》,阮刻《十三经注疏》本,第2686页。
③ 焦循:《孟子正义》,中华书局1987年,第193页。

也不知道究竟还能勇成什么样。因此，依照平常人的生活经验，除了觉得北宫黝已经勇得一塌糊涂之外，实在不明白，区分出一个孟施舍的勇来，究竟意味着什么？

其实这种区分只在于养勇之别，而并非是勇的表现有什么程度上的差别。孟子也说得很明白，"夫二子之勇，未知其孰贤"，但在养勇的方法上，孟施舍要比北宫黝得要领一些。平常人要如何培养自身的勇气，是学习北宫黝还是孟施舍，体现在方法上就不一样了，而导致的效果可能差别很大。北宫黝很可能生性勇猛，在气禀上异于常人，要想学他每抱必胜之心，恐怕不大可能。所谓"见于行而多方"，即便想学也难得要领。要是都像北宫黝这样，培养勇气就只能寄希望于偶然的气禀。但孟施舍就不一样，专注于树立无所畏惧的意识，所谓"见于言而要约"，这既是他培养勇气的要领所在，亦是可供别人学习的门道所在。这就使得即便并非生性勇猛的人，也有可能培养出惊人的勇气。一个伟大的文明即在于如何将人身上偶然呈现出的好的品质，揭示为可以人文化的必然的品质。勇气当然是一种好的品质，但却很容易受气禀的影响。生活经验告诉我们，一个生得高大威猛的人，往往比身材瘦弱的人具备更多的勇气。可如果这是一种真正好的品质，就不应该如此受制于生理状况。尽管孟施舍的勇气与北宫黝相比，显得更能摆脱生理或气禀的影响，但这距离勇气可以成为人的一种必然的品质还太遥远。根据朱子的推测，北宫黝和孟施舍都是刺客或战士一类的人。很显然，这种职业的人原本就要求勇猛过人，或者说此类职业也必定使得他们更易于培养勇气。孟施舍自称专守己之无惧，若缺失了他那种职业生涯的强化训练，恐怕也只是一句空话。归根到底，无论是北宫黝还是孟施舍，他们养勇的方式其实还是有很大限制的，远远不足以给出勇气的典范意义。由此，孟子论到曾子的自反而缩时，就已经不再是用来做某种类比了。毋宁说，从北宫黝和孟施舍的养勇说起，不过就是起了个话头，并通过曾子与子夏的区分作为一种过渡，真正要论到的是曾子的养勇。

与北宫黝或孟施舍的特殊性相比，曾子在勇气方面并非天赋异禀，也不从事暴力行业，对培养勇气这种品质并没有特别的优势。然而，曾子"虽千万人吾往矣"的大勇却是儒家论勇的重大精神资源，孟子在论不动心时，要先说出曾子的养勇，这并非是无心之举。孟子对浩然之气的阐明，正是秉承了曾子所言的"大勇"精神。可以说，与北宫黝或孟施舍相比，曾子的养勇方式才真正摆脱了气禀或职业的限制，使得勇气可以成为人的一种必然的道德品质。那么，曾子的养勇究竟高明在哪里呢？按照孟子的说法，孟施舍的养勇已经得了要领，也正是在这个意义上与曾子相仿。既然是这样，曾子是在什么意义上更得要领吗？接着上文所言孟施舍专守己之无惧来说，如果没有那种长期的冲锋陷阵、与人搏杀的亲身经历来磨练这种无惧的意识，光只是靠嘴上的念叨，肯定是培养不了什么勇气的。可见，孟施舍的养勇只是气上的磨练，这是一种职业化的训练，主要关乎这一职业的人，而并不关乎人本身。此即前文所言，这种勇气的培养有着很大的限制，要么出于气禀的偶然，要么限于职业的训练。与此相反，曾子的"自反而缩"就不再是气上的守约，与孟施舍的守气有着实质的区分，即孟子所言"孟施舍之守气，又不如曾子之守约也"。赵歧于此注云："施舍虽守勇气，不如曾子守义之为约也。"[①] 简单地说，同为守约，孟施舍守气，曾子是守义。如朱子所言孟施舍"所守乃一身之气，又不如曾子之反身循理，所守尤得其要

---

① 焦循：《孟子正义》，第193页。

也。孟子之不动心，其原盖出于此"①，曾子究竟是如何守义的，正是孟子论浩然之气要进一步阐明的。

二、不动心之道

接下来的阐明是在与告子的比照中开始的。告子的出现并不突然，而只是回到了问题之初的思想语境中。当孟子回应"加齐之卿相"而表示不动心时，公孙丑赶紧赞美说那真是比勇士孟贲强多了。传说中的孟贲"水行不避蛟龙，陆行不避虎狼"（《说苑·佚文》），几乎就是勇士的代名词。做弟子的这样说，未必没有恭维的意味。可孟子并不以为然，他说要是与孟贲比的话，那告子早就超过了。在这一思想语境中，同样是在"勇"的问题上，孟子、孟贲与告子属于三个不同的系列。其后的北宫黝、孟施舍同属于孟贲一个系列，从曾子到孟子是同一个系列，这两个系列之间其实是容易区分的。但告子不一样，他恰恰居于这两个系列之中。告子所言"不得于心，勿求于气"，说明他并非是在气上求不动心。如焦循所云："黝以必胜为强，不如施舍以不惧为强。然施舍之不惧，但以气自守，不问其义不义。曾子之强，则以义自守，是为义之强也。"② 自孟贲一系养勇之时不问义与不义，要辨明其间的区分并不困难。但告子并非是不讲义的人，他与孟子之间有一个著名的"仁内义外"之争，与孟子所主张的仁义只是有内外之别。如果只是强调从曾子到孟子以守义为勇，则如何可能与告子以义取之区分开来？这大概才是孟子论浩然之气

---

① 朱熹：《四书章句集注》，第 230 页。
② 焦循：《孟子正义》，第 193—194 页。

所要着力辨析的。

不过，对于孟子所言"不得于心，勿求于气，可；不得于言，勿求于心，不可"，历代注疏实在是莫衷一是。根据朱子在后面的注文所提示，"上文不得于言勿求于心，即外义之意"①，看来还得集中到告子的"义外说"上。孟子在后文指出，"告子未尝知义，以其外之也"，告子当然是讲义的，但是否真知义，则是另外一回事。孟子以告子主张"义外说"而认为其"未尝知义"，这是理解告子不动心的一把钥匙。当然，告子的这种"义外"主张究竟是如何作用于不动心的，这是问题的关键。孟子将告子这种通过"义外"之道达到不动心的做法比作是揠苗助长，从而将这种外在性生动地揭示出来。可是，焦循却认为，孟子的揠苗助长说的不是告子，而是北宫黝、孟施舍这些以气养勇的人。在他看来，"告子本不欲气之生长，又何用助长？且告子之学虽偏，而其勿求心、勿求气，自造为义外之说，亦当时处士之杰出者。使助长即指告子，则孟子明云'天下之不助苗长者寡矣'，然则天下皆助长之人，岂天下皆为告子之勿求心勿求气"。实际上，告子之"勿求心，勿求气，正《老子》所谓'恬淡'，《淮南子》所谓'恬愉'"②。焦循的这种看法主要涉及告子思想的派别归属问题，据说这原本就是一个众说纷纭的事。这样来解读告子，显然有将告子思想往道家学派上靠的嫌疑。对于养勇这回事，一是以心来养，一是以气来养，这都好理解。舍此之外，道家的淡漠于心，亦能养出大勇。所谓"知穷之有命，知通之有时，临大难而不惧者，圣人之勇也"（《庄子·秋水》），应该是既不求心，亦不求气的典范。因此，为了区别于孟子和孟施舍，焦

---

① 朱熹：《四书章句集注》，第232页。
② 焦循：《孟子正义》，第207页。

循靠上了道家的资源，这并不让人意外。

不能说焦循的解读没有道理，笔者以为他对告子既不求心，亦不求气的看法就很到位。但焦循以为揠苗助长并非指告子，实在是问题很大。孟子论勇显然是将矛头指向告子，而不可能是孟施舍之流。很明显，孟子论浩然之气是针对着告子的"不得于心，勿求于气"的，论知言则是针对"不得于言，勿求于心"的。整个文势如此，怎么可能中间打个比方，又是针对孟施舍之流来说的呢？焦循以孟子明云"天下之不助苗长者寡矣"来说事，更是不通。天下人多揠苗者，也可以理解为是告子的追随者，而不是成了告子。另外，赵歧不是说告子"兼治儒墨之道"①么？焦循也是认可的，现在又如此贴近道家，告子岂不成集大成者了么。当然，焦循若不这样来解，是否也面临着如何可能理解告子既不求心又不求气的不动心之道呢？这种可能性其实是有的，而且在朱子注中已经道明了要害，即"力制其心"。朱子注云："告子谓于言有所不达，则当舍置其言，而不必反求其理于心；于心有所不安，则当力制其心，而不必更求助于气，此所以固守其心而不动之速也。"② 直接就朱子的这个注而言，也不是那么好理解。结合朱子所云，"盖知言只是知理。告子既不务知言，亦不务养气，但只硬把定中间个心，要他不动"③，是告子谓不知理而不必求于心，心有动而不必求于气。这是从否定层面上说，反过来，则是知理而制其心，心不动而制其气。因此，这里的关键就是"把定中间个心"，靠什么来把定呢？靠理。理从何而来呢？不求于心，当然是从外而来，这就与告子的义外说关联上了。

---

① 焦循：《孟子正义》，第731页。
② 朱熹：《四书章句集注》，第230页。
③ 黎靖德：《朱子语类》，中华书局1986年，第1235页。

所谓义外说，即告子所谓"彼长而我长之，非有长于我也；犹彼白而我白之，从其白于外也，故谓之外也"（《孟子·告子上》），无非是事物之理是在事物之中，不以人的好恶之心为转移。这话听起来还有几分熟悉，不错，确与事物规律不以人的意志为转移相类似。一旦认识到事物之理，则"力制其心"，克制心之好恶，心不动则气可制。老人倒在地上了，认识到了老人该扶之理，则不管心之好恶如何，克制下来必定要去扶了那老人。即便有人将刀架在脖子上来威胁，亦可毫不动心照扶不误。可见，本着事物之理而"力制其心"，这确实可能是既不求心又不求气的另一种不动心之道。这相当于今人所言，以理智的头脑武装自己，一切遵奉理性的判断，则可以做到毫不动心而毫无畏惧。告子的义外说类之。

对于告子的这种不动心之道，孟子又表达为是"义袭而取之"，迥别于他所主张的"集义所生"。如何理解"义袭而取之"的意思，又是一个难题。孙奭疏解"非义袭而取之"云："非义之所密取，而在外入者也。"① 全祖望《经史问答》亦谓"不能集而生之，而以袭而取之，则是外之也"，袭而取之不过是义与气的偶合。② 朱子注曰："非由只行一事偶合于义，便可掩袭于外而得之也。"③ 通过这些注义可知，"义袭而取之"有两个要点：一是自外，一是偶合。这与揠苗助长的故事也是高度照应，指的是偶然间通过外力来助苗生长。如果是以外在的事物之理来力制其心，虽说完全有可能达到不动心，但这就像是打一场伏击战，总是自外包抄，胜利来得多少有些侥幸。事物各有其理，若不能一以本心贯通之，做到心外无理，而使得万物之理一本而万殊，则

---

① 《孟子注疏》，阮刻《十三经注疏》本，第2687页。
② 焦循：《孟子正义》，第202页。
③ 朱熹：《四书章句集注》，第232页。

不同事物之理必定会起冲突，力制其心难免一败涂地。西学中的传统认识论通过确立理性主体并阐明事物之理的先验结构，以及许诺某种最高的理念等等来构建道理的普遍必然性，告子恐怕还做不到这一点。因此，这种不动心之道只是义与气的偶合，即便每每如此亦不意味着达到了必然。比如老人该扶之理可以抵抗得了架在脖子上的刀，但很可能就在被老人讹诈风险面前犹豫了。此即孟子所谓"行有不慊于心，则馁矣"。因为理上起了冲突，却又不能返求于心，这就是义外说可能招致的恶果。可见，说到底，告子的问题就在于言（理）、心、气的相互隔离①，正如朱子所言："'不得于言，勿求于心'，是心与言不相干。'不得于心，勿求于气'，是心与气不相贯。"② 这也正是可以用来反思西方哲学不足的地方。告子的不动心可以做到毫无畏惧，但"力制其心"可能陷入寡情薄义，而力制其气又可能陷入专断独行。虽西学中的强大理性主体，亦未必能免于此。

三、作为道德品质的勇气

孟子论勇，传承曾子自反而缩的精神，"以直养而无害"，其气"塞于天地之间"，是所谓"养浩然之气"也。孟子善养气，全在于"直养"二字；曾子自反而缩之"缩"，赵歧注曰"义也"，焦循疏云"缩之为义，犹缩之为直"③，朱子亦注"缩，直

---

① 参见董卫国：《告子思想钩沉——以告子不动心之道为线索》，《船山学刊》2013年第3期。
② 黎靖德：《朱子语类》，第1235页。
③ 焦循：《孟子正义》，第193页。

也"①；孔子则谓"质直而好义"（《论语·颜渊》），"直"与"义"原本就天然地亲近。可见"直养"也就是以"配义与道"的方式在养，由此所养之气亦是"集义所生"。"义何以集？以格物而致其知也。能致其知，则心有主而义以集，然后见之于行事，事皆合于义，《易》所谓'义以方外'。"②说起来也就是一个"事皆合于义"，求一个事之当为。好比说孟施舍"一以不惧为勇，而不论义不义；曾子之勇，则有惧有不惧，一以义不义为断"③。但这样一来，岂不成了全是"义"上的事，何必还要再说一个"勇"出来呢？其实这只是表明，"勇"要以"义"为断，"勇"原本就是道德中之事，属于一种道德品质，在"勇"之先一定要有一个"义"的裁断。孟子所论之勇"集义所生"，便是此意。论勇之所以能论到一个浩然之气上，正在于"勇"原本具备的这种道德性。"塞于天地之间"的浩然之气，与仁者的"万物皆备于我"并无二致，只是一个从"体"上讲，一个从"用"上讲。"勇"是仁者的应有之义。但"勇"终究是可以单独来论的，脱离"义"或"心"也可以讲"勇"，如孟施舍一系的养勇，以气来养气，可以与仁义并不相干，因此说"仁者必有勇，勇者不必有仁"（《论语·宪问》）。但"所养者气，所以善养者心，心之所以善养者，在直与义，此孟子所以为善养浩然之气也"④，"心"是善养之处，这决不仅仅只是一个方法上的问题。如果没有养好，勇就有可能沦为祸患。孟子"自反以求心，持志以帅气"⑤，即是以心养气，养的是气，用力处是心，持守心之所向，气则随之在体，而后气之充周升腾而至浩然，"至大至刚""虽千万人吾往"。

---

① 朱熹：《四书章句集注》，第230页。
② 焦循：《孟子正义》，第208页。
③ 焦循：《孟子正义》，第194页。
④ 焦循：《孟子正义》，第199页。
⑤ 焦循：《孟子正义》，第204页。

至此，孟子由不动心起经由论勇而至浩然之气，整个思想境遇获得全副呈现。

可以说，"勇"作为一种道德品质，其由气来呈现，这倒没什么问题，"勇"进入现代话语体系中直接现身为"勇气"，这也是可以接受的。然而，接下来勇气在各种人文学科中不断地被叙说或阐述时，却越来越脱离其生长的道德土壤，这就难以让人接受了。细观今人重提"勇气"这一主题时，多半还是运用了西学的思想资源，而与儒家作为一种道德品质的勇气关系不大。古希腊哲学家柏拉图论勇时，将"勇"作为一种美德，其实是多少有些犹疑的。在"美德即知识"的这一眼光打量下，"勇"作为人的一种品质显得太特殊了，"在所有的美德中，勇敢最难被还原为知识"，将其视为一种美德实在有着太大的考验①。不能还原为知识，也就意味着不是一种可以教育的必然品质，"勇"就成了一种被"意气"所决定的东西②。当然，柏拉图将"勇"作为城邦卫士的品质，依然是可以进行教育的。"如果一个人的激情无论在快乐还是苦恼中都保持不忘理智所教给的关于什么应当惧怕什么不应当惧怕的信条，那么我们就因他的激情部分而称每个这样的人为勇敢的人。"③ 意气或者是激情接受理智的教导，哪些"应当"惧怕还是不惧怕，从而确保勇气还是植根在道德之上。这也是作为一种古典的思想立场，能够与儒家共同抵达之处。不过，如果细说起来，以理智的教导方式来克服"无论在快乐还是苦恼中"的心情，通过坚守"关于什么应当惧怕什么不应当惧怕

---

① 韩潮：《美德的整体与勇敢的殊异——柏拉图〈普罗泰哥拉篇〉的叙事与论证》，《世界哲学》2011年第2期。
② 意气（thymos）作为护卫者的天赋品质被论说。参见［古希腊］柏拉图：《理想国》，商务印书馆1997年，第67页。
③ 柏拉图：《理想国》，第170页。

的信条"而成为"勇敢的人",这实在是太像告子的"不得于言,勿求于心;不得于心,勿求于气"了。与此同时,"勇"终究只是作为城邦卫士的品质出现,这也说明并没有完全摆脱从孟贲到孟施舍这一脉的影响。当然,由此树立起来的理性主义传统的力量还是很强大的,从此以后"勇"是继续保持在道德的根基上,还是从道德的视域中剥离出来,都由理性说了算。在理性头脑的作用下,勇气的位置忽上忽下,直到现代西学中出现两种极端的处置:要么沦为心理学意义上的性格特征,要么提升为本体论意义上的存在属性。这倒是特别符合理性的分析头脑喜欢穷尽各种可能的做法。

美国学人普特曼(Putman D.)在他的《心理勇气》一书中将勇气分为心理勇气、生理勇气和道义勇气。他认为,"'生理勇气'是指克服对死亡或痛楚的恐惧的勇气",而道义勇气"涉及的主要是保持道德正义,或某些哲学家所谓的'本真'",这一类勇气"让你尽力保持正直,同时克服对别人孤立和拒绝的害怕"。而他称之为的心理勇气"面对的恐惧对象通常既不是生理伤害也不是节操的丧失,而主要是心理稳定的丧失"。在克服类似于强迫或成瘾这一类心理问题时,也需要面对心理死亡的恐惧,这如同面对生理死亡(需要生理勇气)或社会死亡(需要道义勇气)的恐惧一样重要[①]。这种分类方式是典型的现代人文学科体制的产物,生理勇气和道义勇气其实就是对应于孟施舍一脉的勇士和孟子或柏拉图所论作为道德品质的勇气。在古典的思想境遇中,先哲们以深刻的洞察力确立起勇气的道德属性,并力辟血气之勇,却不料现代学人十分轻巧地将两者并列,还整出一个所谓心理勇气来。现代性的精致生活造出大量心理脆弱的人,完全忘却

---

① [美]普特曼:《心理勇气》,中国轻工业出版社2009年,《导言》部分。

了于道义之处的根本力量，就好比生活在钢筋水泥楼里而忘却了天地之间一样。思想家原本应该为现代人指出一条古典的安身立命之道，然而诸多的现代人文学科不过是带着一种媚世的姿态来为现代人疗伤。勇气的心理学化既是生命的精神力量堕落的表现，同时也是人类的思想力量退化的表现。当这种人文学科的知识鼓励现代人说，克服心理上的障碍与保持正直的勇气一样有意义时，这难道是在暗示说，克服了某种洁癖的意义并不输给文天祥的浩气长存么？将勇气心理学化其实是对勇气的矮化，但这并不意味着将勇气本体论化就符合了对勇气的期望。

美国存在主义哲学家蒂利希（Paul Tillich）主张，"作为对人的存在的普遍的、本质性的自我肯定，勇气则是一个本体论概念"，在这种本体论的意义上，勇气意味着"人在其中肯定他自己的存在而不顾那些与他向本质性的自我肯定相冲突的存在因素"。① 在现代性这个平庸的时代，"英雄与圣贤均已退出大众生活的视域。'勇'德不张，自有其时代的背景。'对于我们很多人来说，作为德性的勇气看来不过是一种过时的骑士理想品质的破败的残留物，一种在文明社会已无法派上用场的大男人－军人品德。对于有些人来说，勇气不仅不是一种德性，而且不过是暴力、战争、主宰或者别的让人不快的状况，一种粗鲁的提醒。'"② 存在主义者往往在这种时候会激流勇进，高调标举他们的价值主张。在这个意义上，勇气被本体化并不令人意外，这是对"勇"德不张的平庸化时代进行的一种反动。在存在论意义上来谈勇气，确实具有某种振聋发聩的作用。而从曾子到孟子所论之

---

① ［美］P·蒂利希：《存在的勇气》，成显聪、王作虹译，贵州人民出版社 1988 年，第 3 页。
② 陈立胜：《〈论语〉中的勇：历史建构与现代启示》，《中山大学学报》2008 年第 4 期。

"勇",也未必没有存在主义者的眼光里那种生存论的意味。不过,关键是那"本质性的自我肯定"在获得了本体性的地位之后,也就意味着逸出了传统理性主体的把控范围,那"不顾"一切冲突的"勇气"是得到了前所未有的彰显,可是其道德性该如何保障呢?于是蒂利希那"超越上帝的上帝"就出场了,此与孟子所论"塞于天地之间"的浩然之气完全是南辕北辙①。勇气本体化实质上还是理性的头脑所做出的另一种可能的哲学分析,注定会淹没在诸多的西学流派之中。

其实无论是心理学化还是本体论化,都不过是勇气在现代人文学科中的不同思想遭际,只是笔者做了两种具有代表性的处理叙说出来。勇气的这种思想遭际的情形可能是多种多样的,众多西学的思想流派各有高见。现如今的人文学科里凡是要论到勇气,无不照搬众家思想流派的论说,似乎脱离了西学的这些资源,对于勇气就没法说什么了。至于自家传统文明中的那点思想,粗略地引几句孟子论不动心之类的文本,就算是做了交代,表明自己并非不知道。其实就"勇"而言,前文通过对孟子论勇的细致梳理表明,孟子的阐发已经将其思想根底揭示清楚了,或者说与"勇"相关的一些根本问题意识都在不同程度上获得了开显。同时通过参照西学在古今之间几个重要的论"勇"的点来看,西人论学并不显得技高一筹,所论之处的问题意识从根本上来讲,也并未超出孟子的眼光。不同的只是应对的思想路径,或者是细节之处的花样翻新,大的思想根底早已被孟子或柏拉图这些往圣先贤们所揭示。"文"一定要对着"质"而言,因此"勇"一定要先确立其道德根基,此即"质"上论勇而后方可各种"文"说。现代人文学科在说"勇"的时候,有这种意识么?居

---

① 以上论说可以参照陈立胜:《〈论语〉中的勇:历史建构与现代启示》。

然只是将孟子的几句引文当作博学的点缀，还好意思么？无视孔子、曾子、孟子等这些往圣先贤们对"勇"所作"质"上之论，所有文学、历史、哲学、艺术、心理等等人文学科无论怎样论说"勇"或展现"勇"，都是在作无"质"之"文"，亦即无根之学。就是运用再多西学中的人文主义精神资源，也改变不了这一点。

（原载《天府新论》2014年第4期。原有副标题）

教化与人性

　　荀子在反驳孟子的性善论时，有一个理由是："今诚以人之性固正理平治邪，则有恶用圣王，恶用礼义哉？虽有圣王礼义，将曷加于正理平治也哉？"（《荀子·性恶》）但这一反驳是不能成立的。孟子论性善时，一点也不会让人觉得，他说着说着好像就把圣人的教化给否定掉了。孟子在对着诸侯王论政时，其以"养生丧死无憾"论王道之始，或者"自经界始"论仁政（《孟子·梁惠王上》），然后就是"人之有道也，饱食、暖衣、逸居而无教，则近于禽兽。圣人有忧之，使契为司徒，教以人伦"（《孟子·滕文公上》），哪里有否定圣人教化的意思？而且，恻隐之心固然是人皆有之，但"庶民去之，君子存之"（《孟子·离娄下》），正是需要圣人教化的意思，难道荀子不明白这一点？性善之说不但不否定圣人的教化，而且还给这种教化提供了形上的根据，难道荀子也不知道这个意思？由圣人制礼作乐而对万民施以教化，这是从三代以来就奠定好了的儒家传统。孔子主张恢复周礼，孟、荀传承其道，两者之间在圣人教化的问题上可谓高度一致。实际上，孟、荀之间主张相同处甚多，但为何一定要在人性论上唱反调呢？

一、恶：圣人教化的缺失

教化并非是只有儒家才会有的思想主张，从一般的意义上来说教化，很难想象会有哪个文明会反对。但怎么来理解这种教化，这又是千差万别了。儒家的教化必须就着圣人来理解，反过来也只有通过教化才能更好地理解儒家的圣人。在儒家作为一种教化的文明这一论说上，荀子与孟子一样相差无几。很显然，教化最终要确保的是人性之善，缺失了圣人的教化，肯定就会招致恶。由此，恶作为圣人教化的缺失，这个无论是在孟子那里，还是在荀子那里，都是说得通的。当然，这是笼统的说法，如果要往细致处梳理，毕竟还是有相当大的差异呈现出来。与《荀子》中大量地言恶不一样，整个《孟子》文本中，都很少直接说到恶，更不必说《荀子》还有专门的《性恶》篇。《孟子》书中出现的"恶"字，绝大多数都是厌恶之"恶"，如"不仁而在高位，是播其恶于众也"（《孟子·离娄上》）中的这个意思，甚至都找不出几处来。孟子言性善，其于恻隐之心，谓"苟不充之"或"苟失其养"（《孟子·公孙丑上》），都是"舍则亡"（《孟子·梁惠王上》）而流于恶之意。君子尚且如此，庶民岂能存之？当然，孟子多于正面处言，"君子存之"则庶民"引领而望"乃至"沛然德教溢乎四海"（《孟子·离娄上》）。若君子不存，则庶民何去何从，其意不难想见。故而若是缺失圣人教化，那"异于禽兽者几希"（《孟子·离娄下》）处便无从彰显。孟子于性善之处论说极富，而于人之恶所言甚少，其大意不外乎此。与此相比，荀子于人之恶的论说确实繁富得多，但总体而言，荀子论恶作为圣人教化的缺失，这一主张显得相当明确：

人之性恶，其善者伪也。今人之性，生而有好利焉，顺是，故争夺生而辞让亡焉；生而有疾恶焉，顺是，故残贼生而忠信亡焉；生而有耳目之欲，有好声色焉，顺是，故淫乱生而礼义文理亡焉。然则从人之性，顺人之情，必出于争夺，合于犯分乱理而归于暴。故必将有师法之化，礼义之道，然后出于辞让，合于文理，而归于治。用此观之，然则人之性恶明矣，其善者伪也。（《荀子·性恶》）

仔细分辨荀子的意思，就不难发现，生而"好利""疾恶"及"耳目之欲"，这其实并非是恶，只有缺失了"师法之化，礼义之道"而从性顺情，这才会"犯分乱理"导致恶。不过，就恶作为圣人教化的缺失而言，如前所述，这一思想主张完全可以在孟子的性善论上来达成。而荀子却分明是将矛头指向孟子，还对性善之说逐一做了反驳，并坐实了"人之性恶"这一结论。这之间的针锋相对显然不容回避，个中原委还得慢慢道来。

若以个人的阅读经历而言，笔者觉得荀子的性恶之说，与告子主张"人性之无分于善不善也"（《孟子·告子上》）并无多大差异。当然，更为谨慎的做法是，可以将荀子的人性论往前追溯到告子，认为其论人之性恶是延续了告子的"生之谓性""食色，性也"（同上）。而告子有关人性的言说，正是在与孟子争论性之善恶的过程中出现的。可见，荀子反驳孟子时，未必没有自觉延续告子的意思，而有意要对着孟子的人性善来将人性坐实为恶。因此，这一分歧还得从孟子与告子说起。通常认为，孟子与告子之间的争论是由于没有分清"性"这一概念的内涵，似乎这只是出于一种误会。但实际上，作为那个时代的思想先锋者，孟子和告子都能够意识到自己是在什么样的层面上使用"性"这一概念的。孟子的人性指的是人之本性的类本质，而告子的人性却是人的自然属性，两人恰恰是坚持在自己的立场上运用"性"概念而发生争论的。在孟子那里，作为人之本性的"性"是与犬牛之"性"不同的。但这并不妨碍告子在人与犬牛相同的特征层面上使用"性"，并具体指称"食色，性也"（同上）。对于孟子所论作为人之本性的"仁义"，告子则表达出"仁，内也，义，外也"（同上）的思想主张。在这里，告子"仁内"之"仁"不可能是孟子所言"仁义"意义上的"仁"，同时也不是孔子在《论语》中所说的"仁"①。结合到告子所说"吾弟则爱之，秦人之弟则不爱也，是以我为悦者也，故谓之内"（同上），不难看出，告子所谓"仁"，实际上仅仅取义于一种族群内的"爱"的自然情感。这就是说，告子的"仁内义外"是要表达出，孟子所论之"仁义"是由后天加于人性上形成的，不过在形成的过程中，仁形成于人的内部，而义则形成于人的外部。正是告子在主张"仁义"是后天作用的结果这一立场上，清楚地被荀子的善伪论所延续，即所谓"凡礼义者，是生于圣人之伪，非故生于人之性也"（《荀子·性恶》）。一定是通过圣人教化的作用才会使人向善，而善并非是人所固有的，这一点确实与孟子形成鲜明的对峙。

至于在人性的概念上，荀子认为："凡性者，天之就也，不可学，不可事……不可学、不可事而在天者谓之性。"（《荀子·性恶》）又说："生之所以然者谓之性。性之和所生，精合感应，不事而自然谓之性。"（《荀子·正名》）人性既然只是"天之就"，是"生之所以然"和"不事而自然"的，那这一言说丝毫也没有论证出在什么意义上会是恶的，终究还是告子那性无善恶的立

---

① 如史华慈认为，"这里所说的'仁'，如果赋予它《论语》中那种极其崇高的意义，反而有点令人困惑。在上下文中，它所指的似乎不过就是自然情感……"。见［美］本杰明·史华兹：《古代中国的思想世界》，江苏人民出版社2004年，第272页。

场。包括对于这一层面上的自然情欲，荀子也没有声称过它是恶的，因此他从没主张过去欲、禁欲。"凡语治而待去欲者，无以道欲而困于有欲者也。凡语治而待寡欲者，无以节欲而困于多欲者也。有欲无欲，异类也，生死也，非治乱也。"（《荀子·正名》）相反，荀子的态度是养欲，"礼者养也"，先王制礼义的目的就在于"养人之欲，给人之求"（《荀子·礼论》）。如果在作为"天之就"的人性层面上并不具备什么罪恶性，而仅仅只是不受圣人礼义节制的自然情欲才导致恶，那么就很难说这样的人性论属于性恶论。看来，恶始终只是作为圣人教化的一种缺失而出现的，善恶之分也只能就着圣人教化而言。"凡古今天下之所谓善者，正理平治也；所谓恶者，偏险悖乱也：是善恶之分也矣。"所谓"正理平治"，是指"立君上之势以临之，明礼义以化之，起法正以治之，重刑罚以禁之，使天下皆出于治，合于善也"，而"偏险悖乱"则是"去君上之势，无礼义之化，去法正之治，无刑罚之禁"（《荀子·性恶》）所导致的。善恶之间必须就着圣人教化才能做出区分，这是荀子论人性的一个关键方面。相比之下，孟子论性善就不同了，所谓"恻隐之心，人皆有之；羞恶之心，人皆有之；恭敬之心，人皆有之；是非之心，人皆有之"（《孟子·告子上》），"四端"直接安置于人心之内而显现为"性"，由此实现出来的"仁义礼智"，就是"非由外铄我也，我固有之也，弗思耳矣"（同上）。恶固然可以表达为圣人教化的缺失，但善的根源则是内在的，无论是"正理平治"还是"偏险悖乱"，并不影响这人性的内在之善。除非荀子也在同样的意义上阐明恶为人性内在所本有，是属于人的一种存在属性，只有这样才真正构成与孟子性善论在同样层面上的针锋相对，一如耶教所展现的那样①。因此，就荀子的人性论而言，准确地说还是属于性无善恶论，其对于恶的阐明，基本上还是停留在经验层面上对恶的现象作了描述和强调。当他一定要将人性坐实为恶时，更多地还是出于反驳孟子的情势所造成，而并非做出了完全不同理据的阐明。否则，荀子也就不会是儒林中人了。当然，孟子的性善论作为儒家文明极具标杆性的学说，荀子在这一问题上把矛头指向孟子，哪怕不是真正意义上的对立，那也不是无足轻重了。正是荀子对教化文明的高度认同，才确保了他那毋庸置疑的儒家身份。圣人与教化的思想脉络使得荀子虽未能将礼义之根据置于人性之内，却也未超出"人"之外。

有一种看法认为，在古代的思想世界里，论人性有两种不同的路向。一条是向内的求索，即心讲性，明心见性。一条是向外的探寻，以天道讲人性，推天及人。比如孟子的性善论就是前一路向，而《易传》是由天道讲人性，所谓"一阴一阳之谓道，继之者善也，成之者性也"（《周易·系辞上》），人的善性是继阴阳之道而成，则显然是后一路向②。不过，荀子似乎又两条路向都不属于，他一面固然是反对孟子从人心上去开发善性，但另一面他又分明是明天人相分的，善伪之说似乎并不由天道来落实。也许可以说，荀子在人性论的根本路向上是与《易传》相近的，即都依照的是向外探寻的道路③。就《易传》而言，其继善成性说表明人的善性虽是向外承天道而来，却又不至于让人认为这种善性是外在于人的。如果能靠上这样一种理解，也许荀子的善伪论就显得清楚多了。可问题是，荀子的明天人之分与《易传》的天

---

① 贺璋瑢：《孟子与基督教人性/道德论之比较》，《哲学研究》2003 年第 5 期。
② 庞朴：《孔孟之间——郭店楚简的思想史地位》，《中国社会科学》1998 年第 5 期。
③ 李泽厚：《中国古代思想史论》，人民出版社 1985 年，第 122—125 页。

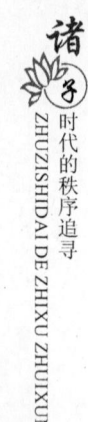

道观之间并不是一回事。如果荀子一定要致力于天与人之间的相分，强调"天有常道矣，地有常数矣，君子有常体矣"(《荀子·天论》)，那么哪怕礼义之善是作为圣人的教化，也终究与天道隔绝，而与《易传》思想无缘。好在又有学者注意到，当荀子声称所谓"天行有常，不为尧存，不为桀亡。应之以治则吉，应之以乱则凶"(同上)时，若是天之常道其实就是"应之以治"的礼，则作为圣人教化的礼义正是"天行"贯穿在人道中的体现。这样说来，礼义还就是根源于这个"天行"之常，其与天道恰恰又是贯通的①。不管这一结论是否能真正成立，既然荀子始终依托于圣人与教化这一思想脉络，就不可能脱得开儒家天人贯通的传统。圣人教化的文明，就是一个彻上彻下全然向善的文明，善一定不在人之外，而就贯通在天人之际。恶只是圣人教化的一种缺失，这一意识在人性与政治之间体现得更为充分。

二、人性与政治

又有一种说法认为，荀子对善与恶的界定是从政治秩序的角度做出的，如前文所提及的"正理平治"与"偏险悖乱"之别，完全是就着一套政治秩序而言。尤其是对于"人之性恶"的阐明，最终都是落在礼义法正的政治秩序上。而孟子的"四端"之心显然无关乎政治秩序上是"正理平治"还是"偏险悖乱"，对于人性善的阐明完全是从伦理自身的角度进行的。按照这种思想路径上的区分，孟子与荀子之间有着分别取向政治伦理化与伦理

---

① 梅珍生：《论荀子礼学的深度结构》，《江汉论坛》2004年第8期。

政治化的不同①。这种区分未必没有道理，但如果伦理与政治的区分并没有那么大，则以为讲政治未必不是在说伦理，反之亦然，这两条路向的不同也许就不能说明太多的问题。尤其是当荀子强调要将人性坐实为恶时，伦理政治化的定位很可能就会误以为荀子在为政治提供一种理据。如果是这样的话，那就变得非常糟糕了。恶一旦成为政治的根据，则人类就只能等待着救赎，或者诉诸于超脱，当然也可以凭借理性的头脑来达到利益的平衡，但总之就不可能有圣人的教化。荀子虽然阐明"礼起于何"时论到，"人生而有欲，欲而不得，则不能无求。求而无度量分界，则不能不争，争则乱，乱则穷，先王恶其乱也，故制礼义以分之"（《荀子·礼论》），但这并不意味着是在论证政治制度起源于人性之恶。那种以为荀子是从性恶处来论礼制起源的看法，不过是过于轻率地照搬了近代西方政治理论当中的制度起源说。

在近代西方的政治哲学当中，以诸如人的欲望或自私自利之类的本性作为国家制度的起源，有许多政治哲学家都做了充分的论说。正是由于人的诸多恶的本性存在，国家制度才必须诞生，以确保社会秩序的正常运转。而既然荀子的人性论当中已经大量地描述了同样的人性恶，从而认为荀子在论礼制起源时已经与近代西方的政治哲学家站到了一块，这样看起来似乎是很容易对接上的。然而，只要稍稍严肃地审视一下人的性恶与政治制度之间的关联，就会发现两者之间并非是一回事。一个最为根本的区别是，在近代西方政治哲学家那里，国家制度的原则与人的性恶具有一种内在的关联，而荀子的礼义制度与他所描述的人性恶完全是异质的。可以说，近代西方哲学家是从人的欲望或自私自利这样的本性当中，推演出国家制度的根本原则。如"霍布斯追溯到

---

① 关于荀子伦理政治化的问题，参任剑涛：《伦理的政治化定位——荀子思想主旨阐释》，《中山大学学报》1998年第1期。

现存国家在人类本性那里的根本原则，一方面，是无穷无尽、欲壑难填的虚荣自负，另一方面是对暴力造成的死亡的恐惧。而正确的国家形式，随后将从这些原则中演绎推论出来。"① 而在荀子那里，"古者圣王以人之性恶，以为偏险而不正，悖乱而不治，是以为之起礼义、制法度，以矫人之性情而正之，以扰化人之性情而导之也，使皆出于治，合于道者也。"（《荀子·性恶》）礼义法度显然不与人性之恶有什么内在关联，它是圣人所为，与荀子所描述的人性恶恰恰是完全异质的。因此，恶一定不是礼义法度的根据，是圣人在"起礼义、制法度"，也就意味着圣人才是礼义法度的根据。"圣人化性起伪，伪起而生礼义，礼义而制法度。"（同上）很明显，礼制的起源还在于圣人，是圣人确保了政治之善。在这一问题上，荀子与孟子才是站在一起的。孟子主张"先王有不忍人之心，斯有不忍人之政"（《孟子·公孙丑上》），而无论是"圣人"还是"先王"，都意味着政治礼义起源于德性。从根本上说，荀子和孟子一样都是从人的德性原则着手来展开他们的政治思想，这与近代西方政治哲学家的做法全然不一样。"他（指霍布斯——引者注）开始阐发他的政治哲学，不是从德行本质这个问题着手的，也不是在人的理念这个意义上，从人的'本性'的问题着手的，而是在所有的人们接受培育之前的本来面目这个意义上，从人的'本性'的问题着手的。"② 只要稍稍翻阅一下马基雅维利的《君主论》，就不难发现同样是描述人性恶，其论调与荀子完全就是南辕北辙。

当然，在人性与政治的问题上，荀子与孟子之间的分歧并非是可以轻易弥合的。就孟子而言，以"不忍人之心"的性善论来

---

① ［美］列奥·施特劳斯：《霍布斯的政治哲学：基础与起源》，译林出版社2001年，第185页。
② 施特劳斯：《霍布斯的政治哲学：基础与起源》，第185页。

奠定政治的人性论基础，这一思想脉络显得相当清晰。但在荀子这里，由人性到政治之间的脉络就不是这么容易把握，至少远不如圣人与政治之间的关系这么明了。政治当然是根源于圣人的教化，但人性的问题不能在这一关系上付之阙如。荀子将人性坐实为恶时，这其实不是就人之所以为人的本性上来说的。如前文所论，这种恶与圣人或政治都没有内在的关联，它只是圣人教化的一种缺失，或者就是反政治的一种结果。但在"人之所以为人者"的这个意义上的人之本性，究竟与政治有什么关联呢？

按照荀子的主张，"人之所以为人者，何已也？曰：以其有辨也。……然则人之所以为人者，非特以二足而无毛也，以其有辨也。"（《荀子·非相》）人之所以为人而区别于禽兽的地方，并非人只有两条腿，或者人身上不长毛，当然也一定不会是人生而"好利""疾恶"或有"耳目之欲"。荀子很明确地指出，人之所以为人者是"以其有辨"。听起来，这应当会是一个比较具有震撼力的命题，就像"心有征知"（《荀子·正名》）容易被某些现代学人特别看重一样。"辨"确实是一个具有很强理性思考内涵的观念，跟"德"的观念内涵有着很大的不一样。若荀子以"辨"为人之所以为人者，而结合到政治礼义的起源上说，似乎很可以论出一种理性主义的政治学说。令人惊奇的是，荀子无意之中还带出些这方面的意思，"今人之性，固无礼义，故强学而求有之也；性不知礼义，故思虑而求知之也。"从"强学""思虑"而求说下来，将"辨"这一思想能力充分展开为一种理性主体，保不准就能建构出一套理性主义的政治学说。但不好意思，荀子没有显示出这方面的诉求，他紧接着只是说，"然则性而已，则人无礼义，不知礼义。人无礼义则乱，不知礼义则悖"（《荀子·性恶》）云云，没有走上理性主义的道路。不过，汉学家以其特有敏感，还是捕捉到了荀子这一不同寻常的思想意识。"在

《荀子》中，如果把'性'这个词翻译成'心灵'（mind）则更为合适，因为它不可能依靠对于与生俱来的道德秉性的引导来生成。它所包含的是一种宝贵的思想能力，是一种既可能又不能调动起来去获得知识、深思熟虑的气质、反思的能力、自觉完成其预定目标的思想能力。"① 通过对"道德秉性"与"思想能力"的细致区分，也许是要表达出对荀子思想的某种意外收获，但也未必不是说明了荀子在人之本性的问题上脱开善恶问题时所遭遇的困境。当荀子认为"辨莫大于分，分莫大于礼，礼莫大于圣王"（《荀子·非相》）时，这种"思想能力"显然并未超出"道德秉性"。所谓"莫大于"的意思就是说，"辨"的一个最好的工作就是达到礼义之分，而这个礼义之分的最好状态就是圣人的教化。反过来说，圣人的教化不就是可以落实为礼义之分么？礼义之分不就是"辨"的思想能力的体现么？禽兽之间也有父子，但决无父子之分，这就是只有人才能具备的分辨能力，是人能别于禽兽而所以为人者。荀子的"辨"就是这个意思，也就是这个"辨"为政治提供人性论的基础。换句话说，荀子是由圣王之辨说到礼义法度，与孟子由先王之心说到不忍人之政，并无实质差别。只不过孟子是明确道出，而荀子则曲折展现。总之，在人性与政治的问题上，无论孟、荀，都是与圣人的教化相勾连，最终通过"教化"一义而保持着人性论上的相互照应。

三、荀子的反调

在孟子与荀子之间的人性论思想上，笼统地提性善论与性恶

---

① 史华兹：《古代中国的思想世界》，第304页。

论之间的对立会造成问题，而过于轻率地弥合两者之间的分歧也会造成问题。将人性论问题置于圣人教化这一思想脉络之中，有助于更准确地把握性善与性恶的论说。在人性问题上，荀子的看法显然与孟子有着极大的不同，他不但不接受孟子在人之所以为人者的层次上使用人性概念，而且即便是在人的本性意义上也会反对"四端"之说。但如果是就圣人教化而言，荀子与孟子的立场则高度一致，他们共同传承了由孔子所提升出来的儒家教化文明。围绕着圣人教化这一独特的文明，孟子提供心性根据在前，荀子铺陈治民之道在后。一前一后有着太多可以相互呼应的地方，共同将儒家的教化文明向纵深推扩。至于体现在人性问题上的分歧或强或弱，都不曾脱离了教化文明这一共同传承的儒家大业。因此，自教化而言人性，孟、荀之间相承者多而分歧者少。具备了这一意识的保障，再来细说几处差别处，亦不至于因把握不好而造成太大的偏失。

如果就孟、荀之间某种具体的情势来看，也未必不可以列举出一些颇有差异的地方。孟子总是直面王公贵族而论人性，而荀子多就治道层面而言民性。孟子面对王公贵族大胆阐明人性之善，荀子直承教化之道而谨慎洞悉民性之情。孟子重教化的源头，所以把善说在教化之前；荀子重教化的力量，所以把善说在教化之后。孟子是自政治之前言善，力图以性善来确保政治之善；荀子则是自政治之后言善，力图以政治来确保民人之善。当然无论哪一种情形，恶都是缺失圣人教化的结果。在孟子那里，道德与政治一体的重心落在了道德上，以"不忍人之心"而言"不忍人之政"，自道德的源头来根本地成就政治。到荀子这里，道德与政治一体的重心移到了政治上，以圣王礼义而言正理平治，用政治的方式来艰难地确保道德。孟子时势迫切，但尚可寄希望于王公贵族"立乎其大者"，而后可以救世。至荀子时则不

然，诸侯混战旷日持久，王公贵族已无可指望，唯有回到教化传统本身而力陈治国之道、治民之方。孟子在诸侯林立、列国争霸的混战当中，他也许并不担心天下一统的问题。在他看来，统一天下不是问题，问题是由什么样的国家来统一。某一个国家的胜或负、强或弱不是他要关心的，他相对从容地做出王霸之辨，严防霸道而力陈王道，因为他关心的是哪一个国家能提供正当的秩序源泉。在孟子看来，关键是王公贵族要能"立乎其大者"，由仁心推及仁政，在治道层面上的事就显得水到渠成。同样是处于诸侯争霸、恢复周礼彻底无望的时期，荀子所处的时代远不及孟子时来得从容。如何才能一统天下显得更为重要，必须要凭借一个国家的强大才能统一诸侯各国。因此，荀子对孟子强调的"先立乎其大者"显得不以为然，他相当关心富国强兵，在治国治民的层面论述极富。正是通过荀子对于王者之制的论说，使得儒家的许多政治思想可以读到具体而微处。

不过，就某种具体情势而论的差异，固然也可以有相当的道理，但若是停在这个层面上来说，就难免有被具体情势所决定的危险。比如荀子虽说并不讳言霸道，但仍然是以王道为主而兼言霸道。尤其重要的是，如果国家无道，则"有之不如无之"，荀子对此亦是毫不含糊的。其所谓"行一不义，杀一无罪，而得天下，仁者不为也"（《荀子·王霸》），与孟子之"行一不义、杀一不辜而得天下，皆不为也"（《孟子·公孙丑上》），其论如出一辙。荀子与孟子所追求的王道理想依旧保持着相当的一致性，并没有被具体的情势所决定。荀子论出"欲王而王，欲霸而霸，欲强而强"（《荀子·王霸》），虽有每况愈下之意，实则均不离"得道以持之"（《荀子·王制》）之意。可见，其所言之霸道，与孟子所作王霸之辨中之意，已是迥然有异。当然，孟子以王霸之辨确保王道之纯粹性，到了荀子这里毕竟已失。这也就为其后的韩非接着荀子言霸道，却正好走到了孟子所言王道的对立面留下了可乘之机。这又是孟、荀之间无法弥合的地方。

自孟、荀之后，汉唐以来历代儒者多重荀子的治道思想，自宋儒之后又转而极重孟子的心性资源。孟、荀之间对后世儒家思想的影响各有不同，由这种思想史的影响回头再看孟、荀之间的人性论思想，或许会把握得更为准确。孟子对人性的定位及领悟确实震古烁今，其在心性源头处的高明阐发使得儒家精神极富根源性的力量。荀子未必就体会到了孟子的这种极高明处，他没能接住孟子的根源处往治理层面上讲，这是很可惜的。不过，孟子于源头处的阐发并不意味着在治理教化层面的水到渠成，荀子在礼坏乐崩时期重新安放礼义法度显得极为重要。荀子围绕着圣人教化之道，所阐发之处焕然成章，留下了非常繁富的治论思想，而使得儒家之学由此蔚为大观。尽管总可以说，对于一种思想的源与流应该同时把握，而不能有所偏废。但并非所有思想者都具备同样的思想力，如果思想识度不够而单纯追求源流一体的圆融，往往就会失之疏阔而并非真正圆融。也许唯有于一处发力，集中思想能力阐发一端，才更能获得思想的深刻性或深邃度。这就好比双眼睁开虽然见得更广，但未必便于集中一处。当闭上一只眼而便于另一只眼去瞄准时，往往更能把握得精准而便于提升。由孟及荀的思想史历程，或亦可作如是观。荀子一定要在人性论上跟孟子唱反调，可能只是思想史上的轮转。遮上一只眼，为的是获得另一只眼的深刻与繁富。

（原载《切磋三集——四川大学哲学系儒家哲学合集》，华夏出版社2013年。原有副标题）

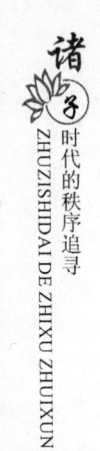

"学"之三情

《论语》的经典文本地位是在历代的解释过程中形成的,每个解释者首先所面对的,自然就是《论语》的《学而》章。作为全书首章,又在所谓"字字皆碑"的情形下,如果说后儒可能会在注疏中表现得态度最认真或者用力最勤,这是再自然不过的事。其实,在不大有注疏出现的今天,许多学者也表现出对这一章特有的兴趣。这与"学而"章言"学"的主题关系极大。在号称"知识就是力量"的今天,对于知识的学习和掌握变得越来越重要,关注"学"这一主题也是情理之中的事,尽管现代人学习的内涵与古人大不一样了。当然,《学而》章获得关注的另一个重要原因,恐怕还是"学"与"悦"的关联造成的。在现代人"厌"学的比照下,古人一句"学而时习之,不亦悦乎"不免让人困惑或惊讶,从而也引出许多不着边际的解释。其实,与通常留给人们的印象不同,《论语》文本中言"学"也并不仅仅表达一种"悦"的情感体验。"学"作为经典世界中经常被谈论到的一种叙事,其实涉及了多种不同的情感体验。与"学而时习之"所表达的"悦"体验相关联,笔者希望通过对"学"的三种不同的情感体验做出整体的疏解,从而呈现出《论语》文本中"学"这一经典叙事更为丰富的景象。

一、"学"与"悦"

"学而时习之,不亦悦乎"(《论语·学而》)作为开卷之言,引出的"学"主题无论是在《论语》文本中,还是在整个儒学传统中,其地位之重要毋庸赘言。《学而》章为历代注疏者所充分关注,与"学"主题的地位是相称的。另一层未曾言明的缘由其实也很重要,即"学"与"悦"的情感体验相关联。事实上,"学"的艰难并不只是今人才遇到的,学生们的励志作文中常常用到的"卧薪尝胆"或者"悬梁刺股"的例子就是古人在"学"上的艰辛。可见,"学"的艰难却与"悦"的情感相通,这决不是普通层次上的事情。它与孔子所处乱世的艰难而与所道"孔颜之乐"的情感相通一样,注定要成为后学者不断挖掘和提升的精神资源。然而,不管"学"的行为与"悦"的情感相通是在一个什么样的层次上发生的,"学"在《论语》文本中,却决非始终如一地就是一种"悦"的情感体验。

通常都能认识到,古人之"学"与今人的学习已经是不可同日而语了。实际上,历代以来对"学"的阐释就是异彩纷呈,而这也与《论语》文本本身在"学"的内涵上的差异不无关联。讨论孔子之"学"的文献相当丰富,观其要,大体不离诗书六艺、仁与礼、文与道等不同角度概括出的内涵。本文不拟做进一步的探究,只是简单呈现一下历代阐释"学"的差异。《说文解字》云:"学,觉悟也。从教,从冂。冂尚朦也。臼声。"以"觉悟"训"学",已经是后起的含义了。一般认为,"学"本作"壆",象双手构木为屋形。或者又认为,"学"是表示小孩在房子里以双手拿占卜工具。这些无疑是更早的一种含义。而在《论语》当中,"学"的这种原初含义已经消失。《白虎通·辟雍》云:"学之为言,觉也,以觉悟所未知也。"① 与《说文》的训解一样,"学"也就是"觉",是"悟"。由这种训解,还可以领会到孔子"不愤不启,不悱不发"(《论语·述而》)的精神。可见,训"学"为"觉",还是相当贴切的,由是这种训解的影响还颇为深远。皇侃《论语集解义疏》还是一句"学者,觉也,悟也",这种训解至少沿袭到宋初邢昺的《论语注疏》那里。到朱子才改训为"学之为言,效也"②。如果说"效"与"觉"毕竟存在着某种区别的话③,"效"却仍是承"觉"而来。这就遇上了清人毛奇龄对"学"区分"虚字"与"实字"的问题。他在《四书改错》中说道:"学有虚字,有实字。如学《礼》,学《诗》,学射、御,此虚字也。若志于学,可与共学,念终始典于学,则实字矣。此开卷一字,自实有所指而言。"④ 这就是说,《论语》开卷的"学"字,其含义应当实有所指。在皇侃训为"觉"的时候,紧接着说到"言用先王之道导人情性,使自觉悟而去非取是,积成君子之德也"⑤。"先王之道"就是"学"的对象,但这是补充说明进去的,并不是"学"训为"觉"本身的内涵。同样,朱子又说道"人性皆善,而觉有先后,后觉者必效先觉之所为,乃可以时善而复其初也"⑥,或者云"盖始乎为士者,所以学而至乎圣人之

---

① 程树德:《论语集释》,中华书局1990年,第2页。
② 朱熹:《四书章句集注》,中华书局1983年,第47页。
③ 有学者认为,皇侃解"学"为"觉"是从教的立场上立说,朱子解为"效"则是从"学"的立场着眼。参见程二行:《"学而"章义探微》,《淮阴师范学院学报》2005年第3期。
④ 程树德:《论语集释》,第3页。
⑤ 皇侃:《论语集解义疏》,《新编诸子集成》第1册,四川人民出版社1998年,第103页。
⑥ 朱熹:《四书章句集注》,第47页。

事"①。所"学"的对象是先觉者或说圣人，但也不是"学"训为"效"本身具有的内涵。按照毛奇龄的看法，"学"本身应当具有确定的内涵，而训为"觉"或"效"都只表示一种"学"的动作。因此，他认为："学者，道术之总名。……以学道言，则大学之道，格致诚正修齐治平是也。以学术言，则学正崇四术，凡春秋《礼》《乐》，冬夏《诗》《书》是也。"② 其实，无论是先王之道，还是圣人之事，或是种种道术，无非是呈现出古代之"学"在内涵上的差异。这些对"学"的阐述所呈现的差异，不过是与时代的变迁或立场的变化相关联，其实还是能够在总体上反映出古人之"学"的特征。至于说，"从《论语》全书看来，'学'在一些重要地方不能被置换为'学什么'或'学的什么'；不论'学（的）什么'，总遗漏了孔子讲'学'本身中所蕴涵的那样一种更纯粹活泼的意思"③，这或许是现代学者具有创造性的阐释，却未必能作为思想史来看待。大体说来，尽管历代所阐释"学"的内涵异彩纷呈，但与现代之"学"相比，仍然与孔子之"学"具有相当的一致性。类似于朱熹所言"习，鸟数飞也。学之不已，如鸟数飞也"④，而与《说文》的"习，数飞也"保持一致，正是这种赋予"学"以一种古人独有的属于生命律动感的东西，是现代人所无法再体会到的，而与现代专业化、技术化之"学"，呈现出断裂性的分别。

以上只是简单提及一下古代阐释"学"的多种内涵，而无论怎样释"学"，显然都看不出如何可能与"悦"的体验自然等同。"悦"无疑是一种令人十分向往的情感体验，李泽厚就以《论语》

---

① 程树德：《论语集释》，第3页。
② 程树德：《论语集释》，第3—4页。
③ 张祥龙：《境域中的"无限"》，《江苏社会科学》1999年第6期。
④ 朱熹：《四书章句集注》，第47页。

首章突出"悦""乐"二字提出"以儒学为骨干的中国文化的特征或精神是'乐感文化'",因为在他看来:"首章揭示的'悦''乐',就是此世间的快乐:它不离人世、不离感性而又超出它们。"很显然,这其实是在西方基督文明的比照下所产生的新的认识,而并不针对原有的问题性。"学"的艰难与"悦"的情感相通,也不是一句"一种有所收获的成长快乐"可以交待的,古人为此可没少费苦心①。何晏《论语集解》引王肃曰:"时习,学者以时诵习之。诵习以时,学无废业,所以为悦怿。"② 这里强调的似乎是"以时","学"而"习"并不能就"悦"了,玄机可能就在"时"字上。果然,皇侃《义疏》接着发挥道:"凡学有三时:一是就人身中为时,二就年中为时,三就日中为时也。凡受学之道,择时为先;长则扞格,幼则迷昏。故《学记》云'发然后禁,则扞格而不胜。时过然后学,则勤苦而难成'是也。……二就年中为时者,夫学随时气则受业易入。故《王制》云'春夏学《诗》《乐》,秋冬学《书》《礼》是也。……三就日中为时者,前身中、年中二时,而所学并日日修习不暂废也。"③ 应当说,古人对"时"所做的这种发挥,还是不无道理的。我们知道,古代的"时"不是现代通常所理解的一种线性的物理时间流,而是指一种恰当的时机或者适当的机遇,"时"与"中"在《易传》和《中庸》中的关联更表达了这样一种内涵。在"学而"章中,不管"时习"之"时"存在着多大程度上的丰厚内涵,后人在"时习"而悦的问题上充分挖掘"时"的内涵,还是很有道理的。并且这种做法的影响还颇为深远,至少到清人焦循那里,还能反应出来。他在《论语补疏》中说:"当其可之谓时。……'不愤不

---

① 李泽厚:《论语今读》,安徽文艺出版社 1998 年,第 28 页。
② 程树德:《论语集释》,第 2 页。
③ 程树德:《论语集释》,第 2—3 页。

启，不悱不发'，时也。'中人以上可以语上，中人以下不可以语上'，时也。'求也退，故进。由也兼人，故退'，时也。学者以时而说，此大学之教所以时也。"① 其实，现代学者也很注重挖掘"时"的内涵来通向"悦"的体验，"学本身就要求和蕴含原本的而非物理的时间性，或一种活在时机境域之中的不可穷尽的终极（中级）。这样的学本身就会'时习之'……如果没有这乐声一般氤氲相揉的时境，则学无可能。因此学境本身总走在所学者之前，以其乐境时境'诱人'，使学者悦之……"②。当然，这里面已经掺入了现代性话语背景下的一些内涵，而以"时"的内涵来通向"悦"的体验反而得到加强。

由"学"的艰难而通向"悦"的情感体验，也并不仅仅意味着就是由"时"习来完成。在宋儒那里，理学家们可以借助宇宙论的高度，来提升"学而时习之"至高远的境地而获得"悦"的体验。朱子注曰："既学而又时时习之，则所学者熟而中心喜说，其进自不能已矣。"③ 朱子所言"中心喜说"是有一种理论背景的，只是这里并未言明而已。《四书说约》才是说得透了："盖本心难昧，未尝不知修持，只转念易乖，学而易厌。时习则功夫无间，本体流行，深造自得，欲罢不能，说可知矣。"④ 可见，关键还是"深造自得"而"中心喜悦"，做出提升后至所谓"本体流行"的高度。这显然是借助宋明理学的宇宙论来完成的，其"悦"也就不是一般的情绪化的感受了。如罗近溪能够直陈"愈学而愈悦，如何有厌；愈教而愈乐，如何有倦"⑤，就是凭依这样

---

① 程树德：《论语集释》，第 4 页。
② 张祥龙：《境域中的"无限"》，《江苏社会科学》1999 年第 6 期。
③ 朱熹：《四书章句集注》，第 47 页。
④ 程树德：《论语集释》，第 9 页。
⑤ 程树德：《论语集释》，第 8 页。

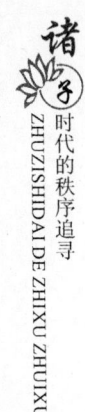

一种宇宙论的背景，否则就不明所以了。

不过，往往反动于这种动辄"本体流行"的解经倾向，后儒宁愿往浅近处解释，这在《学而》章上亦有体现。梁清远《采荣录》有云："《论语》一书，首言为学，即曰悦，曰乐，曰君子。此圣人最善诱人处，盖知人皆惮于学而畏其苦也。是以鼓之以心意之畅适，动之以至美之嘉名，令人有欣羡之意，而不得不勉力于此也。"① "学"其实是苦的，"人皆惮于学而畏其苦"才说得最为俗白，必定是最能引起今人的共鸣了。不再是所谓"本体流行"的高远境地，言"学"为"悦"不过是圣人"诱人"罢了。当然，这已经是普通的情绪了，由"学"的艰难通向"悦"的情感体验原本就不可能在普通的情绪层面上达到。

二、"学"与"恐"

"学"无疑是孔子在个人的成长过程中最为关注的事情，没有哪一种德性的培育能够脱离得了"学"。所谓"六言六蔽"就表明了这一点："好仁不好学，其蔽也愚；好知不好学，其蔽也荡；好信不好学，其蔽也贼；好直不好学，其蔽也绞；好勇不好学，其蔽也乱；好刚不好学，其蔽也狂。"（《论语·阳货》）孔子之"学"作为一种终身的历程，"悦"或许是最高层次的情感体验，却不是最常有的甚至是最不常有的体验。"恐"反倒可能更能体现出古人对"学"的一种戒慎心态。《中庸》有云："君子戒慎乎其所不睹，恐惧乎其所不闻"，"戒慎""恐惧"在宋明理学那里作为一种心性修养的功夫得到了极致的发挥，但在《论语》

---

① 程树德：《论语集释》，第9页。

文本中，主要表现为一种与"学"相关联的情感体验。

如果单就用字而言，"慎"或"恐"与"学"的关联似乎不大。"慎"所表达的谨慎心态几乎表现在当时的各个主要方面，相反"恐"使用的范围就狭窄得多。"恐"在《论语》文本中出现四次，尽管只有一处直接与"学"相关联，但反映"学"的这种情感体验却并不相应地稀缺。无疑地，直接从那一处关联着手，至少要显得方便一些。众所周知，于"学"最怕懈怠、懒散，勤奋刻苦自来就是为学的优良品质，这大概是古今相通少有争议的一个看法。"学如不及，犹恐失之"（《论语·泰伯》），一个"恐"字很好地点出古代好学者的勤苦心态。皇侃《义疏》引李充云："学有交劳而无交利，自非天然好乐者，则易为懈矣。故如惧不及，犹恐失之，况可怠乎？"① 这几乎就是在与上文所讨论的"悦"体验相对比，"学有交劳而无交利"，确实更为真实地道明了"学"的实际情形。所谓"易为懈矣"，更可与今人的感触相共鸣。固如是，古人才倍加警醒，教人不可懈怠。不过，在"不及"与"失之"上，义解还是略有分歧的。朱子注云："言人之为学，既如有所不及矣，而其心犹竦然惟恐其或失之，警学者当如是也。"又引程子曰："学如不及，犹恐失之，不得放过，才说姑待明日，便不可也。"② 用《四书辨疑》的话说，就是"一章之义，《注》文浑说在学之既得之后，程子浑说在学之未得之前。《注》文专主于温故，程子专主于知新"③。即是说，这里的分歧在于，朱子侧重于已学之"失"，程子倾向于未学之"不及"，故而朱子主张温故，而程子主张知新。可以想见的中庸手法无非就是于已学未学均不偏废，这正是《四书辨疑》所主张的。其引黄

---

① 程树德：《论语集释》，第546页。
② 朱熹：《四书章句集注》，第107页。
③ 程树德：《论语集释》，第546页。

氏曰:"为学之勤,若有追逐然,惟恐其不及。用心如此,犹恐果不可及而竟失之也,况可缓乎?"① 据说是表达得明白晓畅,虽说仍有程子的偏废。通过后儒的不断阐释,亦可见孔子所言"学如不及",形容得可谓生动活泼。为学犹如赛跑,前有待超越者,后有已超越者,于待超越者恐不能及,于已超越者又恐失之,其势紧迫如此,"学"亦犹是。于未学者恐不能及,于已学者又恐失之,其势迫然,"况可怠乎","况可缓乎",其心"竦然"而已。可见其义只在告诫为学之心不可懈怠,要于已学未学均能心存惶恐。

  为学之心若能常惶恐,为学的态度必定庄重而严谨。"君子不重则不威,学则不固"(《学而》),"学"与仪态上的"重"相关联,这是今人觉得有些陌生的。"学则不固",钱穆以为当"四字自成一句",意为"人能向学,斯不固陋"②。如此一来,此处的"学"就与"重"毫无关联。在《论语》文本中,像这种可做两解甚至多解的地方并不罕见,其实只要符合整个《论语》的话语背景均无不可。可以肯定"向学不固"与"不厚重则不固学"都是孔子所主张的,不过后者的涵义显得相对独特一些,本文即取此义。"君子,如果不庄重,就没有威严;即使读书,所学的也不会巩固。"③ 翻译成为现代文,往往只是一种讨巧的办法,却无助于深入地理解古典文本的内涵。其实,光一个"重"字的学问就不小,不是"庄重"这样一个现代语汇可以完全交待的。扬雄有云:"重言、重行、重貌、重好。言重则有法,行重则有德,貌重则有威,好重则有观。"(《修身卷》)"重"的内涵就分好些方面,其功效也各有不同。"重"的这种全面性与庄严性,看起

---

① 程树德:《论语集释》,第546页。
② 钱穆:《论语新解》,巴蜀书社1985年,第10页。
③ 杨伯峻:《论语译注》,中华书局1980年,第6页。

来与今人所倡导的所谓快乐学习法之类背道而驰。然而，凡事心存虔诚则自然敬重，态度端正严肃才能认真刻苦，于"学"的效果也才能扎实而牢固。这恐怕还是今人能体会到一些的，尤其是于那些深受打击而处身逆境中的人，未有不深以为然者。由此看来，朱子云："轻乎外者，必不能坚乎内，故不厚重则无威严，而所学亦不坚固。"① 与今人所体会的距离还不是那么遥远，并非全然不可沟通。当然，古今之学毕竟更有差别，内心沉重而勤奋刻苦之人也未必就是出于对"学"的虔诚。可能会有学子为名次的跌落而在沉重中奋起直追，而这与古人言"重"而固学当然根本就不是一回事。其实，必须体会到古代之"学"是浸淫到仪态当中，关乎言行举止的，才能懂得仪态之"重"作用于"学"的功效。《松阳讲义》曰："重即整齐严肃之意。'正其衣冠，尊其瞻视，俨然人望而畏之'……盖学必深沉而后能固，不重则浮。学必镇静而后能固，不重则躁。"② 今人之"学"多不关乎仪态，所谓"俨然人望而畏之"，多半是更令人反感的。尤其是出于某种生存和发展技能的掌握，即在于让人在现代生活中过得更加轻松快活，正是要摆脱种种人为的负重。"望而畏之"的严师不再受欢迎，"正襟危坐"的学生也不再受表扬。在传统的精神资源与现代的思想观念之间，很多冲突和断裂就是由类似的问题所铺开的，彻底的反传统主义者也就是在类似的情境中诞生的。其实，问题往往是复杂的，就此而言，一方面，古代所谓"业精于勤而荒于嬉"，还是常常被人挂在嘴边，看来嬉耍轻浮不但固不了学，更能荒废掉业；而另一方面，现代人的追求虽说也并不就意味着轻薄浮躁，但于重而威、整齐而严肃又总是不相挂搭的。

---

① 朱熹：《四书章句集注》，第50页。
② 程树德：《论语集释》，第33页。

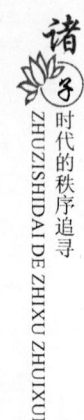

其间所呈现的复杂性正说明，由古代的精神资源进行现代的转化，是复杂而曲折的，一句"取其精华，去其糟粕"的口号只能掩盖这种复杂性。回到原有的话题上来，"重"而学固，仍可见其含有"戒慎""恐惧"，于"学"不可须臾懈怠之意。

对于"学"的惶恐心态，在"笃信好学，守死善道"（《泰伯》）中或许表达得更为充分。在此处，"学"与"信"相关联，并提升至"道"，以"守死"示之，不可不谓"兹事体大"。朱子注曰："笃，厚而力也。不笃信则不能好学……不守死则不能以善其道……盖守死者，笃信之效；善道者，好学之功。"① 今人或可指责古人在道德与知识的问题上混淆不清，以现代清澈的理性思维看来，不笃信未必就不能好学，好学更不必以善道为功。知识与道德的分离所带来的知识发达以及所造就的技术力量，更可为这种指责撑腰。然而，知识对道德的侵蚀以及由此造成道德力量的全面削弱，使得现代社会面临一次又一次的危机，恐怕就要让这种指责的份量大打折扣了。由此，古人将知识与道德关联就不应当被视为是历史的陈迹，"笃信好学"仍然能带给今人以诸多的思考。如同"重"而学固关乎仪态一样，"信"而好学则关乎心态，也可以认为，就是从心态的角度强调于"学"不可懈怠。尽管"学"与"道"的关联会是一个很复杂的问题，本文不拟展开，而可以指出的是，它充分说明，无论今人能体会多少，古代之"学"确乎事关全体大用，不可不存高度戒慎之心。

三、"学"与"忧"

与前文所论及的"悦""恐"一样，"忧"表达为与"学"的

---

① 朱熹：《四书章句集注》，第106页。

情感体验相直接关联的也仅出现一次。不过，与"悦""恐"作为为学者自身的情感体验不一样的是，"忧"更多地是表达了孔子作为施教者对"学"的一种情感体验。在《论语》文本中，语录之间的某种直接冲突的说法也是存在的。孔子的确感叹过"默而识之，学而不厌，诲人不倦，何有于我哉"（《述而》），也声称过"抑为之不厌，诲人不倦，则可谓云尔已矣"（同上）。如果是作为某种观念范畴的体系建构，确实是无法容许这种直接冲突的表达出现。但作为一种生活世界的话语笔录，如果出现观念体系一般的高度一致性，反倒是不可思议的。在这里，并不需要如何细致地处理文本本身，倒是可以认为其更为生动地反映出孔子对"学"和"教"之忧。《论语》文本中所记录的这种孔子之"忧"，体现的又是另外一种对"学"的情感体验。

孔子直接表达对"学"之忧，是与其他方面一起言明的。"子曰：'德之不修，学之不讲，闻义不能徙，不善不能改，是吾忧也。'"（《述而》）修德、讲学、徙义、改过，如果有一种逻辑的癖好，就不免要问这四方面是如何放在一块讲的。"能讲学，斯能徙义改过。能此三者，自能修德。"① 这种讲法没有从逻辑的角度出发，似乎缺乏现代气息，完全是《朱子语类》所讲的翻版："修德是本，为要修德，故讲学、徙义、改过即修德之目。"又《集解》引孔曰"夫子常以此四者为忧"②，却丝毫未提孔子在充满苦难的人世间为何单"忧"此四者。当然，真要获得一个逻辑上的充分理由恐怕是件费力不讨好的事，但却有学者于此逼问，孔子的"这种'忧患意识'对于人世间的荒唐和不幸是否未免过于单薄"？③ 回应这样一种挑战是一个十分艰巨的课题，本文

---

① 钱穆：《论语新解》，第158页。
② 程树德：《论语集释》，第440页。
③ 刘小枫：《拯救与逍遥》，上海三联书店2001年，第111页。

主要集中在对"学"的情感体验上,确实能够感受到这种逼问的力度,只是在这里还不能展开。对于"学之不讲",钱穆认为,"讲,习也。如读书习礼皆是讲。朋友讲习,讨论习行亦是讲。"①这种说法似乎来自于《述学》,里面提出"古之为教也以四术",就包括这样几个方面,最后提到"习礼""讲礼",认为"礼乐不可斯须去身,故孔子忧学之不讲"②。"学"的内涵不断扩大,显然是后儒不断诠释的结果。经典文本的地位就是在后代的解释历史当中形成的,但文本的解释史却往往有着异常复杂的情形。是否忠实于文本的原义,这既不能形成一个严格的标准,也不能抛开这一标准不管。在这里,"学"的内涵扩大到了"礼乐",以至于孔子对"学"之忧表达了"礼乐不可斯须去身"的关注。这种诠释无疑会有过度之嫌,但也很好地拓展了经典文本的诠释空间。从文本中的"学而时习"之"悦"到"学之不习"(如果"讲"可训为"习"的话)之"忧",如何可能让这种情感体验承载历史的深度,诠释空间拓展不开是很难完成的。即便这样,经过历代诠释之后所呈现出的孔子之"忧",在现代学者的逼问之下,其力度并不是太充分,而是仍嫌不够。当然,这里仅讨论"学"与"忧"的情感体验,而这种"忧"体验并不表达在这一处。

就"学"而言,给人印象最深的或许是孔子仅许颜回一人为好学。"有颜回者好学,不迁怒,不贰过,不幸短命死矣!今也则亡,未闻好学者也。"(《雍也》)这当然早已为学者们所注意并大概都会同意,这与孔子赋予"学"以特定的涵义相关。"以子贡之敏锐,曾参之诚恳,子夏之才气,有若之充实,都不能算好学,可见'好学'绝非指'喜好'一般意义上的'学'和'所

---

① 钱穆:《论语新解》,第157—158页。
② 程树德:《论语集释》,第440页。

学'，而应理解作'对学本身的居中境界好之乐之而不离之'。"①当然，这是现代学者自己的创见，而古人对此有过更为充分的讨论。何晏《集解》注云："凡人任情，喜怒违理，颜渊任道，怒不过分。"② 这是以文本中的"不迁怒，不贰过"来解此处的"好学"，当是紧扣文本的典范，但这在古人那里不是没有分歧的。朱熹《集注》则云"颜子克己之功至于如此，可谓真好学矣"③，却是以"不迁怒，不贰过"为"好学"之功。这当然是有区别的。但本文不意在这上面作疏解，只是想借此指出，孔子仅许颜回一人为好学，完全可以反映出他对"好学"之忧。孔子"弟子盖三千焉，身通六艺者七十有二人"（《史记·孔子世家》），即便就"好学"的特定内涵而言，仅许颜回一人必定也是颇具忧心的。就一般的含义而言，"好学"可以认为是"好"的行为和"学"的内容相结合。"君子食无求饱，居无求安。敏于事而慎于言，就有道而正焉。可谓好学也已。"（《学而》）这里显示出对"好"的行为要求甚高。《集解》引郑曰："无求安饱，学者之志有所不暇也。"今人之志是否会有此"不暇"，恐怕已经不能进行衡量了。不过，更重要的还是要借助古人之"学"做出反思。《韩李笔解》引李翱语曰："凡人事政事皆谓之事迹，若道则圣贤德行，非记诵文辞之学而已。"④ 并不是只要时时拿起书本，就算是好学了，古人一直十分注意真好学与假好学之别。《反身录》针对"有颜回者好学"云："学所以约情而复性也。后世则以记诵闻见为学，以诵习勤闻见博为好学。……可见学苟不在性情上用功，则学非其学。"⑤ "学"是否就是"约情而复性"可以不论，

---

① 张祥龙：《境域中的"无限"》，《江苏社会科学》1999年第6期。
② 程树德：《论语集释》，第367页。
③ 朱熹：《四书章句集注》，第84页。
④ 以上所引程树德：《论语集释》，第53页。
⑤ 程树德：《论语集释》，第368页。

但在反对"以记诵闻见为学"上,古人的立场是一致的。这种立场简直就是针对今人之"学"的,未必不可以促人深思。孔子之忧可能也就包括这两个方面,即"学"非真学,而"好"又不力。因此他忧叹道:"十室之邑,必有忠信如丘者焉,不如丘之好学也。"(《公冶长》)其忧心如此,或许不能指望今人能体会多少。但至少在孔子所表达的好学之"忧"上,今人没有理由心存鄙薄。

对于"学"的情感体验,无论是"悦"是"恐"还是"忧",如果"学"也可以提升到足够的高度,不同的情感体验就能获得贯通。"一以贯之"(《里仁》)正是儒学的精神品质,"学"的提升看来几乎是不可避免的。孔子所谓"不怨天,不尤人,下学而上达,知我者其天乎"(《宪问》),点明了"学"可上达于"天",也就决定了"学"所具备的超越性的高度。这可以在历代后儒的诠释当中充分体现出来。皇侃《义疏》注曰:"下学,学人事。上达,达天命。"如果还嫌太笼统的话,黄氏《后案》则云:"式三谓下学,删订赞修之事。上达,所学通于天也。圣人删订赞修,惓惓斯道之心上通于天,而天自知之"①。此处"学"指明"删订赞修之事",那就是专就孔子而言,"上达"之事也就仅限于孔子。这样自然是够具体的,但不利于经典文本的发挥,"下学而上达"完全可以做更有深度的挖掘。"于下学中求知人道,又知人道之原本于天,由此上达,而知道之由于天命,又知道之穷通之莫非由于天命,于是而明及天人之际,一以贯之"②。其实说白了就是"学"与"道"相通,就如同"笃信好学,守死善道"的关联一样,"学"已经是某种安身的信念,是某种立命的资源。能够体会得来,其"悦"其"恐"其"忧"之类均得体

---

① 程树德:《论语集释》,第 1020、1021 页。
② 钱穆:《论语新解》,第 358 页。

会。于"道"上言"学","深造自得"即是"悦","守死善道"体现"恐","任情违理"引发"忧"。"学"的不同情感体验于"道"的层面上还是相互贯通的,这是今人感到距离遥远而体会不充分的根本缘由所在。

四、结语

"学"在作为一种经典世界的《论语》文本中,无疑是谈论得最多的一件事之一。它以孔子为核心,牵涉到了很多人和事,也关联着不同的情感体验。应当说,学界对于"学"的讨论还是比较全面而充分的,但就相关的情感体验而言,却基本上限于"学而时习之,不亦悦乎"上,大概不会有人否认。"学"作为经典世界中的一种叙事,其意义的充分呈现与叙事中的情感体验是分不开的。在经典语录"学而时习之,不亦悦乎"中,"学"的意义主要也就呈现在"悦"的情感体验中,这是没有异议的。而这种情感体验其实是多方面的,仅仅限于"悦"体验上来展开就不充分。上文通过对"学"的三种情感体验做出整体的疏解,就是希望对更全面地呈现出"学"的意义有所助益。与此同时,在这样一种疏解过后,还会发现,《论语》文本作为一种经典世界,不单是于"学"的叙事上,就整体的经验叙事而言,对情感体验的贯注都是相当充分的。比如前面所讨论的"学而时习之,不亦悦乎",其所在的就是:"子曰:'学而时习之,不亦说乎?有朋自远方来,不亦乐乎?人不知而不愠,不亦君子乎?'"(《学而》)其中的"说""乐""不愠",都是对情感体验的直接叙述,贯注情感的生活经验无疑更能呈现出经典世界的原生景象。

"经典世界"是陈少明师的提法,他提出的初衷是要把观念置于古典的生活经验背景中去理解,或者更进一步,通过对经典文本中的经验叙事进行疏解,"发掘未经明言而隐含其中的思想观念,进行有深度的哲学反思"①。这样,关注经典文本中的情感叙述,至少有助于更全面、更丰富地呈现出经典世界中的生活经验。与此同时,经典文本当中的许多情感叙述,大概不会是随意的着笔,同样也是意蕴丰厚的。如上文提到的《学而》章,历代后儒对"说""乐"的发挥就充分说明了这一点。或许关注经典世界中的情感叙述,在中国古代这种独特的思想背景中,本身就具有与观念理解同等重要的意义。关注情感的叙述是否有助于理解经典文本中的观念,这是一个方面;而如果某种情感叙述的本身就具有哲学的深度,进行疏解无疑就具有更大的意义了。笔者就是试着专门疏解"学"的三种情感体验,展现出作为一种经典世界的《论语》文本中"学"的更为丰富的景象,并力图为现代生活的真实经验提供某种可供反思的精神资源。

(原载《四川大学学报》2009年第2期。原标题为《为学三情:〈论语〉中"学"的情感体验探析》)

---

① 陈少明:《经典世界中的人、事、物》,《中国社会科学》2005年第5期。

质朴之道

面对晚周时期由"礼坏乐崩"所导致社会中种种污浊、僵化的乱象，在批判和否定之后追寻一条复返质朴的道路，这是孔子和老子作为哲人的共同之处。不同的是，在孔子那里，这种复返只是一种准备工作，真正重要的是重新立起真实有价值的东西，亦即主张恢复周礼。"文"固然要以"质"为基础，"质"则更需要"文"的滋养，文质相当才是有价值的。但老子却认为，那回复到的素朴状态本身就是最真实的，人却容易迷失掉，复返这一质朴之性才是大道。论老子之道者多矣，即便是在一种哲学眼光的打量下，诸多的中国古典精神都被过滤掉了，但老子的道独得哲学的青睐，被拿来一再解读和分析。受哲学中的宇宙论或生成论之类的范式影响，解读老子之道的手法可谓五花八门，各种论述无疑会推动对老子思想的研究，但也不免将老子的"道"搅得异常复杂，令人无所适从。本文试图绕开哲学陷入的这种迷思，将老子之道置于礼乐崩坏的衰败时代里，以"质朴的"手法来考量老子复返质朴之道。可以说，周衰文弊是当时诸子的共同背景，如何反动于这一时代之"文弊"，便是包括老子在内的诸子所共同面对的挑战，而反动得最为彻底的莫过于老子提出的复返质朴之道。

一、见素抱朴

尽管周衰文弊是晚周诸子共同的时代背景,但不同诸子眼中看到的衰弊景象并不尽然相同。在《老子》一书中,名言警句式的精炼文本很难读到对时代背景的记述,而只能从只言片语中寻找蛛丝马迹。仔细看来,对于晚周乱世的"文弊"情形还是有所透露的。比如:"天下多忌讳,而民弥贫;民多利器,国家滋昏;人多伎巧,奇物滋起;法令滋彰,盗贼多有。"(第五十七章。本章凡引《老子》,仅注章次)"多忌讳""多利器""多伎巧"都是衰乱之世容易滋生的现象,尤其是"法令滋彰"更是成为一个时世积弊难返的代名词。"五色令人目盲,五音令人耳聋,五味令人口爽,驰骋畋猎令人心发狂,难得之货令人行妨"(第十二章),显示出对放纵耳目口鼻之欲的洞察,这也是乱世失范所常见的现象。"天下无道,戎马生于郊"(第四十六章),则透露出战乱频繁、民不聊生的信息,马尚且如此,更何况普通百姓。《韩非子》所谓"人君者无道,则内暴虐其民,而外侵欺其邻国。内暴虐则民产绝,外侵欺则兵数起。民产绝则畜生少,兵数起则士卒尽。畜生少则戎马乏,士卒尽则军危殆。戎马乏则将马出,军危殆则近臣役"(《解老》)即是。

《老子》中还有一章更能集中反应出衰弊的景象,只不过不太好懂。其云:

> 使我介然有知,行于大道,唯施是畏。大道甚夷,而民好径。朝甚除,田甚芜,仓甚虚。服文彩,带利剑,厌饮食,财货有余,是谓盗夸。非道也哉!(第五十三章)

据帛书本的校对，"使我介然有知"当作"使我挈有知"，"挈"引申为掌握的意思①。"施"读为"迤"，邪也。"朝甚除"之"除"借为"污"，而非除治之意②。"盗夸"之意更为难解，歧见甚多。对于这一章，《韩非子》倒是有比较详细的解释：

  《书》之所谓大道也者，端道也。所谓貌施也者，邪道也。所谓径大也者，佳丽也。佳丽也者，邪道之分也。朝甚除也者，狱讼繁也。狱讼繁则田荒，田荒则府仓虚，府仓虚则国贫，国贫而民俗淫侈，民俗淫侈则衣食之业绝，衣食之业绝则民不得无饰巧诈，饰巧诈则知采文，知采文之谓服文采。狱讼繁，仓廪虚，而有以淫侈为俗，则国之伤也，若以利剑刺之，故曰："带利剑。"诸夫饰智故以至于伤国者，其私家必富；私家必富，故曰："资货有余。"国有若是者，则愚民不得无术而效之，效之则小盗生。由是观之，大奸作则小盗随，大奸唱则小盗和。竽也者，五声之长者也，故竽先则钟瑟皆随，竽唱则诸乐皆和。今大奸作则俗之民唱，俗之民唱则小盗必和，故"服文采，带利剑，厌饮食，而资货有余者，是之谓盗竽矣。"（《韩非子·解老》）

"貌施"照应"唯施是畏"，"貌"是饰巧诈之意，"佳丽"谓"服文采"③，"朝甚除"则是因"狱讼繁"，"犹言民之狱讼繁多，官吏忙于审讯，官府污秽肮脏"④。韩非解"盗竽"之"竽"为乐

---

① 高明：《帛书老子校注》，中华书局1996年，第80页。
② 朱谦之：《老子校释》，中华书局1984年，第210、212页。
③ 王先谦：《韩非子集解》，中华书局1998年，第153页。
④ 高明：《帛书老子校注》，第82页。

器，于省吾以为"误矣"。他认为读作"盗竽"不错，但"盗"又得读为"诞"，"诞迂"亦即诞夸之事。① 此解于义似乎比较通顺，但忽视了韩非对于"盗竽"作"小盗唱和"的充分阐述，从"国有若是者"到最后，都是在释此义。这比起简单斥责为"诞夸之事"而言，要显得意味深长得多。总之，此章比较集中地刻画了衰弊之世的景象，狱繁、田荒、仓虚、淫侈、巧诈、饰智等等，可谓乱象丛生。乱世之中必有投机者，如近世汉奸之类，"大奸唱则小盗和"，整个社会的失序和堕落，必有上行而下效者，此即"盗竽"之意，而并非只是荒诞而已。加上前文所言法令滋彰、战乱频繁之类，周衰文弊之情形已有大体呈现。

面对时世衰弊如此，老子以为是"祸莫大于不知足，咎莫大于欲得"（第四十六章），而主张"为腹不为目，故去彼取此"（第十二章）。老子所言"五色令人目盲"之类，即《庄子》中"一曰五色乱目，使目不明；二曰五声乱耳，使耳不聪；三曰五臭熏鼻，困惾中颡；四曰五味浊口，使口厉爽；五曰趣舍滑心，使性飞扬"（《天地》）。《淮南子》亦有此意②，其曰"耳目淫于声色之乐"（《精神训》），即放纵耳目口鼻之欲，是由"嗜欲者使人之气越"（同上）所致。故老子主张"为腹不为目"，王弼注云"为腹者以物养己，为目者以物役己"③，强调不为外物所役，亦即不为欲望所牵引。通俗地说，如蒋锡昌所言"'为腹'即为无欲之生活，'不为目'即不为多欲之生活"④。因此，总结起来看，前言祸咎在于欲壑难填，后言去多欲（"彼"）而取无欲（"此"），

---

① 朱谦之：《老子校释》，第213—214页。
② 《淮南子·精神训》云："是故五色乱目，使目不明；五声哗耳，使耳不聪；五味口口，使口爽伤；趣舍滑心，使行飞扬。"另见《文子·九守》篇。
③ 楼宇烈：《老子道德经注校释》，中华书局2008年，第28页。
④ 高明：《帛书老子校注》，第275页。

"故圣人云，我无为而民自化，我好静而民自正，我无事而民自富，我无欲而民自朴。"（第五十七章）看起来，老子就是主张"无欲"而已，这似乎没什么大不了的，稀松平常得很。但实际上，老子着重的是"而民自朴"，去欲是为了将"朴"显现出来。由时世的衰弊而洞悉出物欲横流之后，如何提出一种去欲的主张呢？满足欲望是不需要理由的，有欲望本身在牵引着，但去欲的主张是需要理由的，而且需要强大的力量去推动。在老子看来，这种强大的力量就是人性之"朴"。

"朴（樸）"，《说文》谓"木素也，从木菐声"，而"素"是指"白致缯也"，即没染色的丝绸。可见，"朴"的本义是指没有经过加工的树木，王充所谓"无刀斧之断者谓之朴"（《论衡·量知》）是也。老子用"朴"正是指人性的质朴状态，他以"复归于朴"与"复归于婴儿"并列即可见一斑。其云：

> 知其雄，守其雌，为天下谿。为天下谿，常德不离，复归于婴儿。知其白，守其黑，为天下式。为天下式，常德不忒，复归于无极。知其荣，守其辱，为天下谷。为天下谷，常德乃足，复归于朴。朴散则为器，圣人用之则为官长。故大制不割。（第二十八章）

关于此章，历来注解分歧颇多。近人多以"为天下式，常德不忒，复归于无极"与另外两句意不伦，为后人所篡改。帛书本则颠倒"复归于无极"和"复归于朴"两句的顺序，这比较符合现代学人以"无极"高于"朴"的想法。但问题在于，"复归于朴"后紧接"朴散则为器"，明显衔接流畅，到"大制不割"都是就着"朴"而言。可见，"朴"才是本章要落实的中心意思。

"婴儿纯真无欲,乃为人之本原。无雕无凿之朴,乃为木之本原。"① 在这里解读为"木之本原"恐怕不准确,老子只是借以表达本原之义。王弼谓"此三者,言常反终,后乃德全其所处也"②,无论"婴儿""无极"还是"朴",都是描述要复返的那个"终"。老子在另一章将道描述为"敦兮其若朴,旷兮其若谷"(第十五章)云云,是在"敦"的意义上描述为"朴"。"敦"有厚或实之象,而"旷"恰恰是空或虚之象,因此分别用"朴"和"谷"况之。与"婴儿"和"无极"相比,前者过于具象,后者过于虚化,"朴"则比较合适。即是说,"朴"有厚实之象但又不具体,以其未经雕凿的原生样态来表征一种本原之象。"朴散则为器"者,万物殊类,裁而治之,无不假借雕凿之工,然"大制不割",最高明的裁治乃不裁而治,以其原皆出于"朴"也。王弼谓"朴,真也。真散则百行出,殊类生,若器也"③,直接以"真"释"朴",符合王弼这种寻绎义理的做法。不错,"朴"作为一种本原的表征,同时也就是一种最真实的状态。最真实就意味着最值得追求,或者说最有力量推动着去追求。在老子的思想脉络中,"朴"就是这样一种有力量的本原,返朴归真是万物纷纭的必然趋势。因此,面对周衰文弊中充斥着的物欲横流,老子提出的思想主张是"见素抱朴,少私寡欲"。其文如下:

> 绝圣弃智,民利百倍;绝仁弃义,民复孝慈;绝巧弃利,盗贼无有。此三者,以为文不足,故令有所属,见素抱朴,少私寡欲。(第十九章)

---

① 高明:《帛书老子校注》,第375页。
② 楼宇烈:《老子道德经注校释》,第74页。
③ 楼宇烈:《老子道德经注校释》,第74页。

圣智、仁义、巧利，在老子眼中，无一不是文弊之象，故"以为文不足"。只有"复归于朴"，"常德乃足"，即此处"令有所属"之意。"见素抱朴"自然能"少私寡欲"，或者说只有"少私寡欲"才能"见素抱朴"，总之"素"或者"朴"是制胜私欲的好法宝，亦是克服私欲的好去处。老子有曰：

> 道常无为而无不为，侯王若能守之，万物将自化。化而欲作，吾将镇之以无名之朴。无名之朴，夫亦将无欲。不欲以静，天下将自定。（第三十七章）

这一章与"万物并作，吾以观复。夫物芸芸，各复归其根。归根曰静，是谓复命"（第十六章）对照来看，"万物将自化。化而欲作"正是"万物并作"而纷纷芸芸之意。万物并作纷芸而贪欲蠢动之时镇以无名之朴，亦不过是观其复归其根、不欲以静的宿命。可见，老子的这种"镇之以无名之朴"是以"吾以观复"作为背景，亦即有"道"的根据在里头。完全不会像《淮南子》那样搞成了权谋论：

> 武王问太公曰："寡人伐纣，天下是臣杀其主而下伐其上也，吾恐后世之用兵不休，斗争不已，为之奈何？"太公曰："甚善，王之问也！夫未得兽者，唯恐其创之小也；已得之，唯恐伤肉之多也。王若欲久持之，则塞民于兑，道全为无用之事，烦扰之教。彼皆乐其业，供其情，昭昭而道冥冥。于是乃去其瞀而载之木，解其剑而带之笏。为三年之丧，令类不蕃。高辞卑让，使民不争。酒肉以通之，竽瑟以娱之，鬼神以畏之。繁文滋礼以弇其质，厚葬久丧以亶其家，含珠鳞施纶组以贫其财，深凿高垄以尽其力。家贫族

少，虑患者贫。以此移风，可以持天下弗失。"故老子曰"化而欲作，吾将镇之以无名之朴"也。(《道应训》)

这就将"镇之以无名之朴"解读成了玩弄权柄的统治术，在很大程度上矮化了老子的思想境界。老子的"朴"是面对周衰文弊时期充斥着各种乱象而做出的思考，如王弼所注"朴，真也"，与老子所云"质真若渝"(第四十一章)相照应，"朴真"或"质真"都能说明，老子的致思是对种种淫侈、巧诈、饰智的反动而追寻一种真实，决非是出于一种统治术。当然，老子所追寻的真实本身是否真正可靠，那是另外一回事。与老子一样，孔子也是深恶于"文弊"，并借"绘事后素"表达出礼起于素或质的观点①。不过，对于文质之间的关系，孔子有一个相当著名的论断，即"质胜文则野，文胜质则史。文质彬彬，然后君子"(《论语·雍也》)。周衰文弊之时礼乐崩坏，意味着礼乐之文沦为一种伪饰，此即"文胜质则史"。但这不是否定礼乐本身的理由，不能由此而走向另一极端，即"质胜文则野"。孔子坚持文质彬彬，认为固然要保持"质直"的本色，但这种"直"一定是要兼义的，所谓"质直而好义"(《论语·颜渊》)是也；或者说，"质直"一定是要知礼好学，加以文饰的。否则，这种"直"就容易流入刻薄寡义。"直而无礼则绞"(《论语·泰伯》)"好直不好学，其蔽也绞"(《论语·阳货》)，便是此意。可见，对于孔子而言，文质相当才是最真实的。老子显然不会这么主张，他是自文之弊而反对文饰本身，而主张复返质朴的真实性。这种复返在老子的思想脉络中，具有一种"道"的根据性，是道本身的运作形态。

---

① 《论语·八佾》云：子夏问曰："'巧笑倩兮，美目盼兮，素以为绚兮'，何谓也？"子曰："绘事后素。"曰："礼后乎？"子曰："起予者商也！始可与言《诗》已矣。"

二、反者道之动

对于"复"或者"归"的叙说,上文所提及的"复归于婴儿""复归于无极""复归于朴"以及"吾以观复""各复归其根",已经将最关键的一些意思表达出来了。与三个"复归于"一样,老子另有一处云"绳绳不可名,复归于无物"(第十四章),"无物"类于"无极","朴"与"无"的关系,下文再论。类似的意思还有"学不学,复众人之所过。以辅万物之自然,而不敢为"(第六十四章),韩非解读为:"故知者不以言谈教,而慧者不以藏书箧。此世之所过也,而王寿复之,是学不学也。故曰:'学不学,复归众人之所过也。'"(《韩非子·喻老》)"复"亦是"复归"之意,只是意思用得平常,与"民复孝慈"及"使人复结绳而用之"(第八十章)大致相同。另有"祸兮福之所倚,福兮祸之所伏。孰知其极?其无正?正复为奇,善复为妖"(第五十八章),此处歧见比较多。按有的学者所言,前一"正"字读为"定","言祸福倚伏,正善奇妖,诸如此类之对立统一而又相互转化,皆无定则"①,则"复"是"反"之义。老子对"反"字虽用得不多,但"反"之意却是老子思想的核心要义,《老子》短短五千言却充满了对立双方复反之意的表达。老子云:"天下皆知美之为美,斯恶已;皆知善之为善,斯不善已。故有无相生,难易相成,长短相较,高下相倾,音声相和,前后相随。"(第二章)类似于这种对子在《老子》文本中可谓不胜枚举。"美"与"恶"、"善"与"不善",事物总是成对出现,如后面的

---

① 高明:《帛书老子校注》,第112页。

"有无""难易"等等。老子当然不只是指出这种成对的现象,对于这种种对子,他论说的一个中心意思就是"反"。

如果仅仅就"有无相生,难易相成"这一类论说而言,比较容易得出所谓对立双方相互转化的观点,一如"祸兮福之所倚,福兮祸之所伏"所表达的那样。在这个意义上,"反"所表达的是向相反方向转化。但实际上,如果进一步检视《老子》文本中所论更多的对子,就会发现有不一样的地方。比如:"曲则全,枉则直,洼则盈,敝则新,少则得,多则惑。"(第二十二章)在这些对子当中,由前者向后者转化是没问题的,但由后者向前者转化呢?这个问题其实是挺奇怪的。如果能转化,难道老子这话可以换成"全则曲,直则枉"这么说下去么?如果不能转化就更奇怪了,凭什么前者能向后者转化而后者却不能向前者转化?可以肯定的是,"曲则全"是不可能表达为"全则曲"的,此章后文所言"不自见故明,不自是故彰,不自伐故有功,不自矜故长。夫唯不争,故天下莫能与之争。古之所谓曲则全者,岂虚言哉!诚全而归之",即能清楚地表明这一点。从"不见"与"明"到"不争"与"争",一定是由前者论出后者,而不可能相反。"曲则全"可谓古已有之,不是虚言,"全则曲"则闻所未闻。至于为何前者能转化为后者,而相反则不行,这个"凭什么"是值得一论的,下文再叙。由此可见,"反"恐怕还不能说是向相反方向转化,而主要只是一方向另一方转化。仔细阅读《老子》文本,其实不难发现,对立双方在老子这里,地位是完全不一样的,并非我们想当然地以为是相辅相成的关系。如果仅凭老子祸福相依的说法,就希望发现所谓对立双方相互转化的辩证法,不过是缘木求鱼。

前文所引"夫唯不争,故天下莫能与之争"中,"不争"与"争"之间显然不是相辅相成的关系,老子提倡"不争"已成思想史上的常识。在"不争"与"争"的对立双方中，老子是以"不争"为价值主张，而"争"则是要反对的负面价值。老子怎么可能说这两者之间是相辅相成的关系呢？老子屡言"以其不争，故天下莫能与之争"（第六十六章）"不争而善胜"（第七十三章）以及声称"圣人之道，为而不争"（第八十一章），主张"不尚贤，使民不争"（第三章）等等，都无可争辩地表明了这一价值立场。这种于对立双方取一面作为价值主张的做法，尤其强烈地表现在"强"与"弱"这一对子上。老子有言："人之生也柔弱，其死也坚强。万物草木之生也柔脆，其死也枯槁。故坚强者死之徒，柔弱者生之徒。是以兵强则不胜，木强则兵。强大处下，柔弱处上。"（第七十六章）与"坚强"相比，这种对"柔弱"的偏爱溢于言表，对于"柔弱胜刚强"（第三十六章）的价值表达可谓毫无遮拦。老子曰："天下莫柔弱于水，而攻坚强者莫之能胜，其无以易之。弱之胜强，柔之胜刚，天下莫不知，莫能行。"（第七十八章）老子究竟是因水而领悟柔弱，还是因柔弱而偏爱水，这个恐怕没法说，但"水"这一意象确实与"柔之胜刚"这一思想主张高度吻合。老子声称"水"是"天下之至柔，驰骋天下之至坚"（第四十三章），依旧是在申言这一主张。"水"显然是老子所酷爱的意象，"上善若水"（第八章）可不是浪得虚名，其后谓"水善利万物而不争"，与前言"不争"照应上了，"柔弱"与"不争"原来并无二致。不但如此，仔细考究老子所取各种对子中的价值面，无不与"柔弱"或"不争"高度相关。比如前文所引一章"守其雌""守其辱""守其黑"而"为天下谿""为天下谷""为天下式"，以及与"不自见，故明"一章相对，"企者不立，跨者不行，自见者不明，自是者不彰，自伐者无功，自矜者不长"（第二十四章）云云，不都是在申言"柔弱"或"不争"这一价值主张么？可见，前言"反"只是由一方向另

一方转化,恐怕还可以进一步明确这其中的一方是与"柔弱"或"不争"相关。

根据上文所论,整个《老子》文本中涉及的对子大概有这么几类,祸福相依与"难易相成,长短相较"等是一类,具有比较清楚的相互转化义;"曲则全,枉则直"等是一类,只是一方转化为另一方;"不争"与"争"或"弱"与"强"则又是一类,由"不争"而达到无不争,以及柔弱胜刚强,究竟是转化还是守住,恐怕还值得进一步推敲。前文所引"知其雄,守其雌"之类的,似乎也很难理解为是自雌向雄的转化,仅仅是守"雌"而已,与"雄"是个什么关系,也还有点难以琢磨。但"守柔曰强"(第五十二章)的关系则是清楚的,不是"柔"转化为了"强",而是守"柔"本身就意味着"强",所谓"柔弱胜刚强",是柔弱本身所包含着强大的力量足以战胜刚强,如水之"驰骋天下之至坚"。"不争"与"争"亦是类似意思,是因"不争"本身可以达到无不争。在这个意义上,"柔"对"刚"或"不争"对"争"就不是转化,而是持守本身带来的结果。此时的"反"是"返回"或前言"复归"之意,即是说,"复返"才是《老子》文本中"反"最核心的含义。"返回"或"复归"于"柔"并持守"柔",以"柔"即可胜刚强,以"不争"即可无不争。这一"复返"之意,与前文所论"复归于朴"相照应,"反"之义显得相当关键,老子以为"道"之所动:

  反者,道之动;弱者,道之用。天下万物生于有,有生于无。(第四十章)

人们往往赞颂老子提出"反者道之动"的思想主张,却有意无意地忽视紧接着的这句"弱者道之用"。根据上面的分析,老子之意显然不在于强调对立双方的相互转化，而是主张通过持守"弱"的一方来获得"强"。既然对立双方中老子所取价值面的那一方，无不与"柔弱"或"不争"高度相关，则"弱者道之用"就显得顺理成章了。"弱"作为"反"的归宿处，"反"为道之所动而"弱"为道之所用。与"不争"相比，"弱"更接近"质"上的特征，"不争"也就是"弱"的一个方面而已。持守"柔弱"与复归"质朴"并无二致，用哲学的术语来说，"柔弱"只是属性，"质朴"更具本体意味，可见守柔也只是返朴。"反者道之动，弱者道之用"，万物莫不如此。于是，"万物并作，吾以观复。夫物芸芸，各复归其根"，其所复归之根，从具象上说似"婴儿"之初生，从抽象上说如"无极"之混沌，中而言之，"复归于朴"是也。

不过，如果"反"之义最终落在"复归于朴"上，则对立双方的相互转化就成问题了。比如前文所言"曲则全"不可能表达为"全则曲"，那是由于"曲"与"柔弱"高度相关，正是老子所取的价值面，由"曲"而可获得"全"，今言"委曲求全"极有可能源于此。"全则曲"就完全说不通，所谓"凭什么"的质问，其实不过就是价值主张如此。仔细推敲起来，"曲则全"理解为"曲"转化为"全"并非没有问题，尽管看起来似乎也说得通。这是由于，如果"曲"转化为"全"，则"全"亦转化为"曲"，"曲"与"全"之间的转化犹如祸福相依一样，则"强"与"弱"亦同，所有对子之间的关系亦同。应当说，祸福相倚的道理确实是老子于饱览史书的历史感和饱经沧桑的现实感所深切洞悉出来的，但老子之意恐怕并非只是揭示出这一道理，而是基于这一道理提出他的应对之道。光是在祸福相倚上做文章，不过是徒增幻灭感而已。老子思考的是，弱者总是想变强，而强者又想变得更强，然而却无法避免由强变弱的宿命，那么怎么样才能

打破这一宿命呢？老子的主张是："守柔"。在老子看来，正是"守柔"可以中断"柔弱"与"刚强"作为对立双方之间的相互转化。"守柔曰强"的意思是，不是通过由弱变强从而无法逃脱由强变弱的宿命，而是中断由弱变强的转化从而打破再由强变弱的宿命，这才是真正强大的表现。"弱"与"强"之间的关系如此，"曲"与"全"之间的关系亦同，老子对于所有对子之间的关系都是主张"复归于朴"，这才是"反者道之动"的旨归。当然，老子这样的主张最终是有"道"作为根据的，仅仅停留在"朴"上而言，也满足不了哲学的欲望。在"反者，道之动；弱者，道之用"之后，紧接着的是"天下万物生于有，有生于无"，从哲学的观念来看，"有"与"无"显然比"强"与"弱"更为根本。

三、从质朴到无为

尽管以上所论老子之"质朴"已近其体，但按哲学对观念的要求，《老子》文本中的"道"显然更能符合。现代学人一直以来对老子的"道"保持着高度的关注，似乎要是不谈"道"，都不好意思说是在研究老子。研究"道"诚然是没错的，老子论"道"，思想颇丰，尤其是对"道"的描述，内容尤其繁多。但围绕着老子的"道"研究，一直以来就陷入到种种根本性的定位之争。比如之前充满着意识形态的唯物论与唯心论，后来则是宇宙生成论与本源论，甚至是实体论与观念论等等，都是针锋相对的争论。之所以出现这种局面，一方面固然是与运用西方哲学的框架进行分析所造成的水土不服，更重要的还是老子本身的"道"论思想的特色所决定的。试举一二例说明之：

>道生一，一生二，二生三，三生万物。万物负阴而抱阳，冲气以为和。（第四十二章）
>
>道者万物之奥。（第六十二章）
>
>道冲而用之或不盈，渊兮似万物之宗。挫其锐，解其纷，和其光，同其尘。湛兮似或存，吾不知谁之子，象帝之先。（第四章）
>
>有物混成，先天地生，寂兮寥兮，独立而不改，周行而不殆，可以为天下母。吾不知其名，字之曰道，强为之名曰大。（第二十五章）

老子这种对"道"的直接描述，在五千言中还能找出不少来，此处不一一列举。前文所引"天下万物生于有，有生于无"，和此处所言"道生一"之类，像是给唯心论提供证据。但"有物混成""湛兮似或存"，又像是唯物的论调。"道生一，一生二，二生三，三生万物"，这实在是太显明的宇宙生成论叙说，可"象帝之先"或"为天地母"，也可能只是表达一种本源之义。至于"道"究竟只是一种最高的实体，还是提取出来的最高观念，也能很轻易地从《老子》文本中找到各自的论据。这要是用西学的眼光来打量，则老子的"道"论思想明明就是充满着模糊性和不确定性。这种判定并非没有道理，而且运用西学的框架来分析，尽管有诸多的不适应症，但偶尔也会有不少收获。比如对于老子所言"象帝之先"和"可以为天地母"，有的学者认为，前者所针对的是传统天命论中的上帝主宰论，后者则针对于春秋时期的天道自然观①。

在春秋时期的天道自然观中，一种普遍流行的观点是认为天地生万物。如："天生五材，民并用之""则天之明，因地之性，生其六气，用其五行。"（《左传》）"夫和实生物，同则不继，……故先王以金木水火土杂，以成百物。"（《国语》）老子为了超越天道自然观的局限，老子把"道"界定为生天生地的总根源。如："谷神不死，是谓玄牝，玄牝之门，是谓天地根。绵绵若存，用之不勤。"（第六章）此处的"谷神""玄牝"均指道体，意即"道"是天地生成的根源。春秋时代所谓天道是天之道，道是从属于天的。老子则以为道比天更根本，天出于道（张岱年）。可见，老子提出"道"，是为了超越传统天命论中的上帝主宰论；超越春秋时期天道自然观的局限，进而找到一个比上帝还在先，比天地更根本的本源。

这种类似的分析确实有助于厘清老子的"道"在思想史上的脉络，不过对于理解老子本身的"道"论思想，作用还是有限的。如果不顾哲学这种对观念的要求，回到前文所论的"质朴"来看，或许就能更好地贴近老子的思想脉络，还能避免这横生出来的许多纷争。老子开篇即声称"道可道，非常道；名可名，非常名"（第一章），若直接围绕老子的"道"来论，难免会陷入到这种以名相来论"道"的悖论中。老子反复强调"道常无名"（第三十二章）或"道隐无名"（第四十一章），则讨论老子的"道"究竟是唯物还是唯心，或者是实体还是观念，简直就是在背"道"而驰了。与其用西学的观念来把捉老子的"道"究竟是什么，不如舍弃这些观念框架来试图体会老子论"道"的用心是

---

① 参见杨庆中：《老子道论与中国轴心时代之哲学的突破》，《东岳论丛》2005年第6期。

什么。如前文所论，老子面对周衰文弊主张的是复返质朴之性，为此老子将"朴"或"素"提升为万物的原初状态，同时这种状态都具备一种复返的力量。兼具这种原初状态与复返力量未必能穷尽老子所提"道"之意义，但亦相差不远矣。老子论"道"在很大程度上都倚重于"质朴"这一内涵，当在否定层面上论"道"时，所谓"视之不见，名曰夷；听之不闻，名曰希；博之不得，名曰微"（第十四章），"道"总是显示出更丰富的可能性。但在肯定的层面上描述"道"时，"道之为物，惟恍惟惚。惚兮恍兮，其中有象；恍兮惚兮，其中有物。窈兮冥兮，其中有精；其精甚真，其中有信"（第二十一章），均离不开一种原初的质朴之象。可见，质朴之道可得老子"道"论之真义。

不管质朴之道是怎样地惚兮恍兮、窈兮冥兮，总不免有些似是无象又有象的纠葛。这与道之无名而又强为之名还不太一样，强为之名在逻辑上倒并不尖锐地否定"无名"，而在无象与有象之间至少逻辑上不能并存。当然，逻辑并不能解决全部的现实性，常常就是在若有若无的边界上，逻辑会陷入到悖论中。因此，说是无象又似有、说是有象又似无的状态也并非全然不可想"象"。至于无形、无声、无色的描摹，相对更容易理解一些。不过，无论老子如何以"无"来叙说这一质朴之道，以上所言无象、无名、无形、无声、无色等等，都像是虚晃一枪，最主要的却是为了论说"无为"。质朴的原初状态对治的就是周衰文弊之时的过分矫饰，经验告诉我们，相对于浓妆艳抹的伪饰，正是质朴无华的丽质显得异常珍贵。可以说，"质朴"本身具备一种对抗文饰的力量，去其珠光宝气、止其涂脂抹粉，素朴的天生丽质自然就会显露出来。对于"质朴"而言，无论以何种"无"来论说，"无为"才是最为核心的要义。相对于质朴之性，各种人为造作所导致的无非就是各种背离，"无为"既符合质朴的本性，同时也是复返质朴之性的良方。"道"之功虽大，却始终以"无为"为指归，以至于万物皆赖之而生却全然不知：

> 大道泛兮，其可左右。万物恃之而生而不辞，功成不名有，衣被万物而不为主。常无欲，可名于小；万物归焉而不为主，可名为大。以其终不自为大，故能成其大。（第三十四章）

> 道生之，德畜之，物形之，势成之。是以万物莫不尊道而贵德。道之尊，德之贵，夫莫之命而常自然。故道生之，德畜之：长之、育之、亭之、毒之、养之、覆之。生而不有，为而不恃，长而不宰，是谓玄德。（第五十一章）

质朴之道"无为"如此，天地万物均不例外，无不具备这一"无为"的特征。其中首当其冲的便是天地："希言自然。故飘风不终朝，骤雨不终日。孰为此者？天地。天地尚不能久，而况于人乎？"（第二十三章）所谓"飘风""骤雨"，并无一点人为造作之意，而只是一种"强"的征象。即便是出自"天地"，"强"都难以长久。强烈的飘风骤雨持久不了，在老子看来，这是天地亦不离"无为"的明证。既然质朴之道如此，天地尚不例外，更何况于人。于是，"是以圣人处无为之事，行不言之教"（第二章），或者是"以辅万物之自然，而不敢为"（第六十四章），老子最终是要以这一质朴之道为人和社会的行为方式提供可靠根据，而老子在这一根据义上强调得最多的就是"无为"。

无论说老子是历览王朝兴亡，还是目睹民不聊生，对老子所起的作用都是一致的，此即促使他从人为造作上退却下来。不管付诸怎样的作为来维持一个王朝的兴盛，都避免不了最终走向衰亡的命运。与此同时，晚周诸侯国为了壮大自己的势力，而相互间不断发动征战，这在老子的眼里，无非就是导致民不聊生，也很少有哪些诸侯国就真正因此而壮大了。这种人世间的兴起作为，在老子看来未免太过于造作了，完全无助于避免恶运，甚至本身就导致了恶运。可以想象，老子原本作为周室史官，在流落民间之后，所到之处都是满目疮痍、生灵涂炭，这种人为作恶可能给他造成了强烈的冲击。由此，他从人为造作上退却下来，走上了一条质朴之道而主张"无为"，所谓"处无为之事，行不言之教"（第二章）即是。在老子看来，人的兴起作为，就只会招致恶果。如前文所引的"天下多忌讳，而民弥贫；民多利器，国家滋昏；人多伎巧，奇物滋起；法令滋彰，盗贼多有"，还有"民之饥，以其上食税之多，是以饥。民之难治，以其上之有为，是以难治。民之轻死，以其求生之厚，是以轻死。"（第七十五章）如果只是根据对社会现实的观察，一般说来，人的种种作为，总是有好有坏。上至国家的政策措施，下至百姓的言行举止，很多方面会招致恶果，这是社会现实的状况。与此同时，也肯定有人做出来的所谓善言善行，老子当然不会意识不到。但他可以认为，人的这种为善的力量太微弱，并与作恶纠缠在一起，既制衡不了作恶，同时善恶力量的对抗又只会强化恶。更何况，善恶的分辨本身也太过于平常，或者就是说不及根本。最根本的做法莫过于复返质朴之道而主张"无为"，比如："不尚贤，使民不争；不贵难得之货，使民不为盗；不见可欲，使民心不乱。"（第三章）"绝圣弃智，民利百倍；绝仁弃义，民复孝慈；绝巧弃利，盗贼无有。"（第十九章）于是要"塞其兑，闭其门，终身不勤"（第五十二章），"不出户，知天下；不窥牖，见天道"（第四十七章）。这种论说往往看起来有权谋甚至有愚民之嫌，但懂得了老子对质朴之性的追求，就不至于产生这种误读。哪怕是那种似乎更"露骨"的言论，如"古之善为道者，非以明民，将以愚

之。民之难治，以其智多。故以智治国，国之贼；不以智治国，国之福"（第六十五章），以及"将欲歙之，必固张之；将欲弱之，必固强之；将欲废之，必固兴之；将欲夺之，必固与之，是谓微明"（第三十六章），其实都是老子由质朴之道论说下来，必须放到整个高明的"道"论体系中来看，而不能断章取义做似是而非的解读。老子的"道"论诚然具备极高明的品格，用哲学的术语来说，是达到了极高的形上层面，体现出他作为哲人的思想高度，但自复返质朴这一思想路径来理解，亦能窥其道论思想的精微之处。

老子论"有"

一般认为老子以"道"为核心,讲的是"无"的哲学。"道"在老子那里上升到了形上的哲学高度,"无"是一个根本的范畴。有学者甚至以为古希腊哲学讲的还是"有"的哲学,而老子讲"无"则讲得更高。这些都是论者经常涉及的。至于"有",除了认为也是老子的一个哲学范畴之外,论者鲜有专门以"有"解"道"的,或者即便解之,亦多不得要领。在老子那里,"道"的原义究竟如何来阐明,一直也是众说纷纭,难以获得大的突破。如果以"有"来论之,或许能打开新的视野。

一、以"名"称"有"

在《老子》第一章,除了出现了"道"和"无"外,"有"也是开篇所出现的。据称"有"与"道"的情况不一样,因为在老子之前,"道"至少已经作为一个范畴在使用了,而"有"仅仅到老子这里才成为一个范畴,并与"无"一道得到哲学上的考察。"有什么"的表达式在中国古典文献中很早就出现过。《春秋》里面记载"十有二月","有"还是指"又"。还有记载"日有食之",许慎《说文解字》认为"不宜有也"。《周易》里大量使用"有悔""有言",可能也指这个意思。但也用作"有攸往""有孚"等等,就不仅仅是"不宜有"了。《诗经》里就使用得更广泛。有的学者认为,"有"是从个体的"我"持有,扩展到空间上的"有",再到没有任何主语限制的"有"。而到老子这里,就开始思考"有"本身,进入了哲学范围①。说到老子思考到了"有"本身,或者"有"成了哲学范畴之类,提法可以商榷,但这种演变过程大体如此。当"有什么"在中国古代思想家那里表达出事物的存在时,这种"存在"已经是预设好了的。之所以做出这种提法,完全是出于现代话语背景当中借助于西方哲学的参照。在古希腊哲学中,"是什么"的表达式纠缠着"是""有""在"多重功能,事物的"有"或"在"都要在作为一种本质的"是"的基础上得到考察。与此相比,如果说老子的"有"是用来表达事物存在的,那么,"有什么"的"什么",对于老子而言却是不要着力分辨的。诚然,老子也是认识到事物总是变化不断、迁流不息的,但并不是要于这种变化之中对"什么"获得一种本质上不变的认识。在老子看来,只是对"什么"的言说都离不开"名"的指称,"有"的内容总是要靠"名"来指称。"名"是必不可少的,所谓"有名万物之母"(第一章,本章凡引《老子》,仅注章次),但"命名"并不意味着要先获得对事物的本质认识。毫不奇怪,在老子那里,可以"不知道某物的本质但却知道什么样的名适合于它"②。"名"对"有"显然不是一种本质的表达,而只是一种非本质的指称。这是参照西方哲学所不得不做

---

① 参见王太庆:《我们怎样认识西方人的"是"》,《BEING 与西方哲学传统》,河北大学出版社 2002 年,第 58—59 页。

② [英]葛瑞汉:《论道者:中国古代哲学论辩》,中国社会科学出版社 2003 年,第 258 页。

出的澄清，《老子》文本本身并没有出现这样的问题性。

在《老子》文本当中，"名"在九章中一共出现了二十二次。在"名"出现的九章中，除第一章留待后文讨论，第四十四章的"名与身孰亲"指声名外，其余七章出现的"名"都与"道"关联在一起，并且不外指两种具有张力的意义。其一指"道"无名，不可名，如"绳绳兮不可名"（第十四章），"道常无名"（第三十二章），"无名之朴"（第三十七章），"道隐无名"（四十一章）；其二指可名，名曰，如"名曰夷""名曰希""名曰微"（第十四章），"名曰大"（第二十五章），"名于小""名为大"（第三十四章）。当老子声称"道"无名和不可名的时候，显然是在表达一种超出"名"的幽微玄奥。"名"通常指称"有"，它的指陈总是具有某种内涵。具体事物当然要以某种内涵来相互区分，"名"正是在指陈这种内涵的时候发挥作用。如此一来，"名"不可避免地要固着于某种内涵，但"道"却是要不断地突破这种固着。其实"道"的这种"不可名"性发生在各种文明的超越状态里，而且基本上是出于同一种道理。并且，毫不例外的是，这种声称会面临着同样一种困境，即"不可名"或"无名"的"道"总又是不可避免地要被言说出来，这样也就无逃于"名"之间。任何一种人类的文化体系都难逃此"劫"，这是超越形态的文明所无法超越的困境。老子就有一句话生动地表达出了这种困境，"吾不知其名，强字之曰道，强为之名曰大。"（第二十五章）一个"强"字道出了其中多少无奈！由此，老子借用了不少的"名"来"强"为之说，"道"就不能不成为"可名"的了。有一种常见的说法似乎可以解释这种困境，"道是个超验的存在体，老子用了一种特殊的方法去描述它。他将经验世界的许多概念用上，然后一一否定它们的适当性，并将经验世界的各种界限都加以突破，由此反显出道的深微诡秘之存在。"① 这是从正面来为这种困境打圆场，倒也不无道理。不过，这种困境的凸显其实是从作为一种历史文化形态的立场出发，总不免带有几分逻辑情调的遗憾。如果回到"道"所蕴含的对生存意义的关怀这一原初境域中，这种遗憾就未免显示出现代人的自作多情。透过老子的这种具有张力性的意义呈现，我们完全能够体悟到其中的超越意蕴，能够切入一种生命的关怀。与符合逻辑的表达方式相比，我们一点也不感觉到妨碍了我们对超越形态的向往与进入，它确实就是我们愿意追求的终极关怀。

老子对"名"除了与"道"关联解出两种具有张力的意义外，还有重要的一个意义，即"始制有名"（第三十二章）中的"有名"。据王弼注，"始制，谓朴散，始为官长之时也。"② 因此，有学者认为，"始制有名"即二十八章所言"朴散则为器"③。可见这里的"名"就不是直接关联"道"而言的，"名"指称的是"朴散"之后的"器"，是"有"层面上的内容。其实这应当是"名"的本来意义，当老子对"道"说"不可名"的时候，其所否定的就是这个层面意义的"名"。但这样并不是要着力分辨老子还在另外一个层面上使用了"名"，即使他在"其名不去"（第二十一章）中直接以"名"指"道"，也只是在"强"为之名而已。这样说的用意在于，说明老子的"名"就是指称"有"的。在关联到"道"的时候，一方面在否定意义上使用，另一方面是在"强"为之用。与此相应，"名"在肯定意义上的真正使用就是在"有"的层面上，也就是对"有什么"的言说需要使用"名"的指称。这原本不需要进行充分的论证，但"名"与"道"

---

① 陈鼓应：《老子今注今译》，商务印书馆2003年，第128页。
② 王弼：《老子道德经》，上海书店1986年，第19页。
③ 陈鼓应：《老子今注今译》，第199页。

及"无"的关联常常容易对此产生混淆。关键还是要澄清"名"在"有"的层面上的使用与"道"之间的关联,或者就是如何处理"有名"与"无名"之间的关系。虽然"名"是在"有"的层面上使用,老子却并非是通过彻底否定"名"、灭绝"有"来通达未分化的"道"。不过,毫无疑问,由于"名"总是固着于某种具体的内涵,通过"名"来认识迁流不息的事物必定对"道"造成损害。"有"层面上的"名"所具有的某种固定性,就是对"道"分化和割裂,容易陷入危险之中。尤其是通过"名"的认识所获得的某种规律或准则,与老子对"道"的把握有着直接的冲突。但对立并不是存在于"有名"与"无名"之间,以"名"指称"有",或者否定"名"以称"道",这两者其实是贯通的。"当命名的固定性丧失了对我们的约束之时,就不再从自然变化的他者中分离出决定性的自我,我们发现自己与因循自然周期的天地在同一条大道中运动。"① 关键就是在"有"的层面上能够阻止"名"的固定约束,就可以走向"道"的通畅之途。这是下文需要详细论证的,在此之前,还得探究一下"有"与"无"之间的纠葛。

二、"有""无"互解

"有"在《老子》文本当中,通常被认为是已经成为了一个哲学概念,指的就是"有"自身。不管这种提法是否恰当,现在译古希腊的 ontology 为"万有论",就是出于"有"是古代中国固有的哲学概念,并且最早追溯到老子这里。不过,如果仔细检

---

① 葛瑞汉:《论道者:中国古代哲学论辩》,第259页。

视《老子》文本，就会发现虽然"有"被大量运用，但绝大多数时候还是作为动词使用。如果是要视为一种哲学概念的话，也仅仅只有两处。一是"执古之道，以御今之有。"（第十四章）二是"天下万物生于有，有生于无。"（第四十章）另有一处亦作名词用，即"无有入无间，吾是以知无为之有益。"（第四十三章）但前一"有"字的含义很明确，就是指"形"，不能认为是"有"的概念。与此同时，"无"作为名词使用的也只有两处，除"有生于无"外，就是三句"当其无"（第十一章）了。当然，如果将首章的"有名""无名""有欲""无欲"分开解读，可能还会获得《老子》文本中"有"与"无"更多的哲学用法。但这并不能改变这样一个事实，即"有"与"无"没有出现纯概念上的演绎，对两者的思考都是在具体的事相当中进行的。

有的学者认为，古希腊讲的还是"有"的哲学，老子才讲到了"无"的层面。这种区分似乎没那么明显，需要进行更为细致的梳理。古希腊哲学家赫拉克利特认为一切皆流、无物常住，"我们踏入又不踏入同一条河流，我们存在又不存在。"[1] 针对这一看法，巴门尼德则声称"一条是存在而不能不在，这是确信的途径，与真理同行；另一条是非存在而绝不是存在，我要告诉你，此路不通。"[2] "存在"的译法一向争议很大，或者更应该译为"是"。但此处表达了"存在"的含义则是没有争议的，译法的妥当性就不打算涉及了。在赫拉克利特那里，事物的真实性即在于它的迁流不息，事物总是在既是什么的时候同时又不是什么。巴门尼德强烈反对这一看法，他认为真理是确定不移的，存在的真实性必定是唯一不变的。既是又不是只是就变动不居的对

---

[1] 苗力田主编：《古希腊哲学》，中国人民大学出版社1989年，第42页。
[2] 苗力田主编：《古希腊哲学》，第92页。

象而言,而那不过是意见之路。可见,变动不居的事物在巴门尼德看来并不是一种真实的存在,或者就是一种非存在。这种非存在是否就是一种"无",这是不容易确定的。有学者做出过辨析,认为其实是指变动不居的现象世界,只是一种相对意义上的"无"①。如果是这样的话,似乎还是可以与老子的"无"联系起来。通常认为巴门尼德做出了现象与本质的对立二元之分,而同样的区分在老子那里是不存在的。有意思的是,老子的世界虽说也是变动不居的,但恰恰只有"道"才是"无"。如果说"无"在巴门尼德那里是被否定的非存在,那么在老子这里是否就是被肯定的非存在呢?问题在于,老子区分了"有"与"无",却没有对应"存在"与"非存在"。如上文所示,后者并没有进入老子的问题意识。"无"是更为本真的存在,还是一种不确定的存在,或是非存在,没法在老子那里做出回答。当事物的迁流不息在赫拉克利特那里获得了真实性时,一般认为这与老子真正接近了。同样地,赫拉克利特也没有对"存在"与"非存在"做出二分,而在既存在又不存在的事物当中认为有一种叫"逻各斯"的东西在主宰着。这似乎与老子的"道"更为接近,或者简直太接近了。然而,"逻各斯"却不是"无",它主宰着事物的"尺度"并使得事物在"对立统一"的过程中变动不居。赫拉克利特变动中的万物既存在又不存在,却不能同样地说老子的万物变化也是这样,而只能说是"有无相生"(第二章)。诚然,老子的"道"被认为是一种"规律",这已经太经常了,而"有无相生"也被认为是意味着"对立统一"的辩证法。"有无相生"的辩证法问题留待后文讨论,"道"却并没有"逻各斯"意义上的主宰意义,这是没有异议的。"逻各斯"主宰着事物呈现出有规律的变动,

---

① 参见李秋零:《基督教"无"说辨析》,《宗教研究》2003年第1期。

它是可以被人的理性所认识和把握的。而老子"为道"却是要"损之又损","道"是在去知少欲无为之后呈现出来的。它显然不能像"逻各斯"那样被把握,能是什么意义上的规律是很可疑的。

不管"无"在古希腊哲学家那里作为一种相对于"存在"而言的"非存在",还是在基督教那里作为创生论意义上的绝对的"虚无"①,与老子的"无"都有很大的距离。在老子的"有"与"无"之间,既没有"存在"与"非存在"的区分,也没有创生与被创生之间的对立。基督教的上帝作为一种绝对存在的"虚无",是人的理性和思想所不能进入的,同时又要求人进行精神上的修炼。这与老子的"无"似乎有某种相通处,至少在"无"的不可言说以及无知无欲的状态上是这样。然而,无论怎样解读老子的"道生一,一生二,二生三,三生万物"(第四十二章),也不可能与耶教的"无中创有论"有任何相通之处。上帝的"虚无"所表征的是一种绝对的真实和完满,是现世事物的他者和终端,老子的"无"显然不具备这种绝对性和彼岸性。与此相比,倒宁可认为老子的"无"与古希腊哲学家的"无"更为接近。如果说后者是针对于"存在"而言的"非存在",前者就是相对于"有"的"非有"。要对"有"与"存在"做出溯源式的辨析是件很伤脑筋的事②,简单地说,古希腊的"存在"(being)是从系动词"是"(to be)那里引导出来的,事物必先"是",亦即获得本质意义,才能说是存在的,但老子的"有"所表达的事物存在与这种本质意义无关。在先秦时代,"是"这个字根本还没出现,

---

① 具体辨析可参考李秋零:《基督教"无"说辨析》,《宗教研究》2003年第1期。

② 具体可参考《BEING 与西方哲学传统》,河北大学出版社 2002 年。该书就是与"有""是""存在"的翻译与辨析相关的论文集。

而"有"并没有"是"的意义,也不能当作系词使用①。可见,古希腊的"存在"所表征的事物必定要获取一种本质不变的意义,而变动不居的现象就只能视为是"非存在"了。但对于老子而言,"有"所表达的事物就没有这种取向,用现象学的话语来说,就是"有"的态度意味着面向事物本身。这样,"有"就获取了表达世间所有事物的权利,并没有划分出类似于现象与本质之间的界限,而将"无"推向一个完全不同的领域。这就是说,古希腊哲学中的"存在"与"非存在"("无")表现出一种本质与现象之间的对立,老子的"有"与"非有"("无")却是同一层面上的事。确实,老子的"无"就是"非有",都是从"有"上言出的。前文已经论到,"有什么"的"什么"以名来指称,这个"名"并不是指一种本质意义上的表达,赵敦华认为"'名'相当于定义及其表达的本质"②的说法是错误的。但"名"虽然不具备本质上的意义,却可以指向事物的"形""象"或"状"等等,亦即仍然具有某种确实的内涵,而这对于"道"而言,无疑就意味着一种分化的开始。否定"名",是要打掉"形""象"或"状"等所有这些具体的分化,这就是一种"无"的过程。很显然,正是紧扣在"形""象""状"以及包括"名"在内的这种"有"的层面上,"无"才是可以言出的。"无"的过程也就是一个返回"道"的过程,它就是在"有"的层面上实现的。但这种返回不是一种指向终点式的或目标式的返回,"智慧主张的道不指向任何目标,没有真理,也没有启示和迷雾之后的朗朗晴天作为'道'的终点。在智慧看来,道之所以为道,是因为它'通

---

① 参见王太庆:《我们怎样认识西方人的"是"》,《BEING 与西方哲学传统》,第 67 页。

② 赵敦华:《BEING:当代中国哲学的一个基本问题——从〈BEING 与西方哲学传统〉说起》,《江海学刊》2004 年第 1 期。

畅'。这条道不通向任何目的，但是它可以让我们通行，我们可以不断地通行，所以才能够前进"[1]。如果就"有"而言，又是从"无"那里给出的。从"无"不可以创生"有"，但"有"作为一个分化的状态，必定是从"无"那里获得的，这又是一个从未分化状态到分化之中的过程。由此，"有"层面上的"名"不表达一种本质意义上的真实，否定"名"的过程就不是一种走向非真实之途，而恰恰是打掉具体分化的"无"的回归之旅。与此同时，"无"并不封锁自身，而必定给出"有"，走出未分化的状态。但"无"也不是他者的真理，走出来的"有"是分化的开始，却不是远离真实的开始。"有"与"无"都发生在同一个层面，"道"也是同一层面上的通畅之途。

三、以"有"言"道"

声称以"有"言"道"，就不免令人想起围绕《老子》思想所展开的两种阵营之间的争论。老子的"道"是"有"还是"无"，关键性地决定了老子的思想体系是唯物主义还是唯心主义。如果老子的"道"是物质实体以及物质实体的运动规律，那么就是"有"的层面，或者即便说是"无"，也是指无具体形象、无具体名称。相反的立场则不这么认为，"道"不是物质或者客观规律之类，而是一种绝对精神，是"无为"的精神，也就属于"无"的层面[2]。现在基本认清了这种争论的真实面貌，本文自无

---

[1] ［法］弗朗索瓦·于连：《圣人无意——或哲学的他者》，闫素伟译，商务印书馆2004年，第108页。

[2] 具体可参考《老子哲学讨论集》，中华书局1959年。该书集中地反映了这种争论的观点。

意于重蹈其中任何一方的覆辙。以"有"称"道"不是要指称"道"为精气、混沌或者是别的什么东西，也不是要针对"道"的所谓唯心主义本质来做辩驳。以"有"言"道"，只是要于"有"所表达的变化层面上言"道"为一种通畅之途，而反对将"道"视为形而上的实存，或是事物背后的规律，或是生活当中的准则等等①。所有这些却都不足以进入老子之"道"的原初创义，而以"有"言"道"或许能打开新的局面。

中国古人对待事物的一个根本态度就是"有"，"在中国传统哲学里，'有'这个范畴占重要地位，有如 being 之于西方哲学"②。这种对比显示出了"有"这一根本态度的地位，但也有可能引起误导的地方。Being 在古希腊哲学家那里，是通过范畴演绎所获得的。亚里士多德的《形而上学》就是专门研究 on（即英文 being）的著作，它构成 ontology（即通常所说的"本体论"）的中心范畴。但我们却很难说《老子》文本中的"有"是类似的一种情况，声称老子思考到了"有"自身，或者直接称"有"为本体论范畴，都会引起对老子所论"有"的误解。即便是在老子那里，我们也只能说"有"是老子对待事物的根本态度，而不是一个可供演绎的根本范畴。"有"的根本态度意味着"有什么"之中的"什么"并不是要去着力分辨的，亦即不需要去做本质上的认识。"有"所表达的事物"何为真实，何为存在"，有"眼睛可睹，耳朵可闻，触觉可感"就足够了，关键是要在不断变化的事物当中"探知怎样生活，怎样治理社会，以及在先秦末叶怎样证明人类社会与自然宇宙的关联"③。这就是说，要在纷乱的事物

---

① 参见陈鼓应：《老子今注今译》，第 23—34 页。
② 王太庆：《我们怎样认识西方人的"是"》，《BEING 与西方哲学传统》，第 59 页。
③ 参见葛瑞汉：《论道者：中国古代哲学论辩》，第 259 页。

变化当中探索一条通行的道路，在保持事物和谐而模糊的变化状态的同时，获得人与宇宙自然之间的协调相应。如果"有"的根本态度意味着这样一种探索，那么，这就是"道"所要体现的通畅之途。

老子以"有"的根本态度所面对的事物是变动不居的，但认为老子的"道"是于事物变化之中寻找一种规律性，则基本上是现代意识的一种诉求。规律性的表达至少有两个方面不符合老子的要求：其一是人的意识分辨，老子谓"为道日损"（第四十八章）就表达了这种反对，"它使得一切事物都转变成为固定清晰的聚集状态，并使得它们摆脱了自然栖居的和谐而模糊的状态。"① 其二是语言和概念的运用，所谓"道可道，非常道"（第一章）即是，它"破坏了生生不息的万化之流的流动性"，而"将特定的结构和格式化的规律性强加于我们周围的世界，从而在不同的程度上否定了特殊现象的独特性"②。与通常所认为"道"的这种规律性表达相比，老子更为强调的是"处无为之事，行不言之教"（第二章），对这种所谓规律性的把握和运用似乎不够积极。让人吃惊的是，老子正是在列举出"有无相生，难易相成，长短相形，高下相盈，音声相和，前后相随"（同上）之后，得出这种结论的。而按照通常的看法，这一段却是最为具体地表达了一种事物对立转化的辩证规律。这其中未免有些蹊跷。无疑地，在《老子》文本中，对于这种对立面并举的描述确实是大量存在的。然而，有对立面的列举，是否就意味着包含了对立面之间的相互转化，却是很可疑的。比如，就老子一再强调的"弱"

---

① ［美］本杰明·史华兹：《古代中国的思想世界》，江苏人民出版社2004年，第216页。
② ［美］郝大维，安乐哲：《汉哲学思维的文化探源》，江苏人民出版社1999年，第55页。

与"强"而言，通常就是作为辩证法的一对关系来说的。"柔弱胜刚强"（第三十六章）当然是老子直接所表达了的，但由"弱"胜"强"被置换为"弱"转化为"强"，然后又理所当然地推出"强"可以转化为"弱"，这其间却处理得太马虎，没有经过仔细琢磨。光就由"弱"胜"强"而言，就并不等同于"弱"转化为"强"，这其实并不难理解。水作为"天下之至柔"而"驰骋天下之至坚"（第四十三章），水却并不因此而转化为"至坚"，它在任何时候都是"至柔"的。至于由"强"到"弱"的转化，显然更不存在了。在老子那里，"坚强者死之徒，柔弱者生之徒"（第七十六章），丝毫没有给"坚强"与"柔弱"之间的转化留下空间，所谓两者之间的转化基本上是现代人迫切挖掘辩证法思想的结果。当然，本文并不是要否认《老子》文本中表达了某些相互转化的对立面，如"祸兮福之所倚，福兮祸之所伏"（第五十八章），无疑就是看到了"祸""福"之间的转化意义。然而，需要明辨的是，老子没有在"祸""福"之间表现出任何价值倾向，但却在包括"强""弱"和"有""无"在内的许多对立面中表现出强烈的价值倾向。如果将所有对立面都像"祸""福"之间的关系那样处理，由两者间包含的相互转化而挖掘出辩证法思想，肯定是有问题的。实际上，在老子所列举的大量对立面当中，其间的情形十分复杂。比如在现代人看来有着明显价值倾向的"祸"与"福"，老子却没有表现出价值倾向，而原该是事实描述的"高下相盈"，老子却强调"高以下为基"（第三十九章），在"大邦者下流""大者宜为下"（第六十一章）等多处表达出对"下"的价值取向。即便是在"强""弱"和"有""无"这两个关键的对立面中，情况也各有不同。老子谓"弱者道之用"（第四十章）显示出他确凿的柔弱主张，以本末关系来处理"弱"与"强"，基本上是没有问题的。但在"有"与"无"之间却没有表现出同样的简单,老子一句"有之以为利,无之以为用"(第十一章),却带来了许多的纷争。据王弼注,"有之所以为利,皆赖无以为用也。"① 王弼主张"贵无"论,这样注解当然是以"有"为用了,这给后人解老造成了深远的影响。王安石就强烈反对这种倾向,他说,"'无'之所以为天下用者,以有礼、乐、刑、政也。"② 可以说,《老子》文本中的"有"与"无"既是最重要的对立面,同时也表现得最为复杂。某些时候体现出"祸""福"关系一样的依存转化的含义,另一些时候却带有"强""弱"关系一样的价值取向,但总体而言不是归结为对立转化的辩证法规律可以道尽的。

再回到前面的"处无为之事,行不言之教"这一结论上来,看来列举这种种对立面,只是表达出事物的差异和变化,是一种大化迁流中的景象。在"有"所表达的事物层面上,种种差异和变化都是处于一种分化状态的表现。联系到前文的论述,可以认为这种状态的形成,一方面是"朴散则为器"后的分辨,另一方面则是"始制有名"之后的言说。由于"名"所具有的某种固定约束性,或者处于"器"的割裂状态,都是与"道"的精神相违背的,固着于"名"和"器"就是很危险的。但老子并不通过否定"有"层面上的"名"和"器"来通过"道",这在前文已经论及。那么,是否可以直接在"有"的层面上,通过阻止"名"的固定约束,或者防止"器"的分化割裂,来走向"道"的通畅之途呢?老子其实对此有很明白的论述,他说,"朴散则为器,圣人用之,则为官长,故大智不割。"(第二十八章)这就是说,"朴散而为器"后,若"圣人用之",则不至于陷入割裂的状态。当然,这还是说得比较笼统的,更为具体的说法是,"始制有名,

---

① 王弼:《老子道德经》,第6页。
② 引自陈鼓应:《老子今注今译》,第116页。

名亦既有，夫亦将知止，知止可以不殆。"（第三十二章）这里的核心就是"知止"，就是"名"在既有之后，要能意识到"名"的这种固定约束的特征，意识到它所具有的分化割裂性，由此懂得认知上的限度，而不是去强化认知上的成果。若能通晓认知上的这种适可而止，就能够避免危险。由此，在老子看来，在"有"的层面上走向"道"的通畅之途，关键在于怎么样去把握。或许"圣人用之"是玄奥不测的，但"知止"的把握却是论述得明白。不是去索求"有"层面上的事物变化背后的所谓规律，而是在"知止"的把握上因任这种差异和变化，这也就是"无为"和"不言"所要表达的内涵，分别对应于"朴散则为器"后的分辨和"始制有名"之后的言说。"有"层面上的这种分辨和言说，要能与未分化状态的"无"相贯通，或者说达到与"有名"与"无名"之间的贯通，其贯通之道就在于"为道日损"（第四十八章）①。若不能"知止"，反而以学为之"日益"，通过"名"的认识所获得的某种规律或准则来把握事物的大化迁流，只会对"道"造成损害。相反，对于"名"的固滞和分化，能够"损之又损"（同上），也就可以达至"道"之"无名"的化境。所谓"无名，天地之始；有名，万物之母"（第一章），就点出了在"无名"与"有名"之间是相互贯通的。最后，老子有云："执古之道，以御今之有。"这是"道"与"有"之间一个明白的关联，表达了以"有"言"道"的同时，包涵了"执道御有"的立场。"有"始终是分化的，但以"道"御之，分化即是未分化，"道"就是在"有"层面上的通畅之途。

（原载《阜阳师范学院学报》2006年第4期）

---

① 参见李景林：《即"有名"而显"无名"——从〈老子〉首章看老子之道论》。本文的一些看法受该文的启示。

老子论"自然"

"自然"在《老子》文本中一共出现五处,每一处无论是从单独分析还是整体考察,都为现代学者们所充分讨论。但作为一种整体的解说,主要还是刘笑敢在一系列文章中做出了比较独到而有现代价值的挖掘。本文就是受到了他在文章中所呈现出的问题性的启发,由此做出自己的探究,并提出不同的看法。

一、"道法自然"

《老子》文本所论"自然"的章节中,"人法地,地法天,天法道,道法自然"(第二十五章,本章凡引《老子》,仅注章次)无疑最具有吸引力①。原因在于"自然"是与"道、天、地、人"这域中"四大"一起出现的,这既便于考察"自然"的内涵,同时又容易引发争议。实际上,对"道法自然"的读解历来就颇多争议,而关键即在于是否确认在"道"之外别有一"自然"。河

---

① 对于《老子》思想是属于唯物主义还是唯心主义的争论,往往就是从这一句"道法自然"开始的。围绕《老子》思想展开的两种阵营之间的争论,具体可参考《老子哲学讨论集》,中华书局1959年。

上公注称"道性自然，无所法也"，算是说得明白。王弼注曰："道不违自然，乃得其性；法自然者，在方而法方，在圆而法圆，于自然无所违也。自然者，无称之言，穷极之辞也。"① 联系到这一章前面说到的"道大，天大，地大，人亦大"，早有学者看出只有"道、天、地、人"四大，没包括"自然"一起说五大，可见"自然"原本就没有与"道、天、地、人"平列起来。其实大概没有人会否认"道"是《老子》文本中的最高范畴，在"道"之外别立一"自然"是无论如何也解释不过去的。而这里造成的问题在于，从"人"到"天"明白地呈现出一种"效法"的层次关系，恰恰要从"道"到"自然"处打住脚就多少有点别扭。在刘笑敢看来，如果是按河上公的注，这样处理既"于理未惬"，又"不顺畅"，而且还"太简单"②。不过，细究起来，从"人"到"道"的"效法"层次亦不严格，说"人法地"与说"人法天"或"法道"并无实质性的差别③。或许可以说，如此整齐的言说并不意味着表达了相应整齐的内涵，这可能与古汉语的文法不无关系。由此，对于"人法地，地法天，天法道，道法自然"，不妨可以读作"人法地，地法天，天法道；道性自然"，尽管刘笑敢认为，这样读无论是从语法上讲，还是从思想内容上讲，都是不恰当的④。但这只是从他的"自然"中心价值论所得出的结论，本文并不认同。坚持河上公注的处理是要认为，其表达的内涵重在"人"与"天地"对"道"的效法，而落脚点则在"道"性"自然"。那么，所谓"道性自然"又是一个什么样的内涵，

---

① 王弼：《老子道德经》，上海书店1986年，第15页。
② 参见刘笑敢：《老子之人文自然纲领》，《哲学研究》2004年第12期。
③ 参见汤一介：《老子宇宙观的唯物主义本质》，《老子哲学讨论集》，第149页。
④ 具体可参考刘笑敢：《老子之人文自然纲领》，《哲学研究》2004年第12期。刘笑敢在该文中对此有比较详细的讨论。

这就必须关联到《老子》的整个文本对"道"的论述来理解。

老子论"道"的一个主要特征是运用了大量直接对"道"的描述性语言，这种描述出现在多章里，而且手法接近，甚至用语相同。如"渊兮""湛兮"（第四章），"惚兮恍兮""窈兮冥兮"（第二十一章），"寂兮寥兮"（第二十五章）等等，描述的都是"道"之"无状之状，无物之象"（第十四章）。这种"道"之"状"之"象"，或可"名曰夷""名曰希""名曰微"（同上），然而三者"混而为一"（同上），毕竟又是"绳绳兮不可名"（同上）的。这种描述或许可以称之为是拟象（状）性的，由于描述的对象是"无状之状，无物之象"，所有这些拟象（状）性的语言传达的信息都让人觉得不着边际，而这或许正是老子所需要达到的效果。但所有这些集中起来，倒是很成功地传达了这样一个信息，即"道"终归是不可名或者说是不可言说的。只是这一信息不是由某个别的拟象（状）性的语言来传达的，而是总体上带给人的印象。不过，老子论"道"并不仅仅表达了这样一种内涵，另外某些描述还是传达了相对实质一些的信息。比如言"道冲而用之或不盈"（第四章），以及"迎之不见其首，随之不见其后"（第十四章），"独立而不改，周行而不殆"（第二十五章）等等，都传达了"道"自行运作而不可穷竭的信息。其实，"道"的这一内涵是一直被确认着的。王弼注曰："无物匹之，故曰'独立'也。返化终始，不失其常，故曰'不改'也。"① 这表明"道"的独自运行，不易终始。成玄英疏云"迎之不见其首，明道非古无始也；随不见其后，明道非今无终也"②，即是言"道"的无始无终。虽说现代人对"道"的诠释五花八门，但大体都不会漏掉这

---

① 王弼：《老子道德经》，第14页。
② 引自高明：《帛书老子校注》，第288页。

一层含义。比如说"道"是"永久常存"的,是"变体""动体","它本身是不断地变动着的"①,或者"道本身就是无限宇宙永不间断的生化运动"② 等等。可见,"道"的自行运作而不可穷竭的内涵在诠释过程中体现得相当充分。

获得这样一种文本相关的解读之后,在回到"道法自然"一章来,可以进一步联系到整章文本来继续读解:

> 有物混成,先天地生。寂兮寥兮,独立而不改,周行而不殆,可以为天地母。吾不知其名,强字之曰道,强为之名曰大。大曰逝,逝曰远,远曰反。故道大,天大,地大,人亦大。域中有四大,而人居其一焉。人法地,地法天,天法道,道法自然。(第二十五章)

从"有物混成"到"远曰反",都可以视为是直接对"道"的描述。"寂兮寥兮"之类是有老子特色的拟象(状)性描述,结论却是"不知其名",虽说不免要"强字""强名"。但由"道"之"独立而不改,周行而不殆"及其"大""逝""远""反"所呈现出自行运作的周而复始,在对"道"之"状"之"象"的描述之中还是能够把捉到的。至于说到"先天地生",这与"道"在"象帝之先"(第四章)一样,已经为太多的现代学者所充分诠释,而这种诠释往往是受西方哲学传统影响的结果。汉学家由于深谙自身的文化背景,在这种命题上十分注意避免将老子的"道"独立于日常世界而作为"最初的本原来思考问题"。于是,"对道家来说,经验之流是无始无终的",或者是"经验过程性和

---

① 陈鼓应:《老庄新论》,上海古籍出版社1992年,第6页。
② 詹剑峰:《老子其人其书及其道论》,湖北人民出版社1982年,第194页。

流动性的品格为自我的内部更新提供了一个发展空间"等等①。所有这些分析力图阐明，老子由"道法自然"所表达的"道性自然"，其内涵就是指"道"按照自己所是的方式在运作而不可穷竭。由此，"自然"即是"自然而然"的内涵，这似乎与刘笑敢的结论是一致的，其实不然，下文再论。"道"的这种"自然而然"，亦即"自然"，是不可言说的。"道"的这种不可言说性的内涵又恰恰是要通过言说来传达的，老子的言说方式就是言"道"之"自然"，就是只能说"道"如自己所是的方式那样运作。在老子看来，说"道"是"自然而然"，也就意味着表达了"道"的不可言说性。这是一种对终极视域的表达，"道法自然"之"自然"就是表达一种终极视域的内涵。正是在这种终极视域的问题上，文明无论中外，时间无论古今，往往察觉其不可言说性，而又要通过言说方式来传达。老子的探索"鲜明体现了一种尽管自觉无法企及却仍然要尝试维特根斯坦所谓不可为之事的勇气"②，这显然不仅仅是老子才遇上的困境。老子以"自然"言"道"，足可窥其大智慧。

不过，就老子的"自然"而言，早已经有学者指出，与现在所说的自然界并不是一回事③。即便是现在所说的"自然界"，其间各种自然现象所包含的"自然而然"的意义，与老子的"自然"之义亦是关系重大，由此不可不辨。其实，老子的"自然"所指的"自然而然"就是一个与人为相对的概念吗？某种人为的作为是否也可以属于老子所说的"自然而然"，这原本就是个有争议的问题。这也就是刘笑敢所讨论过的，"'自然'的价值到底

---

① ［美］安乐哲，郝大维：《道不远人——比较哲学视域中的〈老子〉》，学苑出版社2004年，第96、145页。

② 安乐哲，郝大维：《道不远人——比较哲学视域中的〈老子〉》，第145页。

③ 刘笑敢对"道法自然"中的"自然"与现代的"自然界"之间的区别，做了具体的考察，可参看《老子之人文自然纲领》，《哲学研究》2004年第12期。

是否承认外力的作用"①。但是否是所有非人为的作为亦即自然界的现象就都属于老子的"自然而然",这个问题也许更值得讨论,因为这涉及到老子所运用的"自然"是否只是就表征了现代思想中所谓的"自然主义"。这与刘笑敢所说的,以"自然界"解老子的"自然",就会"简单地把老子哲学当成崇尚自然界的理念"② 这一问题性是相关联的。通常认为,《老子》文本中对自然界的表达主要用"天地"或"万物"。不过,似乎在"天地"与"万物"之间还有着某种差别,这种差别在《老子》的通行本和帛书本就有显示。通行本"无名天地之始"(第一章),在帛书本就作"无名万物之始"。大概万物还不包括天地,万物当在天地之间。这有《老子》文本中的话语为证:"天地不仁,以万物为刍狗。"(第五章)但"天地""万物"都表征着某种"自然而然",这大概是没错的。《老子》有云:"天长地久。天地所以能长且久者,以其不自生,故能长生。"(第七章)天地不以"生"为能事,天地之"生"本来如此,大概就是"不自生"的含义。天地的作为总是表征着一种"自然而然",然而却并不意味着老子的"自然"指的就是天地的运作方式。换句话说,"自然"作为一种"道"的运作方式并不就等同于"天地"的运作,"天地"只是可以显示出来,却不免有例外的时候。"故飘风不终朝,骤雨不终日。孰为此者?天地。天地尚不能久,而况于人乎?"(第二十三章)前面说到"天长地久",这里却又是"天地尚不能久"。如果这并没有构成一种矛盾,就得说出一个理由来。难道天地之"生"是自然而然的,而天地之"飘风骤雨"就不是自然而然的了?从所得的结论来看,理由似乎正是这样,否则就解释

---

① 刘笑敢对此有专门的讨论,参见《老子之自然与无为概念之新诠》,《中国社会科学》1996年第6期。

② 刘笑敢:《老子之人文自然纲领》,《哲学研究》2004年第12期。

不通了。"飘风骤雨"与天地之"生"一样，应该都是天地自身的作为，而毫无一点人为的迹象，除非老子知道有所谓的人工降雨。既然如此，两者之间却做出不同的划分，这意味着对于"自然"的标准，老子并没有完全根据天地与人为之间的作为来判断，实则还有另外的标准。这一标准留待后文再做讨论，这里足以可以说明，老子的"自然"并非天地间非人为的现象可以表达的，它要高于"天地"的运作。老子以"自然"来言说"道"的运作方式，表达的就是"自然而然"的不可言说性，亦即除了说如它自己所是方式那样运作之外，就不再可言说了。显然，这里的"自然而然"是作为一个动词在解读的，与刘笑敢以"自然而然"的名词性来解"自然"是不一致的。差别的根源在于，刘笑敢是以"自然"为老子哲学的中心价值的[1]，"自然而然"作为一个名词才表达出老子的最高价值。而本文则认为"自然而然"是在表达"道"作为一种终极视域的运作方式，"自然"本身并不就是一种最高价值。本文充分认同并由此获得过启发的是，老子确实提出了一种最高价值，"是一种蒂利希所说的终极关切的表现，表达了老子对人类以及人与自然宇宙关系的终极状态的关切"[2]。但这种最高价值是由"道"来实现的，"自然"只是表达了这样一种终极状态的不可言说性。最终是"道"，而不是"自然"，是老子文本中的中心价值。

二、"希言自然"

前文已经提到，老子在论"飘风不终朝，骤雨不终日"时，

---

[1] 参见刘笑敢：《试论老子哲学的中心价值》，《中州学刊》1995年第2期。
[2] 刘笑敢：《老子之人文自然纲领》，《哲学研究》2004年第12期。

虽天地所为，亦不可长久。老子是在提出"希言自然"（第二十三章）的说法之后，做出这种阐述的。有学者就认为，老子是"以天地自然界的风雨为例予以说明，和风细雨是可以比较持久的，飘风骤雨是不能终朝终日的，因为一则顺乎自然的规律，另一则违背自然规律的缘故"①。但这是很奇怪的说法，同样是天降雨水，何以有一则顺乎自然，一则违背自然的区别。应当只有人为的作为才有是否符合或违背自然规律的说法，"飘风骤雨"会在什么样的意义上违背所谓自然规律是很令人费解的。这可能就是以"自然规律"来解老子的"道"所闹下的别扭。如果上文说到的"天长地久"是以其"不自生"，也就是"无为"之举，这里说到"不能久"就必定是以其"有为"。判定"飘风骤雨"之为"有为"，可以关联"希言自然"这一说法进行。大体上可以认为，"希言自然"所表达的意义就是"体现了一种对语言一贯的质疑"②。蒋锡昌云："'多言'者，多声教法令之治；'希言'者，少声教法令之治。故一即有为，一即无为也。"③ 这就是说，"希言自然"讲的就是自然无为的意思。如此看来，"飘风骤雨"虽出自天地却不能长久者，老子确实是认为出于天地之"有为"的缘故。然而，问题仍然没有得到完全解决，因为在"有为"与"无为"之间，还需要一个判断的标准。大概不大会有人能坚持认为，老子的"无为"就是指无所作为。问题的复杂性往往就在这里，同样是一种作为，老子到底认为怎样的作为才属于"无为"？如果说天地之"生"是属于"无为"是因其"不自生"，那么天地之"飘风骤雨"是属于"有为"又是依据什么呢？或者天地之"和风细雨"又是依据什么属于"无为"了？可见，"飘风

---

① 车载：《论老子》，上海人民出版社1959年，第3页。
② 安乐哲，郝大维：《道不远人——比较哲学视域中的〈老子〉》，第139页。
③ 引自高明：《帛书老子校注》，第345页。

骤雨"何以就是"有为"了，还是不明确的①。

在《老子》文本中，如果说"运用自然一语，说明莫知其然而然的不加人为任其自然的状态，仅为老子全书中心思想'无为'一语的写状"②的话，那么，"自然"就成了对"无为"的一种解说，"无为"的内涵就是"自然"。这样带来的后果是，"自然"不再构成对"道"的一种不可言说性的言说，况且"自然"作为"无为"的内涵似乎无助于对"无为"的把握。所谓"'道法自然'一语，是说'道'应以'无为'为法则的意思"③，"自然"就成了可有可无的用语。这样一种解读是出于将老子从"道法自然"的唯物主义阵营中拉出来，原是不必引出来辩驳的。只是与之相反对，本文认为，"自然"并非是对"无为"的写状，恰恰相反，"无为"才是对"自然"的一种领悟。"自然"作为对"道"的一种言说，表达的即是"道"作为一种终极视域的不可言说性。以"自然"言"道"只是说明"道"以如其所是的方式那样运作，这本身就意味着具有不可言说的神秘性。或者说，"自然"所表达的内涵就是"道"的运作方式的神秘性。对于作为一种终极视域的"道"而言，其运作方式固然是神秘的、不可言说的，但圣人可以对这样一种神秘的运作方式有所领悟。"无为"正是这样一种领悟，是圣人对神秘之"道"，亦即"天道"的一种洞察。老子有云："道之尊，德之贵，夫莫之命而常自然。"（第五十一章）此处的"命"当作"爵"，意为"爵命"，言道德尊贵无关爵命，故能常自然④。与人为封爵所获尊荣相比，

---

① 刘笑敢对"无为"做了很详尽的考察，可参考《老子之自然与无为概念之新诠》，《中国社会科学》1996年第6期。由于他以"自然"为老子的最高价值，而以"无为"为实现"自然"价值的方法性原则，本文不能认同这种看法。
② 车载：《论老子》，第3页。
③ 车载：《论老子》，第5页。
④ 参见高明：《帛书老子校注》，第71页。

道德尊贵的"常自然"表达的就是一种"无为"的效果。"天道"的运作必定呈现在天地世间当中,它虽然具有不可言说的神秘性,但圣人却可以有所领悟并表达为"无为"。那么,圣人,或者说就是老子,又是如何领悟出"无为"的呢?从《老子》的文本来看,有两个方面的征象是值得注意的。其一是自然界的水,另一个就是人间世的女性。老子的"道"与"水"的关联是十分紧密的,这一点在《老子》文本当中显得异常明白。甚至有学者认为:"在《老子》和《庄子》中,'道'观念的构造不仅源于溪流及其水道,而且其所有各种特征都源于水自身。"① 而就"无为"而言,"'无为'恰是水之所为;它没有意志,没有行为,但自发地依地形往下流,静止时则自我澄清。"② 老子从"水"那里领悟出"无为"的原则,是可以令人信服的。老子所谓"上善若水,水善利万物而不争。处众人之所恶,故几于道"(第八章),足可见"水"所显示出的"无为"形象。与此同时,"女性"作为《老子》文本中的另一种征象,也起到了同样的作用。"它(指《老子》——引者注)将女性作为'无为'原则和'自然'原则的象征而加以赞颂,而这些原则将自然界与它的非存在的本源关联了起来。""女性就是无为的缩影。尽管非存在(无)本身是不可命名的,但……自然的、消极的、虚空的、'习惯性'的、非断定性的方面象征并指向'非存在'的领域。"③ 应当说,当时促动老子反思的正是人为制造的战争和杀戮。老子若从相对边缘的女性那里发现"无为"的力量,应当还是很自然的。由此可见,"无为"确实与自然界的"水"和人间世的"女性"不无关联,这或许就是运用圣人理性领悟神秘"天道"的一种来由。如

---

① [美]艾兰:《水之道与德之端》,上海人民出版社2002年,第74页。
② 艾兰:《水之道与德之端》,第88页。
③ 史华兹:《古代中国的思想世界》,第209页。

果就"天道"而言,作为一种终极视域是神秘的、不可言说的。当老子用"自然而然"来表征神秘"天道"的运作方式时,听起来与西方基督教用"是其所是"来表述上帝有几分相似。如果仅就于某种终极的神秘之处施展用语而言,确实具有某种相通性。但这种类比必须适可而止,其间的异质性远远要比相通性大得多。即便仅就用语而言,"自然而然"呈现的是一种动态的运作方式,而"是其所是"更多地是一种静态的本质描述。如果说西方基督教中也有一条"道",那么上帝就是这条道的终点,而老子的"道"却"不指向任何目标,没有真理,也没有启示和迷雾之后的朗朗晴天作为'道'的终点"①。不过,虽说"天道"神秘、不可言说,但圣人理性却可于天地间的呈现处获得某种领悟。因此,就"无为"而言,作为圣人对这种终极视域的一种领悟,则是可以被明白言说和把握的。

又回到前面所追问的"无为"上来,已经提到过天地之"生"因其"不自生"便是"无为"。就此而言,或许可以说,如果是自己完成的,却又不以自己完成的而自居,即老子所谓"万物作而弗始,生而弗有,为而弗恃,功成而不居"(第二章),大概就属于"无为"的方式了。老子对此似乎也多有强调,比如说"不自见故明,不自是故彰,不自伐故有功,不自矜故长"(第二十二章),而与之相反的则是"自见者不明,自是者不彰,自伐者无功,自矜者不长"(第二十四章)。不过,本文要强调的另外一种行为似乎更能体现出"无为"的原则,这就是"柔弱"。但"柔弱"为何能体现出"无为"的原则,这同样是一个问题。因为"无"并不意味着是"弱",而"弱"更推导不出"无"。"无"

---

① 关于两种"道"的区别,详细可参考于连:《圣人无意——或哲学的他者》,第107—109页。

是某种抽象的状态,"弱"却是有具体意象的。不过,前面已经说到老子是通过"水"与"女性"来领悟到"无为"的原则,而由"水"或"女性"过渡到"柔弱",似乎就不大成问题了。"水"或"女性"的柔弱形象似不待论证,老子就直接说过"天下莫弱于水"(第七十八章)。其所能体现出"无为"的原则,大概正因其"柔弱"的缘故。毋庸置疑,"柔弱"在《老子》文本中意义重大,或者简直可以说,"柔弱"最好地体现出了神秘之"道"的运作特征。老子有言,"弱者道之用"(四十章),直接就以"柔弱"为"道"的功用了。蒋锡昌云:"言用柔弱之道,为善成之用也。《老子》柔弱之道,盖从自然现象观察得来。"[①]"柔弱"体现出"无为"的原则,与"道"的运作相一致,自然最能成就事物了。至于说到对自然现象的观察,无非就是"天下莫弱于水,而攻坚强者莫之能胜"(第七十八章)之类,《老子》文本确实多有涉及。不过,如上文所论"无为"揭示出神秘之"道"的运作方式,只能说是老子的一种领悟。而此处以"柔弱"最能体现"无为"的原则,主要还是老子赋予的一种非同寻常的关联。本文并不认为老子在这上面做出了一种逻辑的论证,也就无意画蛇添足般添进一种逻辑的关联。力图从《老子》文本中获得论证的可信度自然不免令人失望,但投入一种生命的感受性来领受某种思想的震撼总是可以的,虽说这仍不免落入"可爱"与"可信"这样的老套话题。由此说来,如果"柔弱"赋予了体现"无为"的力量,这也就毫不奇怪,"飘风骤雨"为何遭到老子的反对了。因为根据老子的柔弱主张,"飘风骤雨"无疑是够刚强的了。即便是出自天地所为,却因其"刚强"违背"无为"的原则,亦是长久不了。看来,天地的作为若是出于刚强,就不再是

---

① 高明:《帛书老子校注》,第27页。

"自然"的了。这与刘笑敢所说的,"比如,地震、火山爆发,都是自然界之自然,但绝对不是老子所说的'道法自然'之自然"①,是完全一致的。而与此同时,自然又不排斥人为的力量,"不排斥可以从容接受的外在影响,而只是排斥外在的强力或直接的干涉"②。用本文的标准来说,就是不排斥柔弱的行为。正是由于"自然"的这种复杂性,纠缠于人为作为与自然现象之间,刘笑敢才提出他的"人文自然"说。虽说本文并不认同他的"自然"中心价值论,但他的提法还是很有见地的。就本文而言,在老子以其"柔弱"的主张来判断天地的时候,却决不意味着"天道"就是以"柔弱"的方式来运作的。否则,老子就不必说天道"自然",就直接说"柔弱"得了。这其中就有一种差距,也就是作为神秘"天道"与圣人理性之间的差距。

三、"百姓皆谓我自然"

上文已经论到"希言自然"之"希言",与"无为"是同一个层次上的意义。"老子认为一切违背自然的人为的作用,都是从名言称谓而来,破除名言称谓,是回复无为自然的一个条件,'希言'即'无名'——辞的运用,而与'不言''无言'相近。"③ 然而,"道"却不是以"无为"为法则的,"无为"已经不是在直接言说"道"了。正如"柔弱"一样,在"道"的层面上没有"有为"与"无为"、"刚强"与"柔弱"的区分,这已经是在"有名"的层面上说的。只能说"无为"是圣人对神秘之

---

① 刘笑敢:《老子之人文自然纲领》,《哲学研究》2004年第12期。
② 刘笑敢:《老子之自然与无为概念之新诠》,《中国社会科学》1996年第6期。
③ 车载:《论老子》,第3页。

"道"所做出的一种领悟，所谓"圣人处无为之事，行不言之教"（第二章），"无为"是从事上言，"不言"是从教上言，都是对"道"的一种领悟。因此，如果就"道法自然"而言，表达是一种终极视域，那么，就"希言自然"来说，就是圣人理性对这种终极视域的一种领悟。而进一步来说，《老子》文本另一处所言"百姓皆谓我自然"（第十七章），则表达了百姓在日用层面上对"道"的一种因循和运用。

"百姓皆谓我自然"所在的全章为：

> 太上，不知有之；其次，亲而誉之；其次，畏之；其次，侮之。信不足焉，有不信焉。悠兮，其贵言。功成事遂，百姓皆谓我自然。（第十七章）

对于"百姓皆谓我自然"的解读，历来是以"百姓"为"自然"的主体，刘笑敢却提出了不同的看法。"不知有之"的统治是一种最高的层次，比通常认为是儒家的"亲而誉之"的主张还要高出一个层次。"悠兮，其贵言"的"其"显然是指实施这种统治的圣人，"贵言"与"希言"基本上就是一回事。这种统治无疑是圣人领悟"道"所实施的"自然"之治。那么，如此"功成事遂"，百姓所谓的"我"既可能是指百姓对圣人的指称，同样也可能是百姓对自己的称谓。就前者而言，可能表达出百姓对圣人的一种称颂，刘笑敢正是主张"其句义应该是百姓称赞圣人无为而治的管理办法符合自然的原则"①。但这只是他出于他的"自然"中心价值论所做出的不同处理，本文则认为，传统的解读更

---

① 刘笑敢：《老子之人文自然纲领》，《哲学研究》2004 年第 12 期。刘笑敢对他这种新的解读有详细的讨论，可参考。

能体现出百姓自身对"道"的一种因循。正是圣人获得了对"道"的领悟,其所实施的统治带来的生存环境为百姓在日用当中因循"自然"提供了条件。可见,"百姓皆谓我自然"就表达了百姓在圣人的教导下,于日用当中践履"道"的过程。

然而,这并不是说,圣人就是"道"与百姓之间的一种中介。圣人领悟"道",却不是静态地充当"道"与百姓之间的联结点。圣人是在践履过程中领悟"道",同样也是在领悟之中践履"道"。所谓"圣人欲不欲,不贵难得之货,学不学,复众人之所过,以辅万物之自然而不敢为"(第六十四章),圣人也只是在"辅万物之自然",或者也是要"辅万物之自然",这同样是体现一种日用当中的践履。所谓"欲不欲""学不学"之类,其实就是老子惯用的表达"无为"之为的手法,与"不敢为"是同样的意思。在圣人与百姓之间的关系上,并没有设置任何外在的界限,这倒是与儒家的立场完全一致。本文并不在于要论证这一点,而主要表明,"辅万物之自然"虽说是以圣人为主词的,但其所体现的内涵与"百姓皆谓我自然"却是大体相当的[①]。

不过,提到在日用之间对"道"的践履,却不得不重提一下"弱者道之用"的说法。尽管前面已经有论及,但要展开"道之用",仍旧得从这里开始。但这一次要先论及与"弱者道之用"一起出现的"反者道之动"。"反者道之动"(第四十章)在《老子》文本中的重要地位是无论如何强调都不过分的,但这主要还是与现代学者在特定背景下所赋予的意义分不开。如果说《老子》思想在唯物和唯心派别的归属问题上纷争不断,那么在辩证法思想的判定上却表现得空前的一致。"反"常常就被认为是老

---

① 刘笑敢对"辅万物之自然"一章又做了特别不同的处理,由此认为这是生存个体层次上的自然。本文没有认同。具体可参考《老子之人文自然纲领》,载《哲学研究》2004年第12期。

子对辩证法思想的一种集中表达，比如说"老子以一个'常'字，说明了统一的关系；以一个'反'字说明了对立的关系"①。而更典型的说法则是"'反'这一范畴是老子辩证法的核心，亦即老子辩证法的灵魂"②。据说辩证法"起初是指论辩的艺术，后来成为以问答方式发展科学知识的艺术，最后成了从概念上把握那存在者的艺术"③。从这一角度上说，以主张"道可道，非常道"而著称的老子与这种辩证法能有什么瓜葛，是毋庸赘言的。显然，现代人会以"事物发展过程中的对立统一"之类的含义来确认辩证法，尽管这与古希腊的原初含义相比几乎面目全非。凭着《老子》文本中丰富的"对立面"的出现，再由一个"反"字来贯通其间的相互转化，看来《老子》中的辩证法思想是昭然若揭的。然而，这个"反"字能否担当得起这种"灵魂"般的作用，仍然是值得探究的。对于"反者道之动"，王弼注云："高以下为基，贵以贱为本，有以无为用，此其反也。动皆知其所无，则物通矣。"④其实这已经说得很清楚了，就"高"而言，"下"就是"反"；就"贵"而言，"贱"就是"反"；就"有"而言，"无"就是"反"。王弼贵"无"，因此但言"动皆知其所无"。全面地说，就是"动皆知其所'下''贱'或'无'，则物通矣"。但如果是反过来，恐怕就不一定"通"了，至少王弼会断然反对"动皆知其所'有'"罢。"反"的这种内涵早在河上公注那里就说得更明白："反，本也。本者道所以动，动生万物，背之则亡也。"⑤"反"就是"本"，"本"才是道之所以动。如果就具体的

① 车载：《论老子》，第114页。
② 詹剑峰：《老子其人其书及其道论》，第325页。
③ 策勒尔：《古希腊哲学史纲》，第139页。
④ 王弼：《老子道德经》，第25页。
⑤ 高明：《帛书老子校注》，第27页。

文本来琢磨，"反者道之动，弱者道之用"，"反"与"弱"相关联起来理解，根据老子的柔弱主张，认为"弱"可以胜"强"是没有问题的。动若能知其"弱"，或者说是守其"弱"，那么就可以胜强，可以生物，就是通畅的。可见，就此而言，老子的"反"是从由"弱"胜"强"上言。然而，由"弱"胜"强"是否意味着就是由"弱"到"强"的转化，这一层是需要仔细分辨的。如果按照辩证法的思想，强弱之间的转化不仅存在，而且是相互的，且是同等的。然而，老子的"反"却决没有这种意思。就"强"而言，"弱"可以是本，反过来却断然不能成立。强弱之间的转化不但不可能同等，甚至并不存在。由"弱"胜"强"被置换为"弱"转化为"强"，然后又理所当然地推出"强"可以转化为"弱"。这其间处理得太马虎，没有经过仔细琢磨。光就由"弱"胜"强"而言，就并不等同于"弱"转化为"强"，这其实并不难理解。水作为"天下之至柔"而"驰骋天下之至坚"（第四十三章），水却并不因此而转化为"至坚"，它在任何时候都是"至柔"的。至于由"强"到"弱"的转化，显然更不存在了。在老子那里，"坚强者死之徒，柔弱者生之徒"（第七十六章），丝毫没有给"坚强"与"柔弱"之间的转化留下空间。"反"就是从"柔弱胜刚强"（第三十六章）的意义上说的，所谓两者之间的转化基本上是现代人迫切挖掘辩证法思想的结果。当然，在《老子》文本中，对于"相反之事物彼此对立，又相互依存"的描述确实是大量存在的，具体的内容倒是不必列举了①。但有对立面的列举，却并不意味着就包含了对立面之间的相互转化。认识到对立面之间的转化固然是一种智慧，但同样的智慧也

---

① 参见高明：《帛书老子校注》，第27页。他也认为，"'反'的本义是使事物向自己对立方面发展、转化的辩证规律"，或者就是"'反'者是辩证之核心"。

可以表现在另一种洞见之中。对于《老子》文本中对种种对立面的呈现,著名汉学家史华兹所作的分析就很有启发。在他看来,老子所做出的呈现表明,"坚硬的、肯定性的、刚强的以及丑陋的东西本身在自然界中都是存在的",而"没有与其对立面或者与整体隔离开来"。问题只在于,如果人为的意识"将它们隔离开来进行仔细审查",其中的一面"就成为坚硬性、分析性、进攻性,以及自我封闭性的具体体现"。这种意识的分辨"使得一切事物都转变成为固定清晰的聚集状态,并使得它们摆脱了自然栖居的和谐而模糊的状态"。无疑地,"在自然之中,所有的对立面都相互依赖",但出于一种伦理学或美学的立场,"我们会使一极绝对化,并试图消除另一极",而"另一极永远也不可能被摧毁,它只是以孤立而清晰的形态而存在着"。在《老子》文本中,却显示出对立面的双方"都深藏于和谐的整体中",并"被栖居于系统中的自发性和'无为'等更高、更善的目标所美化"。① 可见,并不一定要往辩证法上靠,才显得老子具有哲学家的智慧。

回到前文的"百姓皆谓我自然"上来,这里所表达的百姓日用间的因循和践履具体可以体现在"反者道之动,弱者道之用"上。由上面的分析可知,百姓日用所动,当立足于"下""贱""无"……也就是"知其雄,守其雌""知其白,守其黑""知其荣,守其辱"(第二十八章)之类,这才是"反"的真义。百姓在日用践履当中守住其反面,这个反面显然不是对立面双方的任何一面。从总体上说,这个反面只是指"弱"的那一面,此即所谓"弱者道之用"也。由此可见,百姓在日用当中对"道"因循和践履,恐怕还不是什么对辩证法的掌握,而是知"反"、守"反"而动,如此"功成事遂",即是百姓之谓"自然",亦即是

---

① 史华兹:《古代中国的思想世界》,第216页。

圣人所领悟之"无为"。至此，老子所论"自然"之三层涵义获得全面呈现：由"道法自然"所表达的对终极视域的言说，由"希言自然"所表达的圣人"无为"的领悟，以及由"百姓皆谓我自然"所表达的百姓"反"动的践履，由此揭示出老子之"道"由上而下落实和贯通。

神人与技术

在《庄子·天地》篇中，有一段相当著名的文本，其文如下："子贡南游于楚，反于晋，过汉阴，见一丈人方将为圃畦，凿隧而入井，抱瓮而出灌，搰搰然用力甚多而见功寡。子贡曰：'有械于此，一日浸百畦，用力甚寡而见功多，夫子不欲乎？'为圃者卬而视之曰：'奈何？'曰：'凿木为机，后重前轻，挈水若抽，数如泆汤，其名为槔。'为圃者忿然作色而笑曰：'吾闻之吾师，有机械者必有机事，有机事者必有机心。机心存于胸中，则纯白不备；纯白不备，则神生不定；神生不定者，道之所不载也。吾非不知，羞而不为也。'子贡瞒然惭，俯而不对。"庄子批判这个叫槔的机械物，通常被视为是老祖宗反思技术的先声。但实际上，庄子并没有把这个东西称作是技术，而只是说成"机械"。相反，在《庄子》文本中称为"技"或"术"的地方，要么是显得"游刃有余"的从容，要么是达到"惊犹鬼神"的化境。可见，庄子对于技术的定位，就有再仔细琢磨的必要。

一、机事与机心

在上面所引文本中，抱瓮出灌与"挈水若抽"究竟有什么区别？不错，一者是"用力甚多而见功寡"，一者是"用力甚寡而见功多"，但这只是就功效而言。既然是要实施浇灌，那就是认可了这样一种需求，成为了人所要做的事。不管是做什么事，都没有理由认为是越慢越好，除非有人认为庄子是个慢性子。最起码太慢了就会耽误事本身，比如得在两三天浇灌完的圃畦，汉阴丈人浇个两三个月，这就把浇灌这事给耽误了。既然是做事情，"见功多"是不会反对的，关键在于是以什么方式来达到的。很显然，庄子是反对通过槔这种机械物来达到"见功多"。但问题在于，槔在什么意义上成为了机械物？别忘了，汉阴丈人手里头还有一瓮，或者说，瓮在什么意义上就不是机械物？

就物而言，试图在瓮和槔之间找出实质性的差别，这将是很困难的。尽管看起来两者之间，在结构上有着简单与复杂的区别，但却不至于说是物的复杂性成就了其机械性。其实相对于瓮而言，槔究竟会复杂多少我们不清楚，不过未必就能复杂过下文会引到的"镰"。作为乐器的镰，却决非是此处的机械之物。再说从简单到复杂之间也没有一条分明的界限，以此作区分似乎只是说明庄子有偏爱简单的癖好。庄子若是真不简单，那就得在别处来甄别瓮与槔的实质区分。我们既然无法自物上区分，那就不妨自事上入手。根据"有机械者必有机事"一语，若能明白什么是"机事"，那么反过来就可以推出"机械"了。

接着前文来说，将浇灌接受为人所要做的事后，抱瓮是浇，用槔也是浇，同样都是完成浇灌的事，何以用槔就做成了"机事"？在这里，完成浇灌的事是目的，就达到这一目的而言，抱瓮和用槔确实没有两样。但就在实施浇灌这一过程中，抱瓮和用槔却有实质性的区别。尽管汉阴丈人抱瓮出灌，显示出一种辛苦劳作的景象，而通过子贡之口描绘的用槔，就显得轻松自如得多，这一鲜明对照或许并非不重要，却仍不得要领。如果抱瓮只需浇灌一畦，而用槔需要浇百畦，哪一种情形更辛苦，还真不好说。紧扣实施浇灌这一事而言，虽说汉阴丈人是抱瓮出灌，但做事的主体仍然是丈人，而不是瓮。而一旦是用槔浇灌，那么做事的主体就变成了槔。尽管槔还是得由人来控制才能实施浇灌，但就浇灌这一事而言，却一定是槔在做。那么，人在这个过程中就没做事了吗？也不是，人还是做了事，但做的已经不再是浇灌这一事，而是控制槔这一事。这自然是两种绝不相同的事。汉阴丈人在做浇灌的事，那是人与水、土壤、种植物之间发生的关系。在这种关系中间，并不会因瓮的出现而有什么改变。而一旦槔出现后，就会使得这种关系发生实质性的改变，变成人仅仅是与槔之间发生关系。人原本是要做浇灌的事，却变成了是做控制槔的事，于是事就变成了"机事"。

明白了庄子所说的"机事"，就清楚了槔在何种意义上是机械物。然而，尽管廖廖数语就把机械和机事给弄清楚了，本文需要探讨的问题才刚刚开始。既然在达到事的目的上是一样的，就不能妨碍有人坚持认为，是否变成了"机事"，这又有什么重要呢？于是，庄子究竟何以就反对这种"机事"，又得重新展开探讨。先回到庄子的"有机事者必有机心"一语上。一种需求一旦被认可，也就是人动了心念，动了心才能成为人所要做的事，更不必说做事还得要费心。就此而言，抱瓮得有用心，用槔也得有用心，在把后者称作是"机心"时，其与前者的用心，又有什么实质性的区分呢？换句话说，当人在水、土壤或种植物上有一份

用心时,这与在槔上费心有什么绝大的不同?应当说,这两种不同用心之间的差异并非不明显,我们可以表达出对水或土壤的一份亲近感,而这在槔上面是没有的。甚至于可以进一步表达为,在哺育我们的大地上劳作,由此参与到我们的生命历程中,是一种多么充盈的感受。与此相比,槔能算个什么东西。但问题是,这种感受性的表达未必就能说服很多人,而且将一种异常艰辛的劳作诗意化,甚至还会让很多人十分反感。对于有的人而言,大地也未尝不是一种束缚,是一种捆绑肉身的沉重。通过槔的制作而使得人从这种束缚中摆脱开来,面对的正是槔的轻松和便捷,这不正是人对自身的一种解放么?这样说来,即便接受庄子对"机心"的称谓,"机心存于胸中"究竟有什么不妥?

尽管庄子说到"机心存于胸中,则纯白不备",似乎把"机心"的问题作了交待。即是说,从"纯白不备"那里下来,自然是能得出反对"机事"的结论。但实际上,若由"纯白不备"来弄懂这种反对的理由,只会把问题弄得更复杂。相反,若能明白庄子所说的"机心",或许对于体会"纯白不备"还能有些帮助。这似乎是不言而喻的,从"道"到"神生"再到"纯白",在哪一个环节上,我们都很难插上嘴。只有自"机心"往下,才可能稍作言说。前面已经对"机事"作了一点辨析,看起来还是有助于明白什么是机械,甚至还顺带着梳理了一下"机心",下面还可以趁势再做一点工作。

在抱瓮和用槔之间,两者的用心还有一个共同之处,即都期待着一种收获。关注于水、土壤或种植物的劳作,直接见证了大地的哺育,领受着大地的恩泽。收获的过程伴随着感恩的情怀,人的劳作显得卑微而欢欣。但槔就不同,槔所开启的机械生产,让人关注于机械物的便捷和高效。收成物不是人在领受过程中获得的,而是机械操作的结果。大地只是播种的对象,收成更像是资源的掠夺和榨取,而人所感受到的是一种生产的快意。所谓"机心",亦即一种以大地为掠夺对象的心机,是从生产的领受过程中转变出来的算计。然而,尽管如此,若考虑到以槔为代表的机械物在介入之后,人极大地从劳作的艰辛中释放出来,使得这种转变即便付出领受的代价,看起来却又是不能不必要的。我们哪怕是不领提高生产效率的情,却不能无视人从艰辛中走出来的意义。何况,视此为一种摆脱束缚的解放事业,未必就能说错在哪里。但实际上还有更重要的,如果将槔的发明界定为人理性作用的结果,那么理性的发明也是出于对自然本性的认识,甚至在某种意义上,恰恰由于理性的介入而使自然的本性彰显得更充分。因此,即便是照着庄子尊重自然本性的姿态,槔难道就不在自然本性之中?人发挥属于自身的理性能力,如果不是遵从了人的本性,难道还真是大逆不道的事?

　　行文至此,眼看着就要把"机心"打入大牢了,让"机心存于胸中"的罪行昭然若揭,但很快话锋一转,"机心"摇身一变,俨然就是人类解放事业的排头兵。也就是说,只是纠缠在"有机事者必有机心"上面,无论是从机事来说机心,还是从机心来说机事,都回答不了"机心存于胸中"究竟有什么不妥的问题。本文的中心是要论述庄子的技术,一开始抛出这一问题,是要从这里找一个技术的切入口,最后又要回到这上面来。如果从摆脱束缚处着眼,甚至就从获得自身的解放处下手,就可以切入到庄子的技或术了。接下来就进入这一论域,最后再回到"机心存于胸中"这一问题上来。

二、技或术

与抱瓮浇灌这种笨办法相比，用槔自然是显得特聪明，人指定不会那么劳累，一下子就轻松了许多。庄子旗帜鲜明地反对用槔，肯定也不是用愚笨来反对聪明。相反，如果是表达一种免于追逐、劳碌的世俗之累，庄子可是这方面的高手，其姿态之彻底，可谓是空前绝后。所谓"与物相刃相靡，其行尽如驰，而莫之能止，不亦悲乎"（《庄子·齐物论》），以心逐物正是庄子所严厉批判的。但是，也一定不能认为，庄子只是在表达一种不作为的主张。反对用槔难道是过度作为的原因吗？未必。若与著名的"庖丁解牛"相比，就很难在两者之间的作为上分出一个程度来。庖丁解牛使的是刀，将一把解牛的刀使得如此游刃有余，这决非是一般的作为。而能有如此作为的人，也真不是常人，这种人可了不得。庄子会反对这种人么？指定不会，不然《庄子》文本中怎么会到处都是这种人的身影，而且庄子的很多思想怎么都借助于这种人之口表达出来呢！这种人之所以非比寻常，其过人之处在于，东西在他们手头，或者事物在他们跟前，就像是成为了他们生命的一部分一样，其巧可夺天工，令常人叹为观止。与此相比，我们一般人拿着个东西在手头，或者走到事物跟前，感觉就是那般生硬，总是与自己格格不入，全然不听使唤。无论是说那些个东西碍手碍脚，还是我们自个儿笨手笨脚，说的都是一回事，是极不自然，被束缚住了的感觉。在这种情形下，庄子告诉我们，是可以摆脱这种被束缚住的感觉，达到一种得心应手的解放状态的，这就是他所说的技或术。

庄子在讲到庖丁解牛时就提到了"技"，原文如下：

庖丁为文惠君解牛，手之所触，肩之所倚，足之所履，膝之所踦，砉然向然，奏刀騞然，莫不中音，合于桑林之舞，乃中经首之会。文惠君曰："嘻，善哉！技盖至此乎？"庖丁释刀对曰："臣之所好者道也，进乎技矣。始臣之解牛之时，所见无非全牛者。三年之后，未尝见全牛也。方今之时，臣以神遇而不以目视，官知止而神欲行。依乎天理，批大郤，导大窾，因其固然。技经肯綮之未尝，而况大軱乎！良庖岁更刀，割也；族庖月更刀，折也。今臣之刀十九年矣，所解数千牛矣，而刀刃若新发于硎。彼节者有间，而刀刃者无厚，以无厚入有间，恢恢乎其于游刃必有余地矣，是以十九年而刀刃若新发于硎。虽然，每至于族，吾见其难为，怵然为戒，视为止，行为迟。动刀甚微，謋然已解，如土委地。提刀而立，为之四顾，为之踌躇满志，善刀而藏之。"文惠君曰："善哉！吾闻庖丁之言，得养生焉。"（《庄子·养生主》）

文惠君自称闻庖丁之言而得养生之道，考虑到这一篇目就叫《养生主》，看起来庄子称道解牛之技是假，表达养生之术是真。不过，庖丁应答的一番踌躇满志，未必就不可以先脱开养生的主旨来考究一下。何况，文惠君一开始，不也是惊叹"技盖至此乎"么，大抵也就相当于是说，"天啊，人的技术还能到这种田地"。根据庖丁所说，他的这种技境，一方面是看牛时，能"以神遇而不以目视"，另一方面是用刀时，能"以无厚入有间"。若以目视，所视无非全牛，用刀之时，如刀之碍手，牛亦碍目，解牛全是"横截"（郭象语）行事，像一个低劣的屠夫那样蛮干。庖丁既能以神遇牛，而牛不碍于目，亦能用刀于无厚，而刀不碍于手，由此"依天然之腠理，终不横截以伤牛"（成玄英疏）①，其能达于游刃有余之技，实端赖于此"无碍"之境。就平常人的处境而言，牛在眼前必碍目，刀在手头必碍手，碍于物就是极不自然，是缚于物的不自适。正是在这个意义上，技也就是摆脱缚于物的不适，达到无碍的地步，而获得身心自适的解放状态。操刀解牛是常人之能，这种能要是"合于桑林之舞，乃中经首之会"，就非同寻常了。在这种高超技能的境地中，与庄子的逍遥精神是可以贯通的。这也是从庖丁解牛中可以悟到养生之道的根据所在，郭象注云，"以刀可养，故知生亦可养。"② 庖丁之刀用了十九年，"所解数千牛矣，而刀刃若新发于硎"。这就好比说，一个人活了大半辈子，阅人历事无数，却既不苍老，亦不圆滑，还红润得"如婴儿之未孩"（《老子》第二十章）。养生如此，自然就不简单了。经这么一说，这人生岁月的遭遇，还真是跟这解牛的工夫有得一比。成玄英疏"族庖月更刀，折也"时，谓"况凡鄙之夫，心灵暗塞，触境皆碍，必损智伤神。"③ 成玄英把庖丁解牛的每一细节，都往养生处落实，未必就很可靠。但此处的"触境皆碍"，把从解牛到养生的意思都说到了，解牛之旨原本就在养生。

其实，庖丁一开始就说得清楚，"臣之所好者道也，进乎技矣"。庄子在这里无疑是借解牛之技来说养生之道，却并不妨以技来说技。如果总觉得这样不够踏实，那就另找一处说"术"的文本来：

> 梓庆削木为鐻，鐻成，见者惊犹鬼神。鲁侯见而问焉，

---

① 郭庆藩：《庄子集释》，中华书局2004年，第120页。
② 郭庆藩：《庄子集释》，第124页。
③ 郭庆藩：《庄子集释》，第122页。

曰:"子何术以为焉?"对曰:"臣,工人,何术之有!虽然,有一焉。臣将为镰,未尝敢以耗气也,必齐以静心。齐三日,而不敢怀庆赏爵禄;齐五日,不敢怀非誉巧拙;齐七日,辄然忘吾有四枝形体也。当是时也,无公朝,其巧专而外骨消;然后入山林,观天性;形躯至矣,然后成见镰,然后加手焉;不然则已。则以天合天,器之所以疑神者,其是与!"(《庄子·达生》)

据成玄英疏,"镰者,乐器似夹钟。亦言镰似虎形,刻木为之。"① 作为乐器的镰,有虎之形,估计造型是比较复杂的。梓庆所为之镰,肯定是让人觉得太不可思议了,才会以为是出自鬼神之手。所谓鬼斧神工,大抵就是出自这里。与庖丁解牛主要展示解牛的过程不同,梓庆为镰则说的是为镰之前的工夫。不过,这种技术的工夫估计会让技术论者大跌眼镜,所谓斋戒几日云云,看起来更具神秘主义的派头,甚至有点故弄玄虚的味道,而显得一点也不"技术"。庖丁解牛多是刀上的工夫,对刀的运用起了极其关键的作用,表达养生之道也离不开刀这一角色。而梓庆为镰甚至都没来得及亮出家伙,这镰便已然成形了。不过,尽管如此,其与庖丁解牛终究还是一码事。如梓庆斋戒数日之后,到山林之中,寻找"形躯至矣,然后成见镰"。这与庖丁见牛时,"以神遇而不以目视,官知止而神欲行",并无二致。其见如此,"然后加手焉"的情境尽管未予描述,但施以刀斧之工的精湛场面却不难想见。进一步而言,斋戒数日的历程,离不了还是说要达到一种无碍的境界。庖丁解牛讲的是刀不碍手、牛不碍目,而梓庆为镰直接凸显的是无碍于心。斋戒以静心始,逐渐是"庆吊赏

---

① 郭庆藩:《庄子集释》,第658页。

罚,官爵利禄"不入于心,而后"非誉双谴,巧拙两忘",终至四肢形骸皆无碍于心,而"性外之事去也"。① 无碍于心而后可"成见镰",至于"加手"就是水到渠成的事了。可见,就无碍这一要义而言,说的还就是通过这种"术"而达到的自适状态。其与庖丁解牛的不同,只是技术特点上的不同,这是由为镰与解牛作为不同的技术作业所决定的。为镰之镰是成形的技术产品,技术会凝固在产品的形态上,而解牛则是技术的作用过程,解牛结束之时技术便完成。尽管很难说,庄子分别用"技"与"术",是基于这两种不同技术作业的差别,但指出其间不同的技术特点,正在于说明两者在技术意义上的一致性。

应当说,就一种摆脱束缚而达到无碍而自适的解放状态而言,庄子的技术是极具典范意义的。正是通过一种娴熟而高超的技术方式,而使得《庄子》文本中毫无一丝刻苦劳作的气息。在这个意义上,便不难理解在《庄子·天下》篇中,何以会把矛头第一个指向墨子,反对"腓无胈,胫无毛,沐甚雨,栉疾风"的墨家形象,嘲讽墨家"以裘褐为衣,以跂蹻为服,日夜不休,以自苦为极"的主张。《庄子》文本对这种技术方式的展示,是相当充分的。尽管未以"技"或"术"的字眼出现,但在彰显神出鬼没的技术方面,实无二致。如:

> 颜渊问仲尼曰:"吾尝济乎觞深之渊,津人操舟若神。吾问焉,曰:'操舟可学邪?'曰:'可。善游者数能。若乃夫没人,则未尝见舟而便操之也。'吾问焉而不吾告,敢问何谓也?"仲尼曰:"善游者数能,忘水也。若乃夫没人之未尝见舟而便操之也,彼视渊若陵,视舟之覆犹其车却也。覆

---

① 郭庆藩:《庄子集释》,第659页。

却万方陈乎前而不得入其舍,恶往而不暇!以瓦注者巧,以钩注者惮,以黄金注者殙。其巧一也,而有所矜,则重外也。凡外重者内拙。"(《庄子·达生》)

还有如:

> 孔子观于吕梁,县水三十仞,流沫四十里,鼋鼍鱼鳖之所不能游也。见一丈夫游之,以为有苦而欲死也,使弟子并流而拯之。数百步而出,被发行歌而游于塘下。孔子从而问焉,曰:"吾以子为鬼,察子则人也。请问蹈水有道乎?"曰:"亡,吾无道。吾始乎故,长乎性,成乎命。与齐俱入,与汩偕出,从水之道而不为私焉。此吾所以蹈之也。"孔子曰:"何谓始乎故,长乎性,成乎命?"曰:"吾生于陵而安于陵,故也;长于水而安于水,性也;不知吾所以然而然,命也。"(同上)

无论是操舟若神的津人,还是蹈水如鬼的吕梁丈夫,两人展示的都是水上的工夫,其技术含量比前面的解牛和为镰,有过之而无不及,可谓是神出鬼没的典范。从技术特点来看,操舟的津人说"善游者数能",和蹈水的丈夫说"生于陵""长于水",都是指有一个很长时期的磨练过程。这跟"三年之后,未尝见全牛"的庖丁,在磨练历程上是一致的。与此同时,操舟津人的"不得入其舍","舍"是指心之舍,这讲的是心上的工夫。这种工夫在梓庆那里出现过,斋戒数日而终忘形体。这里也说到忘水,只有忘水才能"恶往而不暇"。不过,这两种忘是有不同的,忘水实质上是置水中的危险境地于心外,视水中之舟如陵上之车。这是此两处水上技术的一个鲜明特征,即同作为极具危险性的技术。在"鼋鼍鱼鳖之所不能游"的地方蹈水,其危险性可想而知。吕梁丈夫所谓"不知吾所以然而然,命也",表达的就是对这种危险境地的坦然。危险对于技术的考验,这在《庄子》文本中有过专门的表达,如:

> 列御寇为伯昏无人射,引之盈贯,措杯水其肘上,发之,适矢复沓,方矢复寓。当是时,犹象人也。伯昏无人曰:"是射之射,非不射之射也。尝与汝登高山,履危石,临百仞之渊,若能射乎?"于是无人遂登高山,履危石,临百仞之渊,背逡巡,足二分垂在外,揖御寇而进之。御寇伏地,汗流至踵。伯昏无人曰:"夫至人者,上窥青天,下潜黄泉,挥斥八极,神气不变。今汝怵然有恂目之志,尔于中也殆矣夫!"(《庄子·田子方》)

一个人的技术何以要受到这样一种考验,这不免让人心疑。有些技术本身就带有危险性,如前面的操舟、蹈水之类,这没办法,但射技不是分明就没危险么?应当说,尽管危险并非是技术的必要因素,但危险情境所构成的挑战却是技术的题中之义。高超的技术离不开一种全身心的专一投入,而危险境地正考验着这种投入程度。如果对技术有着足够的专一,那么就意味着环境的任何变化,他都感觉不到。由此处境危险与否,都不应影响到技术的发挥。这列御寇能做到让身子骨像木偶一样纹丝不动,想想这射技也算是练得够可以的了。但伯昏无人却故意要让他出丑,说到底还是担不起那"至人"的名号。可见光是技术的手法估计是解放不了自身,列御寇的射技跟伯昏无人的境界相比,那根本就不是一个层次的。所谓"上窥青天,下潜黄泉,挥斥八极,神气不变",人家那是时时处处均得自适无碍,那才是身心上的大解放。技术所达到的解放状态，一定得往这方面去体会。可见，与前文所及摆脱束缚于大地的艰辛劳作相比，庄子在他的技术行业所寄托的解放意义就要深远得多。甚至在庄子看来，通过槔的摆脱未必是一个人自身的解放。他通过笔下的技术人员要进一步展示出，真正的解放事业是怎么回事，庄子往往是通过那些很不一样的事来言说的。

三、技与事

用槔浇灌这事之所以在庄子那里显得不咋的，实在是由于对槔的操作有着太强的生产指向性。操作槔所释放的技术力量是直接指向生产效率的，如果隔绝了这种生产目的，对槔的技术操作就变得不可理解。但庄子笔下的技术人员就不一样，尽管我们可以想像，庖丁、梓庆们也免不了有养家糊口的一面，但他们的技术却明显缺乏生产的气息。或者说，与槔这样的机械生产相比，他们的技术更少具有生产义，甚至就是在不务正业。庄子几乎就是要故意描述一些很不着调的技术，比如说：

> 仲尼适楚，出于林中，见痀偻者承蜩，犹掇之也。仲尼曰："子巧乎！有道邪？"曰："我有道也。五六月累丸二而不坠，则失者锱铢；累三而不坠，则失者十一；累五而不坠，犹掇之也。吾处身也，若厥株拘；吾执臂也，若槁木之枝。虽天地之大，万物之多，而唯蜩翼之知。吾不反不侧，不以万物易蜩之翼，何为而不得！"孔子顾谓弟子曰："用志不分，乃凝于神，其痀偻丈人之谓乎！"（《庄子·达生》）

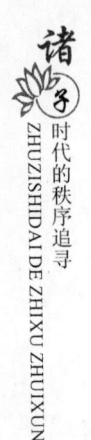

前面无论是解牛、为镂,还是操舟、蹈水,多少还算是一回事。而这里的承蜩算是哪门子的事?蜩也就是蝉,这捉蝉是除害虫还是做药材?这样想只怕是把庄子搞俗气了。其实它就跟小时候掏鸟蛋或抓蛐蛐差不多,不过是顽童们的赏心乐事。这更符合庄子所追求的意境,技术或许压根儿不需要什么大用,但却一定要好玩。如果这还不够,可以再看:

庄子送葬,过惠子之墓,顾谓从者曰:"郢人垩慢其鼻端若蝇翼,使匠石斲之。匠石运斤成风,听而斲之,尽垩而鼻不伤,郢人立不失容。宋元君闻之,召匠石曰:'尝试为寡人为之。'匠石曰:'臣则尝能斲之。虽然,臣之质死久矣。'自夫子之死也,吾无以为质矣,吾无与言之矣。"(《庄子·徐无鬼》)

这尽管是庄子说来感慨失去了惠施这样的对手,但不妨把匠石斲垩单独拿出来说点事。鼻子上沾了点灰,却要叫个匠人用斧头来砍,这事若放在墨子眼里,纯属吃饱了撑着没事干。这匠人的斧头玩得再高明,若是用在这种事上,墨子肯定是嗤之以鼻的。这种事情不是没发生过:

公输子削竹木以为鹊,成而飞之,三日不下,公输子自以为至巧。子墨子谓公输子曰:"子之为鹊也,不如匠之为车辖。须臾斲三寸之木,而任五十石之重。故所为巧,利于人谓之巧,不利于人谓之拙。"(《墨子·鲁问》)

对于大名鼎鼎的鲁班制造出可以飞行三天的器械,墨子却完全不屑一顾,认为还不如那用三寸之木做成的车辖。与庄子正相反对，墨子对于技术的生产性高度敏感，凡是有利于老百姓吃饱穿暖的，才是好的技术。庄子的技术主旨与墨子相比，那确实就是天壤之别。匠石斫垩或许不能当真，但"运斤成风"却成了技艺圆熟的代名词。包括前面的"游刃有余""鬼斧神工"之类，可以说，正是庄子笔下的技术形象，成为后世各行各业想望技术的精神资源。尽管承蜩的事上不了台面，但丝毫也不妨碍痀偻丈人"用志不分，乃凝于神"。类似的这种"用志不分"，另有一处也完全相当：

> 大马之捶钩者，年八十矣，而不失豪芒。大马曰："子巧与？有道与？"曰："臣有守也。臣之年二十而好捶钩，于物无视也，非钩无察也。是用之者假不用者也，以长得其用，而况乎无不用者乎！物孰不资焉！"（《庄子·知北游》）

前面是"唯蜩翼之知"，这里是"非钩无察也"。"钩"是什么东西，前文已经引到过"以瓦注者巧，以钩注者惮"。《庄子》中还有引老子的话说，"彼窃钩者诛，窃国者为诸侯"（《胠箧》），国是言其大，钩就是言其小，估计也就是比瓦片稍值钱点，至少是值得偷的东西。总之是蜩也好、钩也罢，一定都不是什么很起眼的东西。所谓"天地之大，万物之多"，庄子偏偏就要在这些没个正经用处的东西上说技术。想想墨子要是知道了，该有多么深恶痛绝。对于"假不用者也以长得其用"，成玄英疏解为"假赖于不用心视察他物"，实在是牵强得很。还不如说，是"捶钩"所用甚微，而能令捶钩者"尚得终年"①，即"长得其用"之谓。可见，庄子并非是不小心说到这些东西，而毋宁说这就是他的用

---

① 郭庆藩：《庄子集释》，第761页。

意所在。与道"在屎溺"(《知北游》)相比,技术在"承蜩""捶钩"处,是不是已经客气很多了?技术是无处不在的,对庄子而言,这显然要比关注技术的生产性有价值得多。也是,技术如果着眼于生产,庄子指定也逍遥不起来。

与此同时,在微不足道的事上说技术,还有另一个好处。痀偻丈人和捶钩者都声称,自打他们入手这门技术之后,就全神贯注于蜩翼或钩,舍此便是天地间"于物无视"。这种专注的程度与所投入事上的微不足道之间所形成的鲜明对照,便会产生意想不到的效果,令人对此种用心上的专注留下不可磨灭的印象。或许我们还忍不住想问,投入在这样的事上,难道是值得的?作为凡夫俗子的心思,这从来就是很纠结的问题。但庄子可不是一般人,比如在开篇出现的那只鹏,尽管蜩的嘲笑是见识小了些,但鹏的"图南"未必就是更值得的。根据庄子所说的"小大之辩",在蜩与鹏的之间,问题根本不在于谁大谁小。如果认为庄子一上来就拿蜩的识量小来做文章,这完全就不符合《庄子》文本一贯的旨趣。庄子笔下那充满生机情趣的场景,往往都是由虫鱼鸟兽这些小生命来展现的。别以为有了鹏的那番"绝云气,负青天"(《庄子·逍遥游》)的鸿图展翅,庄子就会跟蜩过不去。或许这就是个障眼法,毋宁说庄子的矛头恰恰是指向鹏的。别忘了,这鹏是怎么来的。"北冥有鱼,其名为鲲"(同上),《尔雅·释鱼》:"鲲,鱼子。"鲲即鱼卵,郭庆藩案云,"庄子谓绝大之鱼为鲲,此则齐物之寓言,所谓汪洋自恣以适己者也。"① 实际上,极大之鹏是自极小之鱼变化而来,此一变化则是基于要"图南"的远大抱负。一句"怒而飞,其翼若垂天之云"(同上),把那种凤凰涅槃般的重生作了生动描述。然而,这会是庄子所欣赏的么?换个

---

① 郭庆藩:《庄子集释》,第3页。

角度看，一种极小之鱼生出这样一番抱负来，简直就是主观意志的自我膨胀。可见，鹏的问题并非是像列子那样，"抟扶摇羊角而上者九万里"，乘风而上是"犹有所待者也"（同上）。手头上有所待是必然的，肉身所及之处，无不得有所待。关键是心上要无所待，而鹏却要待于"图南"，于是问题就出来了。"怒"表明鹏是用错了心，只有无所待的用心才是正途。鲲就是鲲，原该就要"鸟兽不厌高，鱼鳖不厌深"（《庚桑楚》）才对。现在却要化鹏图南作高飞状，即便能"绝云气，负青天"，终归已先有一个有所待之心在了。心有所待，工夫做得再高明，也不是庄子技术的旨趣所在。应当说，手头上的有所待不但不是问题，而恰恰是技术的入手处。通过一种纯熟的手法，将手头上的有所待化为无所碍，这就是以技术的方式摆脱束缚。但如果心被缚住了，技术恐怕只能强化这种束缚，而且心的志向越大就越显得受折磨。人们常在大事上发愿，庄子则有意要在小事上论技，似乎事情越小就越显得闲适。比方说：

> 工倕旋而盖规矩，指与物化而不以心稽，故其灵台一而不桎。忘足，履之适也；忘要，带之适也；知忘是非，心之适也；不内变，不外从，事会之适也。始乎适而未尝不适者，忘适之适也。（《庄子·达生》）

这技术看起来很平常，就是随手一画，要圆得圆、要方得方，比用规矩量出来的还要精准。但仔细想想也不简单，越是发挥的空间小，越能显示出超越的难度。只是这事仍显得不够气派，就画个圆呀、方呀的，咱就是不会也不觉得让人羡慕。与"绝云气，负青天"相比，真是差远了。但庄子就是在这种小事上显示"忘适之适"的化境，所谓"指与物化"，不就是运斤成风的翻版么？将一把斧头玩得像自个儿身上长出来的一样，这"指与物化"说的也就是这个意味。这正是将手上的工夫发挥到纯熟之极致后，所达到物我之间的圆融无碍。这种圆融，就像忘足、忘腰的闲适一样，哪还分得清何者为指、何者为物。不过，这"指与物化"后面还得接上"不以心稽"，心无所稽留，不想着非得拿这"旋"的工夫弄出个子丑寅卯来，这就是心无所待，亦即"知忘是非"。不然，光是忘足、忘腰，能闲适得了么？所谓"一而不桎"，心有所专用故一，心无所待故不桎，亦即无所待之用心。这种用心内不因事而迁移（"不内变"），外不追逐于事（"不外从"），技术能在事上运用到这种状态，可谓真技术耳！如果回到前面用槔的"机事"上，人在这一浇灌过程中，其用心可能是在槔上，也可能是在产量上，或者可能游移在别的东西上，却唯独不在浇灌这事上，因为浇灌已成为槔的事情。这种用心始终在游移不定，是在不断地赶逐的，既不能保持专一，亦不能不有所桎。显然不是在所有的事上都可以论技的，比如在这种"机事"上就不行。但也不是真要刻意地单挑那不甚体面的事，庄子一早就在这上面把齐同的工作做足了。对于技与事的这种关系，《庄子》文本是这样说的：

> 故通于天地者，德也；行于万物者，道也；上治人者，事也；能有所艺者，技也。技兼于事，事兼于义，义兼于德，德兼于道，道兼于天。（《庄子·天地》）

用槔浇水的"机事"，肯定不是技之所兼。只因这都已不是"人事"了，技焉能兼于机械之事？但这并不意味着"技兼于事"就好理解了，尽管"通于天地"和"行于万物"的涵义并非一目了然，但以此论道、德至少不会让人更困惑。问题就是"上治人者，事也"是什么意思？这是理解"技兼于事"的关键，却实在是让人摸不着头脑。郭象此处注云，"使人人自得其事"①。看起来事并非是指治人之事，而恰恰与每个人分别相关。这让人稍稍放心一点，但意思仍是不清楚的。再回到用槔浇水这一"机事"上，前文已分析到，槔的出现改变了浇灌这一事情的性质，原本由人浇灌变成了由槔浇灌。看起来人确实是从大地的束缚中解放出来了，人不需要自己艰辛地浇灌，而只需轻松地控制一下槔。但仔细想来，这种劳作的束缚并非是被克服，而只不过是被替代了，用槔的浇灌替代了人的浇灌，人只是闲置在一边坐享其成而已。如果一定要把这种机械生产说成是一种解放事业，这种事业究竟是如何实现的？不错，作为机械物的槔一旦被制造出来，每一个人一上手就可以得到使用，几乎就不需要花费什么工夫，直接就从艰辛的劳作中解放出来。而且，这种解放的力量就是人的理性能力的体现，从槔被个别地制造到被一般地使用，只有人的理性才具备这种普遍的力量。它在人的本性之中，何尝不是让自然本性得到了更充分的彰显？

然而，以庄子的眼光看，就不是这么回事了。说机械生产是关乎每个人的解放事业，换一个角度却恰恰相反，机械生产所具备的解放意义，跟每一个人都不相关。最多可以说，对于这一解放果实，所有人都可以同等地坐享其成而已。试想，没有参与过的解放历程，可以称作是自己的事业么？以普遍理性的名义所制造出的机械物，如果一定要以技术来命名，则这种技术成果是一种已经被物化的力量，它只需通过人所共有的理性通道，就可以完全释放出来。这种理性通道是所有人共有的结构，它确保每一个人都能同等地分享这种技术力量。这是普遍理性在技术成果上

---

① 郭庆藩：《庄子集释》，第405页。

体现的巨大优势，它使得技术的力量能在一夜之间普及，看起来是可以迅速与所有人相关。然而，这也意味着它并不具体地与哪一个人相关，更可怕的是，一种没有土壤滋养的力量如何可能不泛滥？

庄子笔下的技术所带给人的直观印象就是手法高明，前文所引从庖丁一直到工倕，无一不是这种典范。如果从这种高明的手法处作一提取，也可以获得一种可以称为力量的成分。比如我们一般人去捉个蝉什么的，一天下来累死累活的，也不知能捉到几只，肯定抵不过人家痀偻丈人一眨眼的工夫。就这不也体现一种技术的力量么？如果嫌这还不够明显，那就学庖丁解牛，我们笨手笨脚地解一头牛，还不知得费多少天的气力。但看看庖丁的技术，估计也就是一袋烟的工夫把事做利索了，这种力量够令人印象深刻了罢。更不必说那蹈水或操舟的神奇力量了。然而，这种力量也就是经过刻意提取之后才显示出来，即是说，《庄子》文本中的技术一定不会以力量示人。这种技术的打动人之处，在于一种游刃有余的自在、运斤成风的随心或者鬼斧神工的化境，而力量则是涵养在其中的。这就是技术的涵养，是一种滋润力量的养分。每一个人都在技术训练的过程中，要"齐以静心""不以心稽"，或者要"用志不分""于物无视"，等等。这种心上的工夫，就好比是在培植一种土壤，技术的种子种下去了，自然会枝繁叶茂，收获力量的果实。有这样一种土壤在滋养着，再强大的力量也不会让人觉得担忧或害怕。正是造就了这样一种技术的涵养，它使得力量的呈现不但一点也不突兀，相反是这种涵养水到渠成的结果，或者说是与这种涵养相称的表现。通过这种自身的力量所获得的解放，才是关乎每一个人的事业，是分别地参与到每一个体生命历程中的事。那种只需通过人的理性通道所释放出来的力量，充其量也只是以集体的名义作出的解放。这种解放借助于机械物，固然可以让技术的力量通过普遍理性的通道，却无法让技术的涵养通得过。庄子显然是不关心这种集体的力量，别忘了，他所追求的是"相忘于江湖"（《庄子·大宗师》）。以"使人人自得其事"释"上治人者，事也"，在这种意义上很符合"技兼于事"的旨趣，庄子是希望技术能成为与每一个人分别相关的解放事业。

这样一种解放事业，恰恰不是强调所有人之间共同的理性通道，而是凸显每一个人自身的生命亲证历程。庄子的技术解放不仅是每个人自个儿的事业，同时也是一种全身心的脱胎换骨。如果说机械的解放追求一种在所有人身上普及的力量，那么技术的解放追求的则是如何配得上这种力量。这就是技术的涵养问题，是境界上的工夫。技术上的造诣不在于获得一种粗暴的力量，更不追求这种力量的普及。真正的高手一定是在心上做工夫，只有妙契于心才可能上得了境界。前面所引的这些技术人员，哪一个不是达到了心物相通这种境界的绝顶高手？技术的境界高了，在那心领神会之处，就难免不可言传。而技术一旦妙不可言了，连传授都显得很困难，更不必说是普及了。这在《庄子》文本中也专门说到过：

> 桓公读书于堂上。轮扁斫轮于堂下，释椎凿而上，问桓公曰："敢问，公之所读者何言邪？"公曰："圣人之言也。"曰："圣人在乎？"公曰："已死矣。"曰："然则君之所读者，古人之糟魄已夫！"桓公曰："寡人读书，轮人安得议乎！有说则可，无说则死。"轮扁曰："臣也以臣之事观之。斫轮，徐则甘而不固，疾则苦而不入。不徐不疾，得之于手而应于心，口不能言，有数存焉于其间。臣不能以喻臣之子，臣之子亦不能受之于臣，是以行年七十而老斫轮。古之人与其不

可传也死矣,然则君之所读者,古人之糟魄已夫!"(《庄子·天道》)

所谓"得之于手而应于心",技术的最高境界全在于心的领悟上,而这种领悟却难以喻于人,技术无法得到有效地传授。一种无法传授的技术意味着什么?最起码,它意味着技术既没有普及性,也没有累积性。这相当于是说,每一个人在技术面前,几乎都是白手起家,要从头做起。这在一般人看起来是一个绝大的问题,明摆着就是无视人的普遍理性能力嘛,但在庄子那里却是必须的。怎么来理解庄子的这种旨趣呢?不比通常的文明会注重于人的类本质的界定,庄子对"人类"可是毫无好感的。身处于东周末世的乱象之中,满目疮痍的悲惨情景使得庄子怎么也不愿相信,人在这个"类"上能干出什么好事来。类本质的界定无非是出于往下严防堕落,往上凸显尊贵。如儒家的人禽之辨,以"人之所以异于禽兽者几希"(《孟子·离娄下》)来力陈人所别于禽兽的根本。但这在庄子看来就会觉得奇怪了,人到底有什么值得称道高于禽兽的地方?难道说诸侯纷争、民不聊生的景象,比那"栩栩然胡蝶也"(《庄子·齐物论》)或是"儵鱼出游从容"(《庄子·秋水》)之类的情境,还要好么?人若要自以为高于这些虫鱼鸟兽,庄子一定会觉得是毫无道理的。人就是这万物中的一员,能做到如虫鱼鸟兽般生机盎然,那就了不得了。人在万物当中无需以类的名义呈现,而就是一个一个地出现在自然之间。这与齐物论思想的主旨是相吻合的,由此也就不难明白庄子何以会对人的类本质缺乏兴趣。再回到技术上来说,它成为每个人自个儿的事就是理所当然了。核心的价值已经不在于人与人或一代又一代之间,而在于每个人与自然万物之间。因此,技术无需考虑传授的问题,它是一个人领悟齐同万物的手法,每个人还就得从零开始。技术构成的是每一个体与自然万物之间的关系，摆脱束缚也是就人与万物之间的隔阂而言。这种技术的解放事业就是回归自然本性的生命历程，技术是不可能从生命历程中提取出来进行传授的。如果一定要这么做，那也只能是"古人之糟魄已夫"。槔所代表的理性能力，一开始就以类的名义出现，确实就不在这种自然本性之中。以这种"机心"所成就的解放事业，与庄子的精神主旨是背道而驰，"机心存于胸中"正是大逆不道，所谓"纯白不备"是也。

那么，真正的"纯白"之心是什么呢？对于人处身于自然万物之中的这一遇境，庄子不但是往下不设防，而且往上也不设限。仍以儒家为例，儒者在通往圣人的途中，是以天下苍生为念，担负着百姓的功业。所谓"博施于民而能济众"者，连"尧舜其犹病诸"（《论语·雍也》），于是儒家谱系中无人敢轻易以"圣人"自许。但在庄子那里光是说"圣人"还不够，经常要"至人""神人"之类的一块提，而关键是没有类似于儒家的这种担负。往往是一边说那虫鱼鸟兽，一边就说至人神人的境界，完全没有那种往下与向上的维度。庄子笔下那些神奇的技术人员，看起来就跟神人差不到哪里去。如前文所引的列御寇，其技术手法应当说是出神入化了，而之所以配不上"至人"的名号，最重要的还是心上不够"纯白"。即是说，就技术层面而言，这些个高手那都没得说。如果他们未必就能做到"大浸稽天而不溺，大旱金石流土山焦而不热"（《庄子·逍遥游》）的话，那也不是技术上差了火候的问题，而是心上的"纯白"工夫没到家。真要是做到了这个地步，那这自身的解放就远不是摆脱劳作的束缚这么简单了，说是全身心的脱胎换骨一点也不夸张。不过，要想在这上面再说道一番，这技术的问题终归还得说到神人心志上去。

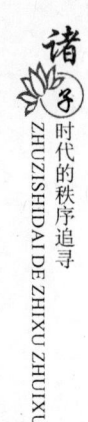

四、神人心志

如果说一个人在这世间居然洪水滔天淹不了、旱亢焦土伤不着,那还不成了孙猴子么?这确实是够神的了,可问题是人们会一笑了之,不当回事。因为这不像是在正经地讲"道",倒是蛮像神话创作的。这问题该怎么看呢?其实《庄子》文本中也有过处理:

> 河伯曰:"然则何贵于道邪?"北海若曰:"知道者必达于理,达于理者必明于权,明于权者不以物害己。至德者,火弗能热,水弗能溺,寒暑弗能害,禽兽弗能贼。非谓其薄之也,言察乎安危,宁于祸福,谨于去就,莫之能害也。故曰,天在内,人在外,德在乎天。知天人之行,本乎天,位乎得。蹢躅而屈伸,反要而语极。"曰:"何谓天?何谓人?"北海若曰:"牛马四足,是谓天;落马首,穿牛鼻,是谓人。故曰,无以人灭天,无以故灭命,无以得殉名。谨守而勿失,是谓反其真。"(《庄子·秋水》)

因这里同样说到"火弗能热,水弗能溺"之类,怎么来理解,这里就交待得比较清楚了,即"非谓其薄之也"。对于"薄"的解释意见不是很统一,但对这句话的理解却大同小异,大体上就是说并非像孙猴子那样皮肉结实,而不过是能避其灾害,"莫之能害也"。这在一句"明于权者不以物害己"就已经说得很明白,如此论"道"还是很得体的。一个人若能时时处处"察乎安危,宁于祸福,谨于去就",那么"莫之能害"就显得并不离谱。

这里值得琢磨的还是"天在内，人在外"，神人何以具有"肌肤若冰雪，绰约若处子"（《庄子·逍遥游》）之类的气象，秘密大概就在这里。天、人之间以内外言，估计不大好理解。如果参照一下更为熟悉的以内外言圣王，由内圣而外王来看，似乎可以说是做天的工夫而落实为人的行为。但这其中的意思未必就更清楚了，或者就从"无以人灭天"来看。这在《庄子》文本中的另一处表达是："古之真人，以天待（之）[人]，不以人入天。"（《徐无鬼》）"天在内，人在外"就不妨可以理解为，自内而言以心体天，自外而言自然人为。用心体会"牛马四足"之为天，做好这天的工夫，便不会无端生出"落马首，穿牛鼻"的事来。看起来可以很方便将前文的抱瓮出灌对应于"牛马四足"，而将用槔浇灌视为"落马首，穿牛鼻"，但实际上细究起来，还会有不少疑点。比如，难道不可以说，抱瓮就已经有了"落马首，穿牛鼻"的嫌疑么？就浇灌这事而言，大概只有天降甘露才更符合"牛马四足"不是吗？再说了，槔这物什主要是成了机械物，而"落马首，穿牛鼻"则决没有机械的痕迹。可见这个方便的比照，确实只是图了方便，而没有把问题弄清楚。其实这里的要害在于，如何把握住对于"落马首，穿牛鼻"的态度。一句"无以人灭天"，是表达出以"牛马四足"反对"落马首，穿牛鼻"的态度吗？如果是这样的话，这确实不是"以人灭天"了，却变成了"以天灭人"。诚然，人可以也必须要体会天的自然状态，但人却不必也无法依照天的鼓动造化。也就是说，人的用心要往天的自然处领会，而落实下来终归也只能是人的行为。真正重要的是，这人的行为只是一种表现和展开，其根本及归旨都在于天之自然处。就好比内圣外王中外王的展开是以内圣的工夫为前提的，这"内天外人"也有这个意思。"落马首，穿牛鼻"是从"牛马四足"处展开的行为，既不能忘了这个根本，其最终指向亦在于斯。"谨守而勿失，是谓反其真"说的就是这个道理。若以"落马首，穿牛鼻"为人的起点，以为从这里开始才体现出点人的什么来，那这就是"以人灭天"，跟"反其真"背道而驰了。其实这意思在郭象和成玄英的注疏中已经有所透露，"穿落之可也，若乃走作过分，驱步失节，则天理灭矣"，"夫因自然而加人事，则羁络之可也。若乃穿马络牛，乖于造化，可谓逐人情之矫伪，灭天理之自然"①。不过，究竟这个"过分"的尺度如何掂量，必得把这"天在内，人在外"的思想说透了，方才把握得住。

由此，若再作一比照，确实就可以说抱瓮出灌已经是"落马首，穿牛鼻"了，天降甘露才是"牛马四足"。在"天在内，人在外"的思想背景下，抱瓮出灌与用槔浇灌之间的差别就比较好把握了。抱瓮出灌就是"人在外"的行为表现，它指向"天在内"的领会。若反而以此为人的起点，则必然指向用槔浇灌，而招致机械物的产生。这样人就会在这条机械的路途上越走越远，只能前进而没有方向，才是"机心存于胸中"的死结。再回过头来想想，就不难理解汉阴丈人拒斥槔的"纯白"用心。同样地，技术也正是这样一种"人在外"的手法，是指向"天在内"的行为历程。说白了，技术就是一种回归，是一种踏向归途的手法。尽管技术是可以理解为一种解放事业，但摆脱束缚的解放是指向自然万物的回归，还是作为一种新的起点指向遥远的未来，这注定了对技术所作出两种绝然不同的定位。后者体现出人所独特拥有的强大力量，是从自然万物中摆脱出来愈行愈远的征途。只有创新而没有归途，便是这条技术发展道路的死结。前者则只是一种回归，一种"反其真"的历程。任何技术手法再高明，无论是游刃有余还是运斤成风，是鬼斧神工还是指与物化，都是一种回

---

① 郭庆藩：《庄子集释》，第591页。

归自然万物的历程。指与物化只是化其小者，庄周梦蝶才是化其大者，姑射山神人可谓是得最高之化境。但类似于"乘天地之正，而御六气之辩，以游无穷者"（《庄子·逍遥游》）之种种神人气象，无论在庄子笔下描述得怎样神奇，却并非是人独特地具备了什么本领，更不是说只要在技术上发挥到了极致，就能"吸风饮露，乘云气，御飞龙"（同上）什么的。相反，它更可能只是回归途中的情景，是属于自然万物而在之中的气象。这也就是说，相对于作为"人在外"的技术表现，"天在内"的心上工夫具有更为根本得多的意义。单纯的技术手法除了弄不好会滑向了机械一途，并不能寄予别的希望。可见，技术必须是指向"天在内"的行为历程，是在归途之中的手法。在技术的训练过程中，是"齐以静心""不以心稽"也好，"用志不分""于物无视"也罢，这都不是白说的。这种"静心""用志"的心志工夫，确保了技术处于归途之中，最终能通往那神人的化境。不错，这不是一般人的心志，它还就只是神人的心志。技术要么是神人心志上的事，要么就什么都不是，庄子的技术可不培养二三流的技术工人。如此方可把庄子对于技术的定位说得透了。

（原载《经典与解释》第 40 辑，华夏出版社 2014 年。原有副标题）

附:"哲学"与"中国"

"哲学"以一个外来词的身份,自19世纪末传入到中国之后,迅速获得传播并很快构成与"中国"之间的紧张。从某种意义上说,当初"中国"与"哲学"一经遭遇,便很快强扭成"中国哲学"这一名目,这不过是将屈辱而自卑的中国强行卷入现代性历程的一个缩影。两者之间的紧张,一直笼罩在对于"中国哲学"这一名目的纷争上。从学理上考究,对于"哲学"与"中国"的论述,大概发轫于"中国的哲学"与"中国底哲学"之别,后来虽历经一个世纪的纷争,包括诸如中国古代有无哲学,中国哲学是否可能,或者中国哲学合法性等问题的讨论,对于化解"哲学"与"中国"的紧张似乎远不尽如人意,更谈不上两者之间的水乳交融。不但如此,上百年的历程似乎还显示出,"哲学"与"中国"之间居然存在着此消彼长的关系,"中国"意味的加强往往会造成"哲学"维度的衰减,而增强"哲学"维度又难免以减损"中国"意味为代价。观当下中国哲学学界的作品,便不难见证这一令人尴尬的处境。有的著作充满着德里达的晦涩或海德格尔的艰深,却搞不懂飘浮几个中国古典的观念如何可能保住儒道的原义。而有的著作扑面而来都是中国古典的气息,却不能不让人怀疑它背后的哲学维度。可见,"中国哲学"这一学科名目自打被强扭开始，就注定了它将历经一个漫长的磨合时期，虽至今一个世纪也依然会时常让人觉得不舒坦。

"哲学"进入中国的背后，是帝国主义的船坚利炮和西学的强劲势头，"救亡图存"的时期，大抵都没能认清"哲学"作为西方文明的精髓，它所具备的价值意义，而这种认识至今还在展开之中。"中国"则意味着一个绵延了两千多年而不断，以儒家为主干的古老文明。对于"哲学"与"中国"所展开的思考，是受陈少明师所著《经典世界的人、事、物》这一作品的启示，主要围绕着"中国哲学"这一学科名目，探究一下一个世纪以来中国哲学的写作历程，然后再坐实到这本书在这一问题上所具备的开创性意义。

中国哲学的写作大约始于一个世纪之前，这种写作的开始，同时也就意味着"哲学"与"中国"开始了学理上的纠葛。"哲学"作为一个外来词，它所对应的西文 Philosophy，在遭遇"中国"之前的两千多年里，虽跌宕起伏而最终自成系统。即便是遭遇"中国"之后的上百年里，人家依然可以不承认 Philosophy 中有任何"中国"的元素，而无损其完整性。反过来，"中国"在遭遇"哲学"之先，圣贤的传统绵延了两千多年不绝如缕，古老的文明兼容并蓄且博大精微。百年之前它与"哲学"的遭遇究竟是幸与不幸，已无从断言，但今天的"中国"若是缺失了"哲学"，这种局面该如何收拾，怕是亦不可想象。在反传统的激情下，凭依"中国哲学"的名目来达成传统思想的"现代化"，显然是个方便的法门。同时，尽管也有维护传统的努力，但同样也需要通过"哲学"的话语来进行，否则只会被视为是在传统中挣扎。其后近百年的历程中，无论是胡适派的，还是辩证唯物主义的，他们对于中国哲学的写作，无非是以"哲学"的框架，来整理"中国"的材料，两者之间不但在颠覆传统的立场上高度一致，而且运用的手法也并无二致。冯友兰的新实在论手法，或许还能抱着某种认同传统的姿态，但其对"中国"观念的演绎，亦不离"哲学"的框架，结果仍是"演绎"不成成"肢解"。这些做法都是为了迁就"哲学"而牺牲"中国"，只能造成"哲学"与"中国"的强烈对峙。与此相比，现代新儒家的中国哲学写作就显得"正宗"得多，这一方面是由于他们出于维护传统的立场，使得他们对传统文化有着更为同情的投入；另一方面也是长期生活在港台或海外，学术环境要纯粹得多。于是他们的中国哲学写作才显得更为圆通，也更具原创性一些，这才有了让海外新儒家反哺大陆儒学的说法。不过，尽管具备这种种优势，却并不意味着现代新儒家果然就获得了"中国哲学"的"正宗"。实际上，反观几代新儒家学者的成就，仍然不难感受到"哲学"与"中国"之间的隔阂。尤其是以牟宗三先生一系为代表的新儒家，在不否认他们极具原创力之余，却不免会让人心中犯嘀咕，为何要进入他们所张扬的道统，会显得如此艰深。一个直接的观感是，如果没有受过专门的西方哲学训练，还如何可能进入他们的写作文本。这与传统思想文本的距离有多大，是不言而喻的。究其因，则是在他们虽不照搬"哲学"的框架来肢解，却不能不依照"哲学"的体系来整合，而且要命的是，还是与中国古典气质相差很远的西方传统的形上体系。据说致力于颠覆传统形上体系的现代西方哲学诸多流派，就越来越与中国古典的气质接近了，尤以海德格尔为集大成者，大有"哲学"主动亲近"中国"的势头。如此一来，"哲学"与"中国"之间造成的紧张就可以握手言和了，中国学者虽说是白操心一场，但也不乏喜剧色彩。然而，这种"一厢情愿"的想法一开始就被泼冷水，海德格尔的"哲学"，最多也就是与"中国"打个擦边球。谋求"哲学"与"中国"的缓和，把希望寄托在这上面，显然是不现实的。中国哲学界所出现对海德格尔写作的盛况，大概只能视为是海外新儒家成功反哺中国儒学的产儿。如果居然出现不懂海德格尔，就不懂中国的传统，这岂不是"哲学"对"中国"的莫大讽刺么？这样除了增强两者之间的隔阂，似乎看不出什么更好的结局。

　　以上只是百年中国哲学写作历程的一个方面，它们的共同特征是，一上来就以很强的"哲学"方式来提"中国"，给人一种将"中国"强行赶进"哲学"，径直实现"中国哲学"的印象。这种强处理的方式显示出前辈学者对达成"中国哲学"的迫切心理，却忽视了"哲学"与"中国"之间不兼容的难度。这一写作历程的另一面则是，降低"哲学"的强度，"哲学"虚化为一种观念或意识的背景，以及方法上的运用，有点类似于以"中国"来化解"哲学"。大陆儒学方面，以冯友兰为典范的中国哲学写作，在逐渐弱化意识形态的作用后，其研究手法日趋学术化和规范化，通过大量典籍材料的运用和处理，显得技法老道，方法细腻。现代新儒家中则一直有一支很强的史学写作风格的力量，在他们的笔下，中国哲学的面貌远离了艰深而显得平易多了。无疑地，这一写作方式，并不意味着他们缺乏深刻的哲学问题意识，他们的写作既有哲学的视野，也不乏哲学的手法，并且在获得更多的"中国性"的同时，也极大地缓和了"哲学"与"中国"的紧张。然而，从"哲学"上退却下来，毕竟不是积极的建构姿态，"中国哲学"总不能在妥协中立脚。这一面的写作更多地是一种学术史的做法，或者进一步说是思想史，但都代替不了哲学史。或许还有一种写作值得一提，比如鉴于中国古代思想更重"情感"，与西方哲学史的理性传统判然有别，于是独提"情感"作为"中国"的论题，而采用"哲学"的做法，称之为"情感哲学"。但这显然也成就不了"中国哲学"，既避免不了将"中国"赶入"哲学"之嫌，反而还有陷入歧路之感。

当然,这些分析完全不在于否认这种哲学写作历程的价值,我们不能指望中国哲学的写作一开始就具有对"哲学"与"中国"的充分反省。实际上,"中国哲学"的合法性问题,不需要一开始就进入视野,更不可能先等待这一问题的"理论"解决,然后再付诸写作的实践。他们或可以关注"哲学"与"中国"的紧张,或可以无需加以理会,而即便是参与过这一关系的争辩或讨论的人,也大都不会对他们的哲学写作产生什么影响。没有足够的中国哲学写作的历程,便无法为"中国哲学"合法性问题的争论提供或正或反的依据。无论是哪一种情形的中国哲学写作,就其为今后继续探求以及最终证成"中国哲学"所提供的丰富理据而言,都是极具探索意义的。

由以上叙述可知,解决"中国"遭遇"哲学"的困境,从"哲学"这一面来说,不在于对它做出一种强与弱的取舍姿态,而实是要谋求对它的重新定位。当然,这种定位其实一开始也就出现过,比如由于在中国古代思想中找不到与西方传统哲学对应的本体论建构,胡适就曾将"哲学"重新定位为寻求对人生问题的根本解决的学问。但这种定位显然还远远不够,它更像是为古代中国的思想中包含了"哲学"的成分做出某种"权威"鉴定,然后供人进行任意的提取。应当说,现代西方哲学对于自身传统形上体系的颠覆或反思,给予我们重新定位"哲学"提供了更多的思考空间。不同学者可以从不同流派那里吸取资源,就维特根斯坦而言,他的"家族类似"说为不同的哲学论题提供"合法性"成为可能,而后期的日常语言分析理论则进一步意味着,论说方式对于成就哲学亦具有决定性作用。这后一方面的意义显得尤为重大,过去的中国哲学写作,大体就没有在这个问题上搞清楚,因此都急于转换话语系统。这就是由于没能充分认识到论说方式对成就哲学所起的决定性意义,而仅仅把眼光集中在论题上面，以为哲学只是取决于论说的内容或对象，论说方式不过是表现的手法或工具而已。但实际上，如海德格尔所论，技术作为工具或手段，所起的作用决不会只停留在工具层面上，而是会参与到世界架构的形成。论说方式对哲学的意义，亦可作如是观。改变了论说方式，原来的哲学就消亡了。可见，中国古代经典的论说方式，并非可有可无，它成就着"中国"的哲学性，而不是达成"中国哲学"的障碍。经典文本的语录体和对话体、叙事性和经验性、玄妙和雄辩、想象和实录等等，就不是需要被置换的外壳，而是与"中国哲学"血肉相连。

不过，光从"哲学"这一面入手还不够，关键还是要在"中国"这一面下功夫。不是将"中国"赶入"哲学"，而是让"中国"自身的哲学性显现出来。通过上百年中国哲学的写作历程，问题可能已经不在于有人要怀疑"中国"自身所具备的哲学性，而是在于与"正统"的"哲学"相比，这种哲学性只是以"朴素"的面目出现，还是必须转换为"正统"的面目？但无论是哪一种情形，都是将"中国"赶入"哲学"，而不是让"中国"自身显现出哲学性。赶进去之后所形成的"中国哲学"，对于"哲学"而言，它已经不是原装货，而更像是贴牌生产，难怪得不到人家的承认；对于"中国"而言，手法再高明也避免不了削足适履之嫌，当然就伤害更大，得不到自家的认可。"中国哲学"为何一定要走"贴牌"之路呢？是"中国"所谈论的问题不够根本吗？显然不是，只要是熟悉儒家对由"立身"到"立国"所提供的根本大法，就不至于会怀疑上这一点。根据上述言说，论说方式也已经不是问题，精致的形上话语系统只是提供了一种哲学的版本，而不是订立了哲学的论说标准。日常语言层面上的用语系统，同样可以论说哲学，而且不会显得层次更低。不过，既然如此，难道"中国"摇身一变，就可以成为"哲学"了么？显然也不是,"中国"肯定不直接等同于"哲学",直接延续"中国"的做法,无法达成"中国哲学","哲学"所包含的现代转化意义毋庸置疑。那么,"中国"与"哲学"之间的隔膜究竟在哪里,或者说促成它们之间融通的瓶颈是什么?是公共性。

众所周知,"中国"是一种圣贤文化,儒家的圣人实施的是一种由"上智"推及于"下愚"的教化,与此同时,"为仁由己"、推己及人以及家国一体的思想路径,既意味着重在工夫的修为,又显示出由己身而出的廓然大公、通为一体。儒家的思想不发端于智性的惊异,孔子对弟子的随机点拨与苏格拉底到处辩难"有知"的风格迥然不同,后者奠基于一种个体理性的相互理解,但儒家于"仁"的发端处更注重对它的证成,而不是辩难。至康德而将启蒙推向高峰,先验理性能力彻底打通了通向一种公共理性平台的通道。儒家则自始至终保持着圣人教化的品格,并非是圣人的经典不可置疑一字,实际上疑经之风由来已久,而是圣人的经典不置于"辩证理性"的基础上,不在于要达成一种个体理性之间的相互理解。在现代性的背景之下,作为一种公共知识分子的定位,其所展开的必须是一种能置于公共理性平台之上,可供个体理性之间相互交流和沟通的论说。当"中国"被重新置于这样一种平台上获得论说时,它自身的"哲学性"才有可能显露出来。过去的中国哲学写作显然不是做不到这一点,而是由于受论说方式的影响太深,必然以为这种要求过于"低度",而将精力放在了话语系统的转换上。但实际上,通过一种所谓"低度"的要求,来达到由"中国"向"哲学"的现代转换,反而需要更为持久的积淀和深度的反思,以及更为高超的创作手法。经过了上百年的中国哲学写作历程之后,我们还很难说,本世纪初被重提的"中国哲学"合法性问题,是由于"判据"已经足够充分,到了"合法性"自然证成之时。诚然,它与上一世纪一直伴随着的"哲学"与"中国"问题紧密相关,众多参与的学者也依然在讨论之后,并不曾对自身的哲学写作产生直接影响。但世纪之初的问题重提,却决非只是一种简单的重复。百年的历程足以提供丰富的思想史依据,使得这一问题的重新反思至少可以获得某种阶段性的成效。如果说,上一世纪所有中国哲学的写作,都无法在对"哲学"与"中国"获得充分反省的前提下进行,那么它所提供的丰富历程却使得进入本世纪之后,这种充分自觉的"中国哲学"的写作成为可能。

对于"哲学"与"中国"而言,反思两者之间的关系,不能单纯停留在一而二、二而一的说法上。当陈少明师以哲学的方式来阐述古典儒家的思想论域时,他的作品无论是作为"哲学的",还是作为"中国的",都经过了高度的自觉和充分的反省。而这种自觉和反省,往往是具体分解到中西比较哲学与中国哲学、哲学史与思想史、哲学史研究与哲学创作等诸多问题上。在发起和参与世纪之初的"中国哲学"合法性问题讨论之后,陈少明师在上述问题上反复致意,而获得了极具创造性的成果。作为这一成果的具体体现,陈少明师的《经典世界中的人、事、物》一书,也许读起来不是一部"最哲学"的著作,也不是一部"最中国"的著作,但一定是一本"最中国哲学"的著作。就"哲学"与"中国"的某种"消长"关系来说,有远比这部著作更为"哲学"得多的著作,也有比它更多"中国"意味的作品,但就两者目前所可能结合得好的情形而言,这一著作却是最富有成效的。无论是单纯以"哲学"的眼光去打量它,还是单纯以"中国"的视野去衡量它,都不足以发现或者是极易漏掉它所具备的创造力。因此,质疑它的哲学维度,或者以为不够儒家的"原旨",都会来得极为方便,却是无视于"哲学"与"中国"这一世纪性的纠葛背景。愈是深谙这一思想史的历程,才愈能体会到它作为一本

"中国哲学"的著作所具备的意义。并不是说，这一著作就实现了我们对"中国哲学"的期待，也不是说它在中国哲学领域里达到了新的思想高峰，而仅仅只是说，作为一种自觉以"中国哲学"之名所进行的写作，对于融通"哲学"与"中国"之间的关系，或者至少让两者之间显示出某种"亲和性"，具有新的突破意义。因此，如果目前的学界有一本著作最有资格冠以"中国哲学"这一名目，那么必定就是这本《经典世界中的人、事、物》。但这并不是一种溢美的推崇之说，更不是要狭隘地推这部著作为上百年来中国哲学写作之最，而实是根据前述上百年的中国哲学写作历程，从"哲学"与"中国"的特定视角所做出的定位。

对于以"中国哲学"这样一个学科名目来对应中国古代的思想论域，至目前大概还可能有三种这样不同的姿态：一是始终反对冠以这样一种学科名目；二是自觉或不自觉地支持这种学科名目；三是姑且用上这一学科名目。对于坚持反对的，笔者仅示个人的敬意而不细说。笔者的姿态是倾向于姑且用之，即在使用上这一名目的同时，充分注意以"哲学"来对应诸如儒家的思想论域所可能带来的问题。显然多数学者已经在支持对这一学科名目的使用，但有人可能不过是沿袭使用，觉得并无大碍。或者说，冠以"哲学"这一学科名目，正好适应于将传统思想现代化的需要。不过，这种姿态显得过于轻巧，陈少明师亦会以为创造性地运用"中国哲学"这一学科名目，对于传统思想的现代转化是有积极意义的。但关键是如何达到这种"创造性的运用"，使得由"中国"而"哲学"显得水到渠成，而不是出于一种沿袭使用，让强扭的关系变成习惯的自然。借助于前述对于"哲学"与"中国"的思想背景透视，再来认识由《经典世界中的人、事、物》所开启的一种新论域，所带来的一种书写方式的新思考，才不会觉得过于突兀。这种论域或者说书写方式之"新"，是针对于上百年来的中国哲学写作方式而言的,而对于传统的经典文本,它恰恰意味着一种回复和延续。相对于那种将话语体系转换为精致的形上建构,《经典世界中的人、事、物》更多地是在传统伦常的语境当中展开的论说方式。经典文本中的经验性叙述,无论是对话还是语录、史实还是寓言,包括诗、史、论、剧等多种体裁,在这种新的论说方式下,都可以以"哲学"的方式获得延续。根据上文的分析,这一思想路径避免了将"中国"赶入"哲学"所造成的对峙和不舒坦,新的论说方式是将"中国"自身的哲学性显露出来。固如是,就"中国"而言,它才确保了一种延续性和完整性,但这种确保不是以从"哲学"退却下来作为代价的,更不是直接将"中国"等同于"哲学"。在新的论域当中,无论是将观念置于具体的背景中去理解,还是从古典经验中发掘未经言明的观念,观念性的写作仍然居于中心地位。但它不但区别于那种以范畴演绎为中心的形上话语系统,同时也区别于以材料的引证来梳理概念或范畴的"原貌"这种思想史的做法。观念性的写作确保了"哲学"所应有的维度,而关注于经典文本中的观念所具备的思想张力,是通过一种高超的哲学创作手法而达成古典的生活经验与现代性的交融,从而获得"哲学"所应有的高度。这种高超的创作手法就是"观念的想象"。

如果说一种观念性的写作确保"哲学"的地位,那么也可以简洁地描述为一种经验性的叙述确保了"中国"的身份。观念本身其实是没有什么身份可言的,决定某种观念的身份性在于支撑起这一观念的经验性内涵。以范畴演绎为中心的中国哲学写作,过滤掉了经验性的叙述,也就难怪分不清中西了。在陈少明师《经典世界中的人、事、物》一书中,一面是观念性的写作,一面是经验性的叙述,那么两者之间是通过什么手法来达成"中国哲学"的呢?这就是如《自序》所论的创作手法:"观念的想象。"这一手法可以自庞朴先生的《谈玄》《解牛之解》《相马之相》一类文章中看出些许端倪,而至陈少明师的《经典世界中的人、事、物》一书达到成熟。上文已经论述到,由"中国"而"哲学"的瓶颈在于,"中国"作为一种圣贤的教化文明,它不置于一种"辩证理性"的基础上。而现代性的论说是作为公共理性平台上的相互交流和沟通,要将中国古代经典文本中的言说置于这种公共理性平台上面,同时既不是作单纯的观念提取或分离,又不是依赖近乎考据或史学的做法,这就需要运用一种突破性的哲学创作手法。中国古典文本中的观念嵌入在多种形态的经验性叙述当中,通过一种"观念的想象",便使得公共理性平台上的观念性写作运用和重构传统的经验性叙述成为可能。对于一种形上的范畴系统建构而言,一种"观念的想象"反而是不可想象的,想象恐怕是降低了观念的品格。但在新的论域当中,正是通过想象的抒写方式,才使得经验性的叙述得以充实观念性的写作,并在呈现古典的生活经验的同时,又融入了当下经验的现代性。这不是一种单纯观念的"客观"梳理,而是有着对古典德性的深重关怀。与此同时,这种关怀又避免了一种单纯道统式的立场诉求,而是可以进入公共理性平台上,达成个体理性之间的相互沟通和理解。唯其如是,才能明白《经典世界中的人、事、物》作为一种"中国哲学"的著作,其所保持的"中国"品格,而又具备的"哲学"意义。可以说,"哲学"与"中国"这一世纪性的难题,经过了胡适、冯友兰的哲学史试验,又历经几代现代新儒家的哲学创作,在中国儒学复兴的背景下,这一"最中国哲学"的著作可谓是给新世纪的中国哲学界带来了新的可能性。